나의 택한

나의 벗
아브라함의 자손아

AF435846

나의 택한

야곱아

나의 벗
아브라함의 자손아

이재록 목사 성경 인물 시리즈 2

우림

"나의 택한 야곱아
나의 벗 아브라함의 자손아

내가 땅끝에서부터 너를 붙들며
땅 모퉁이에서부터 너를 부르고 네게 이르기를
너는 나의 종이라 내가 너를 택하고
싫어 버리지 아니하였다 하였노라

두려워 말라 내가 너와 함께함이니라
놀라지 말라 나는 네 하나님이 됨이니라
내가 너를 굳세게 하리라 참으로 너를 도와주리라
참으로 나의 의로운 오른손으로 너를 붙들리라"

| 이사야 41장 8~10절 |

나의 택한
야곱아
나의 벗 아브라함의 자손아

"야곱아 너를 창조하신 여호와께서 이제 말씀하시느니라 이스라엘아 너를 조성하신 자가 이제 말씀하시느니라 너는 두려워 말라 내가 너를 구속하였고 내가 너를 지명하여 불렀나니 너는 내 것이라"(사 43:1)

이 말씀은 야곱과 그 자녀들을 통해 이루어진 이스라엘 민족을 향한 하나님의 절절한 마음이 담긴 약속입니다. 그런데 하나님께서 야곱을 이스라엘의 조상으로 세우시려는 섭리가 이루어지기 위해서는 오랜 세월 연단이 필요했습니다.

야곱은 간교한 성품을 가진 데다 자기 지혜를 의지하고 자기 방법대로 일을 이루어 가려는 사람이었습니다. 그러기에 변함없는 중심으로 목표를 이루는 성실과 불굴의 의지 등 좋은 점을 가졌음에도, 자기가 없는 '지렁이 같은 야곱'이 되기까지 연단을 받아야 했습니다(사 41:14).

장자권을 빼앗긴 데 앙심을 품고 자신을 죽이려는 에서를 피해 고향을 떠나야 했으며, 인색하고 간교한 외삼촌 라반의 집에서 20년간 종노릇해야 했습니다. 고향으로 돌아가는 길, 그는 앞으로 나아갈 수도 뒤로 물러설 수도 없는 위기의 상황에 처해서야 비로소 모든 것을 내려놓습니다.

얍복 강가에서 밤새도록 하나님께 매달려 자신을 철저히 깨뜨림으로 '이스라엘'이라는 새 이름을 얻습니다. 그리고 그의 열두 아들을 통해 이스라엘 열두 지파가 형성되는 놀라운 축복을 받습니다.

본서는 야곱이 형 에서의 발꿈치를 잡고 태어난 사건부터 시작하여 장자의 축복을 받아 아브라함의 정통계보를 잇는 넷째 아들 유다를 통해 베레스를 낳기까지의 파란만장한 삶을 서술하고 있습니다. 형 에서가 왜 장자로서의 축복을 받을 수 없었는지, 야곱의 넷째 아들 유다가 왜 장자의 축복을 받았는지, 요셉은 왜 애굽에 노예로 팔려갔는지 등 인생들의 애환과 하나님의 깊고도 오묘한 섭리가 담겨 있습니다.

또한 예수님의 열두 제자의 그림자라 할 수 있는 야곱의 열두 아들을 통해 형성된 열두 지파의 이름에 담긴 영적 의미와 믿음의 분량의 상관관계, 야곱의 열두 아들과 이스라엘의 자손 열두 지파의 차이, 예수님의 열두 제자와 부활하신 주님의 열두 사도의 차이를 설명하고 있습니다.

야곱의 열두 아들을 통해 이루어진 이스라엘 백성은 하나님의 선민으로서 인간 경작의 모델이 됩니다. 하지만 하나님의 사랑을 거듭 저버리고 그 뜻대로 순종하지 못하였기에 복음이 이방인에게로 넘어갔습니다. 이는 선민 이스라엘뿐만 아니라 이방 민족들까지도 구원의 대열에 동참케 하시려는 하나님의 사랑입니다.

로마서 11장 17절에 "또한 가지 얼마가 꺾여졌는데 돌감람나무인 네가 그들 중에 접붙임이 되어 참감람나무 뿌리의 진액을 함께 받는 자 되었은 즉" 말씀합니다. 여기서 참감람나무는 선민 이스라엘이요, 돌감람나무는 이방인들을 의미합니다.

곧 구세주이신 예수님을 부인하고 십자가에 못 박은 이스라엘 대신 이방인들 중에서 예수 그리스도로 말미암아 구원에 이르는 사람들이 있게 될 것을 뜻합니다. 이스라엘 열두 지파 중 단 지파가 빠지고 므낫세 지파가 들어간 것과, 예수님의 제자 중 가룟 유다 대신 맛디아를 포함시킨 섭리가 여기에 있습니다. 구약의 그림자와 신약의 본체가 짝을 이루게 하신 것입니다.

하나님의 사랑은 여기서 끝나지 않습니다. 주님의 공중 강림 후에도 이스라엘 자손 열두 지파로부터 나온 십사만 사천의 전도인(계 7:4)을 통해 이삭줍기 구원의 기회를 허락하십니다. 어찌하든 한 영혼이라도 살리시려는 아버지 하나님의 사랑을 엿볼 수 있습니다.

요한계시록 21장을 보면 가장 아름다운 천국 새 예루살렘 성 열두 진주문 위에는 열두 지파의 이름이, 열두 기초석 위에는 열두 사도의 이름이 기록되어 있습니다. 이는 믿음으로 구원받은 하나님의 자녀들이 오직 순종함으로 성결을 이루고 사명을 온전히 감당한다면 누구든지 하나님의 영광이 드리운 새 예루살렘 성에 들어갈 자격이 있음을 알려 주는 것입니다.

모쪼록 본서를 통해 구약 시대로부터 장차 주님께서 다시 오실 때까지 인생들에 대한 삼위일체 하나님의 신실하신 사랑을 깨달아 하나님의 벗 아브라함의 자손으로서 가장 아름다운 천국 새 예루살렘 성을 향해 힘차게 달려가시기 바랍니다.

귀한 책자 발간을 위해 수고해 주신 빈금선 편집국장과 우림북 직원들에게 깊은 감사를 드리며, 섬세한 사랑으로 이끌어 주신 아버지 하나님께 모든 감사와 영광을 올려 드립니다.

2016년 4월, 겟세마네 기도처에서
이재록 목사

아브라함의 정통계보와 야곱의 열두 아들

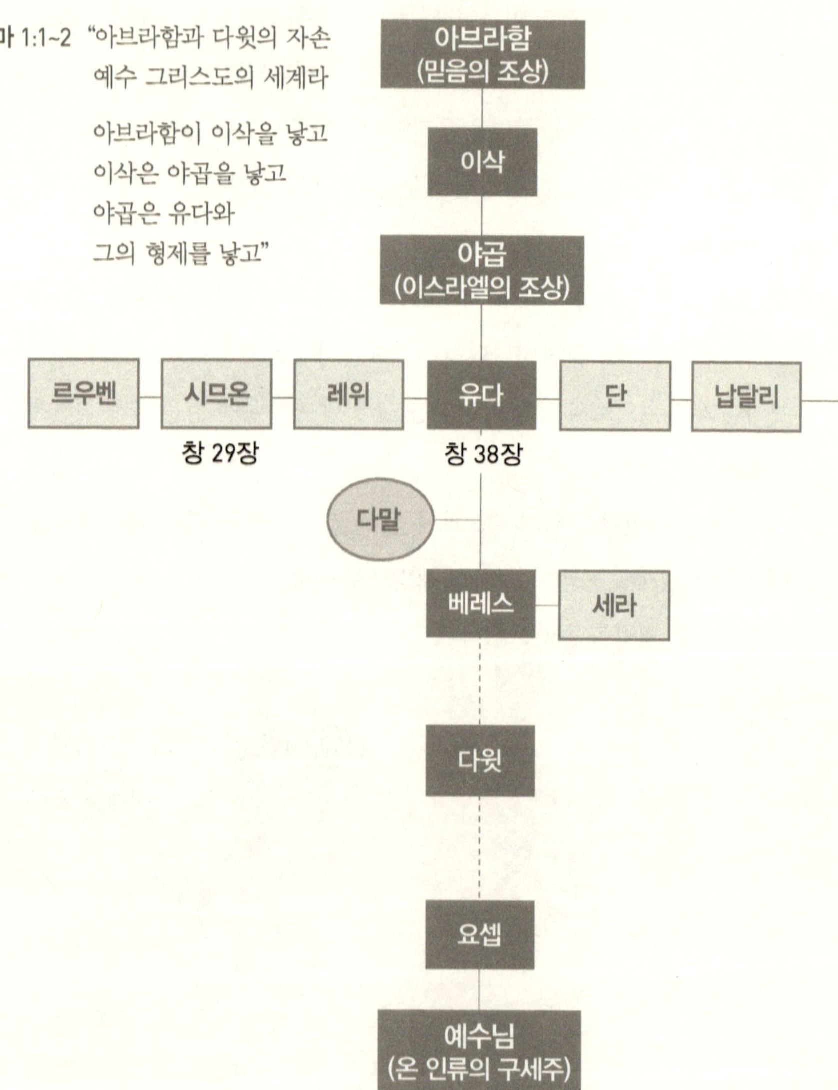

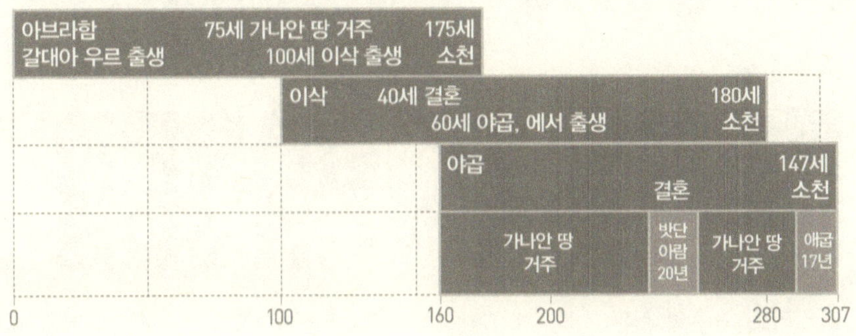

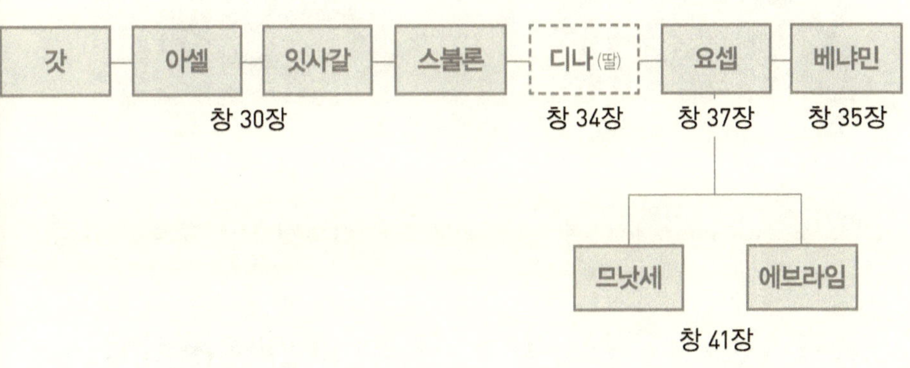

마 1:17~18 "그런즉 모든 대 수가 아브라함부터 다윗까지 열네 대요
다윗부터 바벨론으로 이거할 때까지 열네 대요
바벨론으로 이거한 후부터 그리스도까지 열네 대러라

예수 그리스도의 나심은 이러하니라
그 모친 마리아가 요셉과 정혼하고 동거하기 전에
성령으로 잉태된 것이 나타났더니"

1. 야곱의 열두 아들과 이스라엘 자손 열두 지파의 차이

야곱의 열두 아들 (창 29:32~30:24, 35:18)

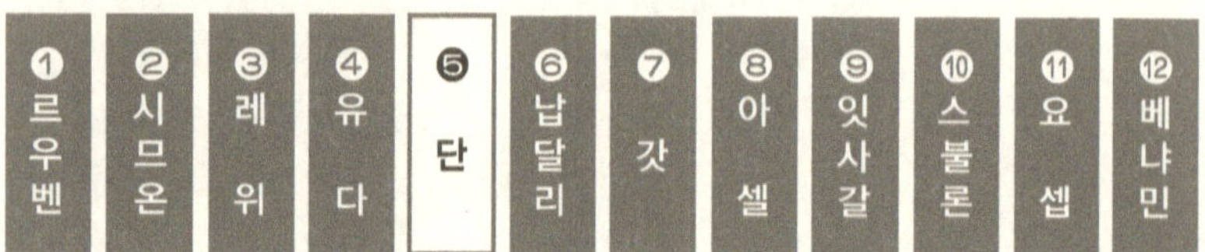

이스라엘 자손의 열두 지파 (계 7:4~8)

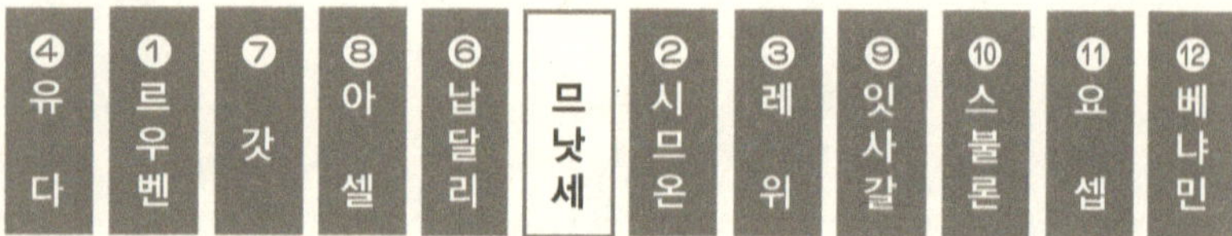

✤ 하나님을 떠난 단 지파 대신 므낫세 지파가 들어갔다.

2. 예수님의 열두 제자와 어린양의 십이 사도의 차이

예수님의 열두 제자 (마 10:1~4)

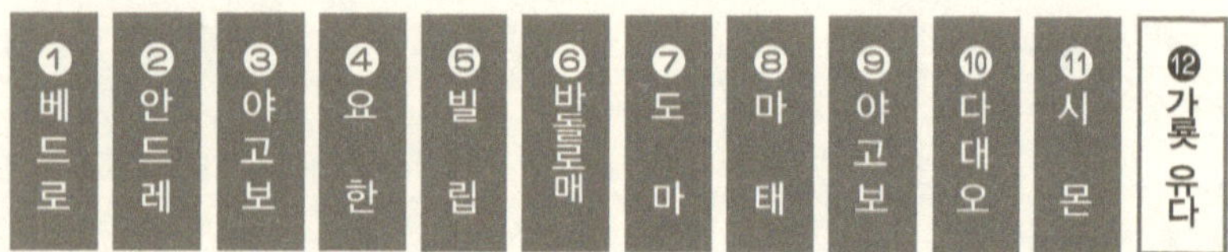

어린양의 십이 사도 (행 1:15~26)

✤ 예수님을 배신한 가룟 유다 대신 맛디아가 들어갔다.

3. 새 예루살렘 성 열두 진주문에 기록된 이름

하나님의 영광이 있으매
그 성의 빛이 지극히 귀한 보석 같고 벽옥과 수정같이 맑더라
크고 높은 성곽이 있고 열두 문이 있는데 문에 열두 천사가 있고
그 문들 위에 이름을 썼으니

이스라엘 자손 열두 지파의 이름들이라
(계 21:11~12)

그 열두 문은 열두 진주니

문마다 한 진주요
성의 길은 맑은 유리 같은 정금이더라
(계 21:21)

동편에 세 문, 북편에 세 문, 남편에 세 문, 서편에 세 문이니
그 성에 성곽은 열두 기초석이 있고 그 위에

어린양의 십이 사도의 열두 이름이 있더라
(계 21:13~14)

창세기에 나오는 야곱의 이동 경로
대 해
(지중해)
가나안
브니엘 ❸
세겜 ❹
벧엘 ❺
베들레헴 ❻
헤브론 ❼
❶
❷
❾
브엘세바
애 굽
고센 땅
❿
⓫
세일 산 ❽
에돔

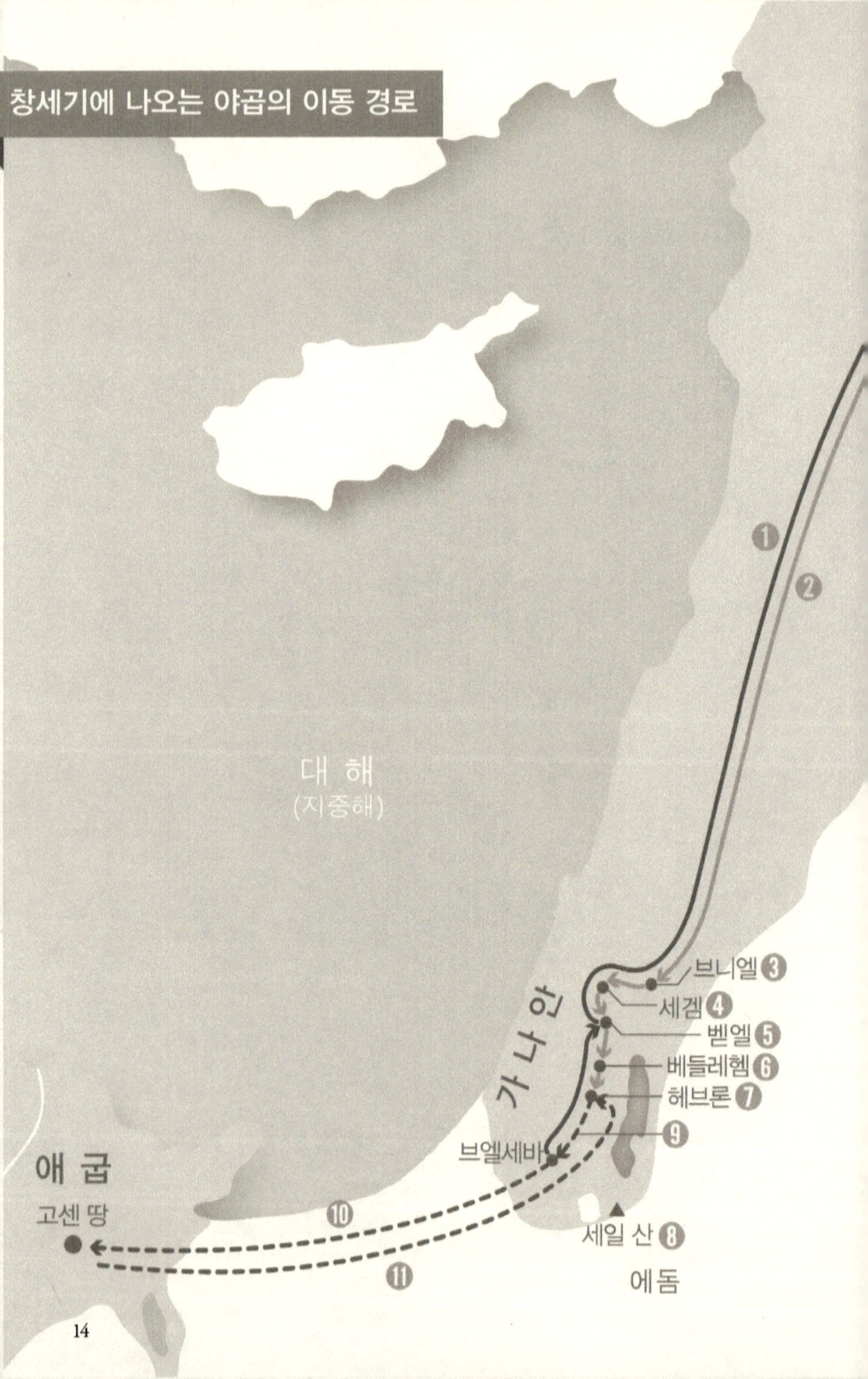

● 하란
밧단아람

유프라테스 강

❶ 야곱이 형 에서를 피해 하란으로 가다 (창 28~29장)

❷ 20년 연단을 통해 거부가 된 후 외삼촌 라반의 집을 떠나다 (창 31장)

❸ 얍복 강에서 천사와 씨름하여 이스라엘이라는 새 이름을 받다 (창 32장)

❹ 에서와 화해하고 가나안 땅 세겜에 이르러 정착하다 (창 33장)

❺ 하나님의 지시에 따라 벧엘에 이르러 축복의 언약을 받다 (창 35:1~15)

❻ 야곱의 아내 라헬이 베들레헴 근처에 장사되다 (창 35:16~20)

❼ 헤브론에 이르러 아버지 이삭을 만나다 (창 35:27)

❽ 에서가 야곱을 떠나 세일 산에 거하다 (창 36장)

❾ 애굽으로 이주하기 위해 헤브론을 떠나 브엘세바에서 단을 쌓다 (창 46:1~4)

❿ 130세에 요셉이 총리로 있는 애굽 고센 땅에 이르다 (창 46:28)

⓫ 147세에 애굽에서 죽어 가나안 땅 헤브론 막벨라 굴에 장사되다 (창 50장)

펴내는 글
들어가며
　　1. 아브라함의 정통계보와 야곱의 열두 아들 · 10
　　2. 구약은 그림자, 신약은 실체 · 12
　　3. 창세기에 나오는 야곱의 이동 경로 · 14

Part 1

나의 택한 야곱아
내가 너와 함께함이니라

Chapter 1　　이삭의 후예, 쌍둥이 아들 · 25

　　1. 큰 자는 어린 자를 섬기리라 (25:19~26)
　　2. 에서가 맹세하고 장자의 명분을 팔다 (25:27~34)
　　3. 그랄 땅에서 축복의 언약을 받은 이삭 (26:1~11)
　　4. 백 배의 축복을 받은 이삭과 세 차례 시험 (26:12~22)
　　5. 브엘세바에서 아비멜렉과 화친을 맺다 (26:23~33)
　　6. 큰아들 에서가 이방 여인과 결혼하다 (26:34~35)

Chapter 2　　이삭이 야곱을 축복하다 · 43

　　1. 에서에게 장자의 축복을 주려는 이삭 (27:1~4)
　　2. 이삭을 속이려는 간교한 리브가와 야곱 (27:5~14)
　　3. 장자의 축복 기도를 받은 야곱 (27:15~29)
　　4. 에서의 울분과 이삭의 기도 (27:30~40)
　　5. 에서가 야곱을 미워하여 죽이려 하다 (27:41~46)

Chapter 3　야곱의 20년 연단이 시작되다 · 63

　1. 외삼촌 라반의 딸 중에서 아내를 취하라 (28:1~5)

　2. 장자의 명분을 되찾으려는 에서 (28:6~9)

　3. 야곱이 벧엘에서 만난 하나님의 언약 (28:10~19)

　4. 벧엘에서 결단하고 하나님께 서원하다 (28:20~22)

Chapter 4　라헬을 향한 야곱의 변함없는 중심 · 75

　1. 하란 근방에 이르러 라헬을 만나다 (29:1~9)

　2. 라헬을 아내로 얻고자 7년간 봉사하다 (29:10~20)

　3. 라반의 속임수와 야곱의 두 아내 (29:21~30)

　4. 레아가 낳은 아들 르우벤, 시므온, 레위, 유다 (29:31~35)

Chapter 5　연단은 축복, 거부가 된 야곱 · 91

　1. 라헬의 투기와 야곱의 새로운 연단 (30:1~2)

　2. 라헬의 여종 빌하가 낳은 단과 납달리 (30:3~8)

　3. 레아의 여종 실바가 낳은 갓과 아셀 (30:9~13)

　4. 레아가 낳은 아들 잇사갈, 스불론과 딸 디나 (30:14~21)

　5. 사랑하는 라헬이 낳은 아들 요셉 (30:22~24)

　6. 외삼촌 라반과 야곱의 품삯 계약 (30:25~36)

　7. 야곱의 간교한 지혜와 '바라봄의 법칙' (30:37~43)

Chapter 6   고향으로 돌아갈 준비를 하다 · 113

1. 네 조상의 땅, 네 족속에게로 돌아가라 (31:1~3)

2. 라반의 집을 떠나야 하는 이유를 말하는 야곱 (31:4~13)

3. 라헬과 레아의 선하지 못한 답변 (31:14~16)

4. 야곱 가족이 라반의 집을 몰래 떠나다 (31:17~22)

5. 라반의 추격과 야곱을 지키신 하나님 (31:23~32)

6. 드라빔을 찾지 못한 라반과 야곱의 항변 (31:33~42)

7. 라반과 야곱이 불가침 조약을 맺다 (31:43~55)

Chapter 7   치열한 영적 전쟁, 야곱의 승리 · 135

1. 영안이 열려 하나님의 사자들을 보다 (32:1~2)

2. 에서와 화해를 시도한 야곱 (32:3~6)

3. 진퇴양난의 위기에 빠진 야곱의 간구 (32:7~12)

4. 여전히 자기 방법대로 행하는 야곱 (32:13~20)

5. 얍복 강에서 환도뼈가 위골되다 (32:21~27)

6. 네 이름을 이스라엘이라 부를 것이니 (32:28~32)

Part 2

나의 벗 아브라함의 자손아
참으로 너를 도와주리라

Chapter 8 20년 연단 후 가나안 땅으로 · 159

1. 담대함과 겸비함으로 에서를 만나다 (33:1~4)
2. 하나님의 응답으로 화해하는 야곱과 에서 (33:5~11)
3. 에서의 호의를 거절하고 숙곳에 이르다 (33:12~17)
4. 마침내 약속의 땅 가나안에 이르다 (33:18~20)

Chapter 9 세겜 성에서 시므온과 레위의 범죄 · 175

1. 야곱의 딸 디나가 부끄러운 일을 당하다 (34:1~7)
2. 디나와의 혼사를 제의하는 하몰과 세겜 (34:8~12)
3. 야곱의 아들들이 할례를 요구하다 (34:13~23)
4. 악을 악으로 갚은 야곱의 아들들 (34:24~31)

Chapter 10 하나님의 축복받을 그릇을 준비하다 · 189

1. 벧엘로 올라가서 단을 쌓으라 (35:1)
2. 가정의 신앙 개혁을 단행한 야곱 (35:2~5)
3. 온 가족이 벧엘에 이르러 단을 쌓다 (35:6~8)
4. 많은 국민이 네게서 나고 왕들이 네 허리에서 나오리라 (35:9~13)
5. 벧엘의 하나님과 언약의 증표를 세우다 (35:14~15)
6. 아들 베냐민의 탄생과 라헬의 죽음 (35:16~20)
7. 레아의 큰아들 르우벤과 서모 빌하 (35:21~26)
8. 마침내 이삭과 재회한 야곱 (35:27~29)

Chapter 11 가나안 땅을 떠난 에서 가족 · 209

1. 에서 가족이 세일 산에 거하다 (36:1~8)
2. 에돔의 자손과 족장들의 계보 (36:9~19)
3. 에돔 왕들과 그 뒤를 이은 족장들의 계보 (36:20~43)

Chapter 12 요셉이 애굽에 노예로 팔려간 섭리 · 219

1. 요셉이 형들의 미움을 받다 (37:1~4)
2. 요셉의 꿈을 마음에 둔 야곱 (37:5~11)
3. 양 치는 형들을 찾아 나선 요셉 (37:12~17)
4. 요셉을 죽이려는 형제들과 말리는 르우벤 (37:18~24)
5. 유다의 제안으로 애굽에 팔려간 요셉 (37:25~28)
6. 요셉이 죽은 것인 양 야곱을 속인 아들들 (37:29~36)

Chapter 13 아브라함의 정통계보, 유다와 베레스 · 239

1. 야곱의 넷째 아들 유다의 신앙 (38:1~5)
2. 유다의 자녀들에게 임한 저주 (38:6~11)
3. 유다와 며느리 다말 (38:12~19)
4. 유다의 아들 베레스와 세라 (38:20~30)

마치며
1. 지난날을 회고하며 올리는 야곱의 고백 · 256
2. 요한계시록에 나오는 이스라엘 자손 열두 지파 · 258
3. 새 예루살렘 성 열두 문 위에 기록된 열두 지파의 이름 · 264
4. 새 예루살렘 성 열두 기초석 위에 기록된 열두 사도의 이름 · 270

"나의 하나님이시여,

나의 모든 삶에 있어서 내 생각대로

내가 살고자 함대로, 또한 내가 원함대로

내가 갖고자 함대로, 내가 취하고자 함대로

내가 이 모든 것을 이루기를 원하였으되

결국에는 그것이 아님을 느꼈고 깨우쳤으며

정녕 나의 모든 생각과 나의 모든 마음에 있는바

욕심과 취하고자 하는 모든 마음들이

하나님 앞에 숨김이 없이 드러남으로 인하여서

깨끗함으로 나올 수가 있었고

그 마음들을 정리할 수가 있었으며

무엇이 하나님의 뜻이요, 참된 것인지를 알게 되었나이다."

나의 택한 야곱아

내가 너와 함께함이니라

/ Part 1 /

자신의 지혜와 방법을 고집할 때는
삶이 불통일 수밖에 없습니다.
야곱은 중심이 곧은 반면 간교하여
자신의 지혜와 방법을 동원하는
'자기'라는 것이 있었습니다.

하지만 연단을 통해
내 생각, 내 방법, 내 지혜를 깨뜨리니
하나님의 뜻이 보이고 선의 지혜를
얻을 수 있었습니다.

이삭의 후예, 쌍둥이 아들

큰 자는 어린 자를 섬기리라

에서가 맹세하고 장자의 명분을 팔다

그랄 땅에서 축복의 언약을 받은 이삭

백 배의 축복을 받은 이삭과 세 차례 시험

브엘세바에서 아비멜렉과 화친을 맺다

큰아들 에서가 이방 여인과 결혼하다

1. 큰 자는 어린 자를 섬기리라

"아브라함의 아들 이삭의 후예는 이러하니라 아브라함이 이삭을 낳았고 이삭은 사십 세에 리브가를 취하여 아내를 삼았으니 리브가는 밧단아람의 아람 족속 중 브두엘의 딸이요 아람 족속 중 라반의 누이였더라 이삭이 그 아내가 잉태하지 못하므로 그를 위하여 여호와께 간구하매 여호와께서 그 간구를 들으셨으므로 그 아내 리브가가 잉태하였더니 아이들이 그의 태 속에서 서로 싸우는지라 그가 가로되 이같으면 내가 어찌할꼬 하고 가서 여호와께 묻자온대

여호와께서 그에게 이르시되 두 국민이 네 태중에 있구나 두 민족이 네 복중에서부터 나누이리라 이 족속이 저 족속보다 강하겠고 큰 자는 어린 자를 섬기리라 하셨더라 그 해산 기한이 찬즉 태에 쌍둥이가 있었는데 먼저 나온 자는 붉고 전신이 갖옷 같아서 이름을 에서라 하였고 후에 나온 아우는 손으로 에서의 발꿈치를 잡았으므로 그 이름을 야곱이라 하였으며 리브가가 그들을 낳을 때에 이삭이 육십 세이었더라"(25:19~26)

야곱의 뿌리는 온전한 믿음과 순종의 사람 아브라함으로 거슬러 올라

갑니다. 믿음의 조상 아브라함에게는 100세에 낳은 이삭이 있었습니다. 이삭은 믿음의 씨앗입니다. 오직 하나님의 능력으로 낳은 아들이며, 하나님 앞에 번제로 바쳐지는 순간에도 묵묵히 아버지 아브라함을 믿고 따랐던 약속의 씨이지요.

이삭은 아브라함의 가르침 가운데 하나님을 섬기는 사람으로 성장했습니다. 아브라함은 아내 사라가 죽은 후 늙은 종 엘리에셀에게 이삭의 배필 구하는 사명을 맡깁니다. 늙은 종은 아브라함의 고향 땅으로 가서 리브가를 이삭의 배필로 구해 옵니다.

그리하여 이삭은 40세에 리브가와 결혼하였습니다. 하지만 결혼한 지 20년이 되도록 후사가 없었습니다. 물론 아버지 아브라함이 100세에 그를 낳은 것을 생각하면 그리 긴 시간이라 할 수 없지만 60세가 다 된 이삭은 더 이상 기다리지 못했습니다. 이삭은 아내 리브가의 잉태를 위해 하나님께 간절히 기도합니다. 이에 하나님께서는 응답해 주셨지요.

이 자체로만 보면 이삭은 믿음이 있고 하나님의 보장받는 사람임을 알 수 있습니다. 아버지 아브라함을 통해 이삭은 믿음이 무엇인지 보았으며 하나님에 대해 듣고 배웠습니다. 그러기에 사람의 힘과 능력으로 풀 수 없는 문제 앞에서 하나님께 기도하였고, 응답을 받은 것입니다.

그러나 이삭과 아브라함의 믿음의 차이를 발견할 수 있습니다. 아브라함은 약속하신 아들을 얻기까지 25년을 기다려야 했습니다. 젊은 나이에 25년을 기다린 것이 아닙니다. 100세가 되기까지 기다려야 했지요. 그렇다면 아브라함도 이삭처럼 기도하여 좀 더 빨리 후사를 얻으면 좋지 않았을까요?

아브라함은 하나님의 약속을 믿었기에 사람 편에서 응답의 때를 정하지 않았습니다. 하나님 뜻에 온전히 맡겨드렸지요. 반면에 이삭이 기도하여 응답받은 자체는 분명 믿음의 열매이지만 그는 아버지 아브라함처럼 하나님의 뜻에 온전히 맡기지는 못했습니다. 이것이 아브라함과 이삭의 믿음의 차이입니다.

이삭의 기도로 아내 리브가는 결혼한 지 20년 만에 잉태하였는데, 쌍둥이였습니다. 쌍둥이 형제 에서와 야곱은 태중에서부터 서로 싸웠습니다. 훗날 에서는 '들사람이 되었다.'고 말씀한 대로 성격이 거칠고 급한 면이 있었고, 야곱은 '종용한 사람'이라 말씀한 대로 조용하고 차분한 성품이었으나 그 속에 간사하고 교활한 마음이 있었습니다.

성격부터 차이가 났던 에서와 야곱은 태중에서부터 서열 다툼을 하였습니다. 오죽하면 리브가가 '내가 어찌할꼬.' 하며 하나님께 여쭈었겠습니까? 하나님께서는 리브가의 태중에 두 국민이 있으며, 그들 중에 '큰 자가 어린 자를 섬길 것'이라 하셨습니다.

먼저 태어난 형 에서가 결국에는 동생 야곱을 섬기게 된다는 뜻입니다. 하나님의 섭리가 동생인 야곱을 통해 이루어질 것을 말씀하신 것입니다. 이처럼 하나님의 뜻은 에서와 야곱이 태어나기 전부터 정해져 있었습니다. 그렇다 하여 하나님께서 임의로 모든 것을 정해 놓고 인도해 가시는 분이라는 뜻은 아닙니다.

하나님께서는 사람의 중심을 보고 택하시며, 택하신 대로 이끌기 위해 연단을 허락하십니다. 결국 스스로가 연단을 통과하여 변화되어 나옴으로 하나님께서 택하신 대로 쓰임 받는 것입니다. 에서와 야곱의 경우도 마찬가지입니다.

하나님께서는 이미 태중에서부터 그들의 중심을 보셨습니다. 누가 연단을 통해 하나님 앞에 쓰일 수 있는 곧고 바른 중심인지 보신 것입니다. 하나님께서는 각 사람의 토질과 성격, 그릇 등을 두루 살펴서 그에 맞는 연단을 허락하여 변화시키십니다.

만약 하나님께서 에서를 택하여 야곱이 받아야 했던 20년의 연단을 허락하셨다면 과연 통과할 수 있었을까요? 거칠고 급한 에서의 성격으로는 그 오랜 세월을 견디지 못했을 것입니다. 더욱이 그는 영적인 것을 소중히 여기지 못했지요.

반면에 야곱은 비록 간사하고 교활한 면은 있었으나 영적인 사모함과 목표한 바를 반드시 이루고야 마는 곧은 중심을 가지고 있었습니다. 그래서 능히 20년의 연단을 통과할 수 있었고, 마침내 하나님께서 원하시는 '지렁이 같은 야곱'(사 41:14), 곧 자기가 철저히 깨어져 오직 하나님만 의지하는 사람으로 나옵니다.

리브가는 쌍둥이 아들을 낳았습니다. 먼저 나온 아이는 살이 붉고 털이 많아서 '에서'라 이름 지었고, 뒤이어 나온 아이는 먼저 나온 아이의 발꿈치를 잡고 나왔다 하여 '발꿈치를 잡은 자' 또는 '속이는 자, 빼앗는 자'라는 의미의 '야곱'이라 하였습니다. 야곱이 에서의 발꿈치를 잡았다는 것은 그가 욕심과 앞서고자 하는 마음을 가졌다는 것과, 그로 인해 장차 그들 사이에 어떠한 일이 펼쳐질지를 암시해 줍니다.

2. 에서가 맹세하고 장자의 명분을 팔다

"그 아이들이 장성하매 에서는 익숙한 사냥꾼인 고로 들사람이 되고 야곱은 종용한 사람인 고로 장막에 거하니 이삭은 에서의 사냥한 고기를 좋아하므로 그를 사랑하고 리브가는 야곱을 사랑하였더라 야곱이 죽을 쑤었더니 에서가 들에서부터 돌아와서 심히 곤비하여 야곱에게 이르되 내가 곤비하니 그 붉은 것을 나로 먹게 하라 한지라 그러므로 에서의 별명은 에돔이더라 야곱이 가로되 형의 장자의 명분을 오늘날 내게 팔라

에서가 가로되 내가 죽게 되었으니 이 장자의 명분이 내게 무엇이 유익하리요 야곱이 가로되 오늘 내게 맹세하라 에서가 맹세하고 장자의 명분을 야곱에게 판지라 야곱이 떡과 팥죽을 에서에게 주매 에서가 먹으며 마시고 일어나서 갔으니 에서가 장자의 명분을 경홀히 여김이었더라"(25:27~34)

에서와 야곱은 성격이나 기질이 매우 달랐습니다. 활동적인 에서는 들판에서 사냥을 즐기는 반면에, 차분하고 조용한 야곱은 주로 장막에 머물렀습니다. 이삭은 장자이며 자신을 더 닮은 에서에게 마음이 갔습니다. 게다가 에서가 사냥한 고기를 좋아하니 더 많은 사랑이 갔지요.

여기서도 이삭과 아브라함의 차이를 발견할 수 있습니다. 아브라함은 약속의 씨인 이삭이나 이스마엘을 차별 없이 사랑했지만 하나님의 뜻이 누구에게 있는지 분명히 알기에 정에 이끌리지 않았습니다. 사라가 죽고 후처를 통해 여섯 명의 자녀를 낳았을 때에도 마찬가지입니다. 정에 이끌리기보다 하나님의 뜻이 무엇인지 생각했습니다. 그래서 이삭을 제외한 다른 자녀들에게 각각 재물을 나눠 주고 생전에 멀리 떠나보낸 것입니다.

하지만 이삭의 경우는 어떻습니까? 두 아들이 태중에 있을 때부터 하나님의 뜻이 에서가 아닌 야곱에게 있음을 하나님께서 분명히 알려 주셨습니다(창 25:23). 그러니 이삭이 육적인 정이나 사람의 생각에 매여 에서에게 편협된 마음을 갖지 않았다면 비록 동생이라도 야곱을 후사로 세웠을 것입니다.

이삭의 에서에 대한 편협된 사랑이 계속되자 야곱의 마음에는 차츰 불만이 쌓여갔습니다. 야곱이라 해서 왜 아버지의 사랑을 더 받고 싶은 마음이 없었겠습니까?

그는 자신보다 형이 많은 사랑을 받는 것이 못마땅했습니다. 또 에서나 자신이나 한 어머니로부터 같은 날에 태어났음에도 왜 누구는 장자이고 누구는 차자가 되어야 하는지 불만스러웠습니다. 이것이 결국은 장자권을 넘보는 상황으로까지 발전합니다. 어떻게든 장자권을 차지하고 싶은 욕심과 야심이 그의 마음에 자리 잡게 되었지요.

간교했던 야곱은 형의 장자권을 자기 것으로 만들고자 나름대로 지혜를 동원합니다. 평소 급하고 경솔한 형의 성품을 이용하여 목적을 이루고자 합니다. 이는 영이신 하나님이 주시는 선의 지혜가 아닌 육의 지혜였습니다.

어느 날, 에서가 들에서 돌아와 몹시 허기져 있을 때 야곱은 그에게 팥죽을 주면서 대신 장자의 명분을 달라고 합니다. 장자의 명분 안에는 부모의 재산을 물려받을 수 있는 육적인 축복은 물론, 조상의 정통계보를 잇는 영적인 축복까지 보장되는 의미가 있습니다.

그런데 에서는 급한 마음에 야곱이 요구하는 대로 장자의 명분을 팔겠다고 맹세합니다. 자신의 행동이 장차 어떠한 결과를 가져올지 조금이라도 생각해 보았다면 그렇게 경솔한 행동을 하지 않았을 텐데, 에서는 당장의 배고픔을 못 참고 장자의 명분을 팔고 말았습니다. 하지만 야곱은 영적인 법칙을 잘 알고 있었습니다.

성경은 입술의 고백이 얼마나 중요한지 말씀합니다. 잠언 13장 2절에 "사람은 입의 열매로 인하여 복록을 누리거니와" 했고, 잠언 18장 21절에는 "죽고 사는 것이 혀의 권세에 달렸나니 혀를 쓰기 좋아하는 자는 그 열매를 먹으리라" 했습니다. 더욱이 야곱은 장자의 명분을 얻기 위한 대가를 치렀기에 영적으로 거래가 성립된 것입니다.

마침내 야곱은 에서로부터 장자의 명분을 빼앗았지만 육적인 지혜와 방법을 동원한 것이 연단의 시작이었습니다. 만약 야곱이 하나님께 모든 것을 맡겼다면 어떻게 했을까요? 야곱은 이미 자신이 태중에 있을 때 하나님께서 주신 언약의 말씀을 어머니로부터 들었을 것입니다. 그 말씀을 믿고 의지했다면 하나님의 정하신 때가 오기를 기다렸겠지요. 하지만 야곱은 그러지 못했습니다.

하나님의 뜻을 이룸에 있어서 사람의 생각과 방법, 지혜를 동원하면 당장에는 잘되는 것처럼 보여도 반드시 연단이 따릅니다. 사람의 방법과 생각, 지혜가 얼마나 부질없는지 깨우쳐야 하기에 하나님께서는 연단을 허락하실 수밖에 없습니다. 야곱도 간교한 모습으로는 결코 하나님 앞에 쓰임받을 수 없기에 철저히 깨어지고 변화되는 역사가 있어야 했습니다.

야곱의 간교한 속성은 태어나면서부터 가지고 있던 본성 속의 악이었습니다. 그만큼 발견하기도 어렵고 쉽게 벗어질 수 있는 것이 아닙니다. 그러니 20년이라는 긴 연단의 세월이 필요했던 것입니다.

이처럼 야곱이 장자의 명분을 빼앗았다고는 하지만 에서 또한 하나님 보시기에 너무나 합당치 않은 모습이었습니다. 장자의 명분이란 하나님으로부터 축복받을 수 있는 언약의 징표와도 같습니다. 이러한 장자권을 에서는 팥죽 한 그릇에 팔아버릴 만큼 장자의 명분을 경홀히 여겼습니다. 설령 자신은 빈말이라 생각했더라도 결국 영적인 것에 대한 사모함이나 소중히 여기는 마음이 없었음을 나타냅니다.

3. 그랄 땅에서 축복의 언약을 받은 이삭

"아브라함 때에 첫 흉년이 들었더니 그 땅에 또 흉년이 들매 이삭이 그랄로 가서 블레셋 왕 아비멜렉에게 이르렀더니 여호와께서 이삭에게 나타나 가라사대 애굽으로 내려가지 말고 내가 네게 지시하는 땅에 거하라 이 땅에 유하면 내가 너와 함께 있어 네게 복을 주고 내가 이 모든 땅을 너와 네 자손에게 주리라 내가 네 아비 아브라함에게 맹세한 것을 이루어 네 자손을 하늘의 별과 같이 번성케 하며 이 모든 땅을 네 자손에게 주리니 네 자손을 인하여 천하 만민이 복을 받으리라 이는 아브라함이 내 말을 순종하고 내 명령과 내 계명과 내 율례와 내 법도를 지켰음이니라 하시니라

이삭이 그랄에 거하였더니 그곳 사람들이 그 아내를 물으매 그가 말하기를 그는 나의 누이라 하였으니 리브가는 보기에 아리따우므로 그곳 백성이 리브가

로 인하여 자기를 죽일까 하여 그는 나의 아내라 하기를 두려워함이었더라 이삭
이 거기 오래 거하였더니 이삭이 그 아내 리브가를 껴안은 것을 블레셋 왕 아비
멜렉이 창으로 내다본지라 이에 아비멜렉이 이삭을 불러 이르되 그가 정녕 네 아
내여늘 어찌 네 누이라 하였느냐 이삭이 그에게 대답하되 내 생각에 그를 인하여
내가 죽게 될까 두려워하였음이로라 아비멜렉이 가로되 네가 어찌 우리에게 이렇
게 행하였느냐 백성 중 하나가 네 아내와 동침하기 쉬웠을 뻔하였은즉 네가 죄를
우리에게 입혔으리라 아비멜렉이 이에 모든 백성에게 명하여 가로되 이 사람이나
그 아내에게 범하는 자는 죽이리라 하였더라"(26:1~11)

이삭이 극심한 흉년으로 인해, 오랫동안 거주했던 '브엘라해로이'를 떠
나 블레셋 땅 그랄로 이동했을 때의 일입니다. 하나님께서는 아브라함에게
약속하셨던 가나안 땅의 상속과 후손의 번영을 다시 이삭에게 축복의 언
약으로 주셨습니다.

이삭이 축복의 언약을 받을 수 있었던 근본 이유는 무엇일까요? 아버
지 아브라함이 하나님 말씀에 순종하고 그 명령과 계명과 율례와 법도를
지켰기 때문입니다. 의인 아브라함으로 인해 그 은혜가 아들 이삭에게까지
이른 것입니다(잠 20:7). 그렇다 하여 이삭이 아버지 덕에 가만히 앉아서
복을 받은 것은 아닙니다. 이삭 역시 스스로 믿음을 내보여야 했습니다.

그랄로 이동한 이삭은 아내 리브가를 누이라고 속입니다. 리브가의 미
모가 뛰어났기에 그랄 사람들이 그녀를 빼앗기 위해 자기를 죽일까 두려웠
던 것입니다. 그런데 하루는 블레셋 왕 아비멜렉이 이삭이 리브가를 껴안
은 장면을 보았습니다.

아비멜렉은 이삭을 불러들여 어찌하여 아내를 누이라 하였는지 묻습니다. 이삭이 사실대로 털어 놓자 아비멜렉은 혹여 리브가가 이삭의 누이인 줄 알고 누군가 그녀와 동침하려 했다면 어쩔 뻔했느냐며 그를 책망했습니다. 그리고 백성들에게 "이삭이나 그의 아내를 범하는 자는 죽이리라" 경고하였지요.

이처럼 하나님께서는 아비멜렉으로 하여금 이삭과 리브가가 부부 사이인 것을 알게 하심으로 불미스러운 일이 발생하지 않도록 미리 막아 주셨습니다. 나아가 왕명으로 이삭을 확실히 보호해 주신 것입니다.

이러한 과정을 통해 이삭은 잠시나마 육신의 생각을 동원해 하나님을 전적으로 의뢰하지 못했음을 깨닫습니다. 동시에 자신을 지키고 인도해 주실 분은 오직 하나님 한 분뿐임을 마음으로 깨닫게 됩니다.

4. 백 배의 축복을 받은 이삭과 세 차례 시험

"이삭이 그 땅에서 농사하여 그 해에 백 배나 얻었고 여호와께서 복을 주시므로 그 사람이 창대하고 왕성하여 마침내 거부가 되어 양과 소가 떼를 이루고 노복이 심히 많으므로 블레셋 사람이 그를 시기하여 그 아비 아브라함 때에 그 아비의 종들이 판 모든 우물을 막고 흙으로 메웠더라

아비멜렉이 이삭에게 이르되 네가 우리보다 크게 강성한즉 우리를 떠나가라 이삭이 그곳을 떠나 그랄 골짜기에 장막을 치고 거기 우거하며 그 아비 아브라함 때에 팠던 우물들을 다시 팠으니 이는 아브라함 죽은 후에 블레셋 사람이 그 우물들을 메웠음이라 이삭이 그 우물들의 이름을 그 아비의 부르던 이름으로 불렀더라 이삭의 종들이 골짜기에 파서 샘 근원을 얻었더니 그랄 목자들이 이삭의 목

자와 다투어 가로되 이 물은 우리의 것이라 하매 이삭이 그 다툼을 인하여 그 우물 이름을 에섹이라 하였으며 또 다른 우물을 팠더니 그들이 또 다투는고로 그 이름을 싯나라 하였으며 이삭이 거기서 옮겨 다른 우물을 팠더니 그들이 다투지 아니하였으므로 그 이름을 르호봇이라 하여 가로되 이제는 여호와께서 우리의 장소를 넓게 하셨으니 이 땅에서 우리가 번성하리로다 하였더라"(26:12~22)

그랄 땅에 머물며 농사를 지은 이삭은 그 해에 백 배의 수확을 거두었습니다. 하나님께 복을 받아서 양과 소가 떼를 이루고 부리는 종들도 심히 많아졌습니다. 흉년을 피해 이주해 온 그는 어느새 거부가 되었습니다.

그러자 블레셋 사람들이 그를 시기합니다. 이방인이 자신들의 땅에 들어와 축복을 받아가니 못마땅했던 것입니다. 이 때문에 아브라함 때에 파 놓았던 우물을 막고 흙으로 메우는 일까지 생겼습니다.

결국 아비멜렉은 이삭에게 그곳을 떠나라고 합니다. 이삭이 자신들보다 강성해졌기 때문입니다. 이를 통해 이삭의 부와 권세가 얼마나 대단했는지 알 수 있습니다. 아버지 아브라함으로부터 물려받은 부와 명예와 권세도 있었지만 이삭 자신도 하나님께 복을 받음으로 이방 땅에 살면서도 창대하게 이루어 갔던 것입니다.

블레셋 사람이 우물을 막고 흙으로 메운 일에 대해 이삭은 전혀 따지거나 불평하지 않았습니다. 그에게는 아비멜렉 왕이 두려워할 만큼 힘이 있었지만 비록 자신에게 해를 입힌 사람들이라 해도 힘으로 어떻게 해 보려는 마음이 없었기 때문입니다.

이삭은 아비멜렉의 요청대로 그곳을 떠나 그랄 골짜기로 옮겼습니다. 그리고 아브라함이 죽은 후 블레셋 사람이 메운 우물들을 다시 팠습니다. 이렇게 샘 근원을 얻자 그랄 목자들이 찾아와 그것도 자기들 것이라 주장합니다. 이삭이 다시 파기 전까지는 버려진 채 사용하지 못했던 우물인데도 말입니다. 다툼을 원치 않은 이삭은 우물을 그들에게 양보하고 그 이름을 '다툼'이라는 뜻의 '에섹'이라 하였습니다.

이삭은 또 다른 우물을 팠는데 이번에도 그랄 목자들이 찾아와서 자기네 우물이라고 주장합니다. 이때도 이삭은 다투지 않고 우물을 양보합니다. 그리고 우물의 이름을 '대적해서 달려든다'는 뜻의 '싯나'라고 했습니다.

이러한 모습을 통해 이삭의 신앙을 알 수 있습니다. 이는 "네가 좌하면 나는 우하고 네가 우하면 나는 좌하리라" 했던 아브라함의 신앙을 통해 배운 것입니다. 이삭은 단지 배워서 아는 것으로 끝난 것이 아니라 실제 삶 속에서 적용하였습니다. 양보하고 희생해서라도 화평을 이루며 모든 사람을 섬기고자 했던 것입니다.

이삭이 세 번씩이나 양보하고 또다시 옮겨가서 우물을 팠을 때에는 더 이상 다툼이 일어나지 않았습니다. 그때 이삭은 우물의 이름을 '르호봇'이라 하며 "이제는 여호와께서 우리의 장소를 넓게 하셨으니 이 땅에서 우리가 번성하리로다" 고백합니다.

그동안 우물을 빼앗긴 것은 하나님께서 이삭에게 더 넓은 땅을 주시기 위한 축복의 연단이었습니다. 만약 우물로 인한 다툼이 없었다면 어땠을까요? 이삭은 기존의 삶에 안주했을 것입니다. 다툼이 있었기에 이삭은 계속 이동하였고, 이것이 결국 넓은 땅에 이르는 길이 되었습니다. 당장 현실을 볼 때는 불통인 것 같고 지킴 받지 못하는 것처럼 보였지만 오히려 그것이 축복의 길이었다는 말입니다.

어떤 연단이나 시험이 왔을 때 먼저는 그 이유가 무엇인지 자신을 점검해 보아야 합니다. 자신의 잘못으로 인한 것이라면 신속히 회개하고 돌이켜야 하지만, 이유 없이 온 경우에는 오직 감사함으로 선을 좇으면 됩니다. 그러면 하나님께서 반드시 축복으로 갚아 주십니다(벧전 2:19~20).

이삭은 연단이 왔을 때 온전히 선의 방법으로 통과했습니다. 그 결과 하나님께서는 더 놀라운 축복을 주실 수 있었고, 그에 대해 원수 마귀 사단도 송사할 수 없었습니다.

5. 브엘세바에서 아비멜렉과 화친을 맺다

"이삭이 거기서부터 브엘세바로 올라갔더니 그 밤에 여호와께서 그에게 나타나 가라사대 나는 네 아비 아브라함의 하나님이니 두려워 말라 내 종 아브라함을 위하여 내가 너와 함께 있어 네게 복을 주어 네 자손으로 번성케 하리라 하신지라 이삭이 그곳에 단을 쌓아 여호와의 이름을 부르고 거기 장막을 쳤더니 그 종들이 거기서도 우물을 팠더라 아비멜렉이 그 친구 아훗삿과 군대장관 비골로 더불어 그랄에서부터 이삭에게로 온지라 이삭이 그들에게 이르되 너희가 나를 미워하여 나로 너희를 떠나가게 하였거늘 어찌하여 내게 왔느냐 그들이 가로되 여호와께서 너와 함께 계심을 우리가 분명히 보았으므로 우리의 사이 곧 우리와 너의 사이에 맹세를 세워 너와 계약을 맺으리라 말하였노라 너는 우리를 해하지 말라 이는 우리가 너를 범하지 아니하고 선한 일만 네게 행하며 너로 평안히 가게 하였음이니라 이제 너는 여호와께 복을 받은 자니라 이삭이 그들을 위하여 잔치를 베풀매 그들이 먹고 마시고 아침에 일찍이 일어나 서로 맹세한 후에 이삭이 그들을 보내매 그들이 평안히 갔더라 그날에 이삭의 종들이 자기들의 판 우물에 대하여 이삭에게 와서 고하여 가로되 우리가 물을 얻었나이다 하매 그가 그 이름을 세바라 한지라 그러므로 그 성읍 이름이 오늘까지 브엘세바더라"(26:23~33)

이삭은 가나안 땅의 최남단에 위치한 브엘세바로 올라갔습니다. 그날 밤, 하나님께서는 그에게 나타나 축복의 언약을 주셨습니다. 아브라함에게 가나안 땅을 그 자손들에게 주겠다고 하셨던 약속을 이삭에게 다시 확인시켜 주신 것입니다.

축복의 말씀을 받은 이삭은 아버지 아브라함이 그랬던 것처럼 여호와 앞에 단을 쌓고 제사를 드렸습니다. 이는 언약에 대한 확증을 얻는 과정이었습니다.

이삭은 가는 곳마다 단을 쌓고 번제를 드렸던 아브라함으로부터 축복의 법칙을 배웠기 때문에 그대로 행했습니다. 그러니 하나님께서는 그에게 더 놀랍게 축복하실 수밖에 없었고, 그 증거로 일국의 왕인 아비멜렉이 직접 이삭을 찾아와 화친할 것을 청합니다.

이는 아비멜렉이 하나님께서 이삭과 함께하시는 증거를 보면서 두려워졌기 때문입니다. 아비멜렉은 예전에 이삭에게 자신들의 땅에서 떠나라 했던 것이 마음에 걸렸습니다. 이삭을 쫓아내듯 내보낸 것이 혹여라도 해가 되어 돌아오지는 않을까 염려가 된 것입니다.

만약 이삭이 평범한 족장 정도의 부와 권세를 가졌다면 아비멜렉 왕이 찾아왔을까요? 그럴 리가 없습니다. 아비멜렉이 직접 찾아왔다는 것은 이삭의 부와 권세가 이전과는 비교할 수 없을 만큼 커졌고, 무엇보다도 전능하신 하나님께서 이삭과 함께하신다는 사실을 인정했다는 말입니다. 비록 아비멜렉은 이방인이었지만 여호와 하나님이라는 신이 계시며 그분은 대단한 능력을 가진 분임을 인정했다는 사실을 알 수 있습니다.

이는 이삭이 하나님에 대해 담대히 전하고 알렸음을 말해 줍니다. 뿐만 아니라 그의 삶에 하나님께서 함께하시는 증거가 나타났기에 왕이라 할지라도 그 앞에 머리 숙였던 것입니다.

이러한 아비멜렉을 이삭은 어떻게 대했을까요? 전에 자신을 쫓아냈던 그였지만 이삭은 호통치거나 그 일에 대해 보상해 주기를 바라지 않았습니다. '어떻게 나한테 그럴 수 있느냐?'고 서운해하는 말도 하지 않았지요. 오히려 잔치를 베풀고 선대하여 보냈습니다. 하나님께서는 이처럼 선을 사랑하며 선을 좇는 사람과 함께하십니다.

6. 큰아들 에서가 이방 여인과 결혼하다

"에서가 사십 세에 헷 족속 브에리의 딸 유딧과 헷 족속 엘론의 딸 바스맛을 아내로 취하였더니 그들이 이삭과 리브가의 마음의 근심이 되었더라"(26:34~35)

하나님께서 왜 야곱을 택하실 수밖에 없었는지는 에서의 혼인 문제만 보아도 알 수 있습니다. 에서는 부모가 원치 않는 헷 족속, 유딧과 바스맛

두 여인을 아내로 삼았습니다. 이는 자신의 집안이 하나님 앞에 순수한 혈통과 정통성을 지녔다는 사실을 무시한 처사였습니다. 이러한 모습만 보더라도 에서의 중심이 어떠함을 알 수 있지요.

비록 에서가 장자의 명분을 죽 한 그릇에 팔았다 해도 그가 장자의 명분을 경홀히 여기는 사람이 아니라면 당연히 하나님을 믿는 백성 가운데서 아내를 택했어야 합니다. 할아버지 아브라함이 정통계보를 잇기 위해 본토 친척의 집에까지 사람을 보내어 아버지 이삭의 배필을 찾은 것을 에서가 어찌 모르겠습니까?

그럼에도 에서는 이방 여인을 아내로 택합니다. 에서의 경솔한 행동은 이삭이나 리브가에게 큰 근심이 될 수밖에 없었습니다. 이러한 에서에게서 야곱에게로 장자의 명분이 옮겨가는 것은 당연한 일입니다.

야곱은 비록 간교한 꾀를 써서 형으로부터 장자의 명분을 빼앗기는 했지만 그래도 하나님을 경외하며 영적인 축복을 사모하는 사람이었습니다. 하나님께서는 이러한 두 사람의 중심을 아시기에 '야곱은 사랑하고 에서는 미워하였다'(롬 9:13 ; 말 1:2~3) 말씀합니다.

'에서를 미워하셨다.'는 것은 하나님의 축복을 경홀히 여기는 중심을 미워하셨다는 의미입니다. 그러니 하나님께서는 처음부터 에서가 아닌 야곱을 선민 이스라엘의 조상으로 택하실 수밖에 없었던 것입니다.

하나님은 사랑 자체이시기 때문에 모든 자녀를 사랑하고 공평하게 사랑을 주기 원하십니다. 하지만 동시에 공의의 하나님이시기 때문에 사랑도 공의에 맞게 주십니다. 결국 내가 어떻게 하느냐에 따라 하나님의 사랑을 더 받을 수도 있고 덜 받을 수도 있으며, 하나님으로부터 중심을 인정받을 수도 그렇지 못할 수도 있는 것입니다.

그러므로 에서의 입장에서는 '왜 나에게 와야 할 축복이 동생 야곱에게 가는 것일까?' 하며 원망하고 불평할 것이 아니라 왜 야곱이 더 사랑받을 수밖에 없는가를 먼저 생각해 보아야 합니다. 나아가 그 중심을 닮아 가고자 노력해야 했습니다. 하지만 에서는 그렇지 못했기에 결국 축복을 동생 야곱에게 빼앗기는 사건이 발생합니다.

이삭이 야곱을 축복하다

에서에게 장자의 축복을 주려는 이삭

이삭을 속이려는 간교한 리브가와 야곱

장자의 축복 기도를 받은 야곱

에서의 울분과 이삭의 기도

에서가 야곱을 미워하여 죽이려 하다

1. 에서에게 장자의 축복을 주려는 이삭

"이삭이 나이 많아 눈이 어두워 잘 보지 못하더니 맏아들 에서를 불러 가로되 내 아들아 하매 그가 가로되 내가 여기 있나이다 하니 이삭이 가로되 내가 이제 늙어 어느 날 죽을는지 알지 못하노니 그런즉 네 기구 곧 전통과 활을 가지고 들에 가서 나를 위하여 사냥하여 나의 즐기는 별미를 만들어 내게로 가져다가 먹게 하여 나로 죽기 전에 내 마음껏 네게 축복하게 하라"(27:1~4)

이삭은 나이가 많아 눈이 어두워졌습니다. 그만큼 몸이 쇠약해진 것입니다. 온전한 믿음의 소유자요 악은 모양이라도 버린 아브라함은 죽음을 맞는 날까지 강건하였습니다. 반면 아직 악을 온전히 버리지 못한 이삭은 육의 지배를 받을 수밖에 없었습니다.

이는 아브라함과 이삭의 신앙의 차이에서 오는 결과입니다. 출애굽의 지도자 모세 선지자도 지면의 모든 사람보다 온유함이 승하고 믿음이 온전했기에 죽을 때까지 눈이 흐리지 않고 기력이 쇠하지 않았습니다(신 34:7). 요한삼서 2절에 "사랑하는 자여 네 영혼이 잘됨같이 네가 범사에 잘

되고 강건하기를 내가 간구하노라” 말씀한 대로입니다.

그러면 이삭이 노년에 몸이 쇠하고 눈까지 어두워질 수밖에 없었던 원인은 무엇일까요? 그에게는 에서와 야곱을 차별하는 모습, 하나님 말씀을 명심하지 못하고 자기 보기에 좋을 대로 행하는 모습, 온유함으로 가족을 품지 못했던 모습 등 부족한 점들이 있었습니다.

이삭이 뒤늦게라도 자신을 돌아보고 부족한 것을 발견했다면 좋았을 텐데 그는 끝까지 자기 보기에 좋을 대로 행해 갑니다. 노쇠하여 언제 죽을지 모르는 상황에서도 이삭은 에서를 불러 그에게만 축복을 빌어 주고자 했습니다. “나를 위하여 사냥하여 나의 즐기는 별미를 만들어 내게로 가져다가 먹게 하여 나로 죽기 전에 내 마음껏 네게 축복하게 하라” 합니다. 이처럼 이삭이 자신의 죽음에 대해 주관받은 후 취한 행동을 보면 아버지 아브라함과는 전혀 달랐습니다.

아브라함은 자신의 생전에 후처를 통해 낳은 자녀들에게도 재물을 나눠 주어 동방으로 떠나보냈습니다. 모든 자녀를 두루 살피고 사랑했기에 정통성을 잇는 이삭 외에 다른 아들들에게도 나름대로 살아갈 수 있는 길을 열어 주었던 것입니다.

반면에 이삭은 죽음을 앞두고 자신이 편애하는 에서만을 생각했습니다. 그래서 에서에게 특별히 별미를 만들어 오라 하여 그에게만 축복하려 합니다. 물론 장자인 에서에게 더 많은 복을 빌어 줄 수는 있지만 이삭은 에서와 야곱 모두에게 복을 빌어 주려는 마음이 아니었습니다. 이처럼 이삭은 끝까지 자기 뜻대로 일을 이루려 했습니다.

이삭이 에서에게 별미를 가져오게 한 일을 통해 축복이 어떻게 임하는지 영계의 법칙을 알 수 있습니다. 이삭은 아비로서 마음껏 에서를 축복하려는 마음이었습니다. 하지만 축복을 빌어 준다고 무조건 그 복이 임하는 것이 아님을 알기에 자신이 즐기는 별미를 가져오게 한 것입니다.

하나님의 축복을 받으려면 마음 중심을 담아 드리는 믿음의 행함이 심는 과정을 통해 나타나야 합니다. 행함 안에는 얼마나 마음과 뜻, 정성을 가지고 믿음으로 나왔는지가 담겨 있기 때문입니다.

엘리야 선지자가 사르밧 과부에게 마지막 먹을 양식으로 자신을 공궤하게 했던 것 역시 이러한 믿음의 행함이 필요했기 때문입니다. 사르밧 과부가 행함으로 심었을 때 비로소 엘리야가 빌어 주는 축복이 그 가정에 임하여 가뭄이 끝날 때까지 양식이 떨어지지 않았습니다(왕상 17장).

우리가 하나님 앞에 무엇을 구하여 응답받고자 할 때도 마찬가지입니다. 축복과 응답받을 만한 믿음이 있다면 반드시 하나님 앞에 마음과 정성을 심는 행함이 따릅니다. 이때 별미, 즉 자신에게 있어 가장 귀하고 값진 것을 심을 수 있는 믿음이라면 더욱 하나님의 기쁨이 됩니다.

2. 이삭을 속이려는 간교한 리브가와 야곱

"이삭이 그 아들 에서에게 말할 때에 리브가가 들었더니 에서가 사냥하여 오려고 들로 나가매 리브가가 그 아들 야곱에게 일러 가로되 네 부친이 네 형 에서에게 말씀하시는 것을 내가 들으니 이르시기를 나를 위하여 사냥하여 가져다가 별미를 만들어 나로 먹게 하여 죽기 전에 여호와 앞에서 네게 축복하게 하라 하셨으니 그런즉 내 아들아 내 말을 좇아 내가 네게 명하는 대로 염소 떼에 가서 거기서 염소의 좋은 새끼를 내게로 가져오면 내가 그것으로 네 부친을 위하여 그 즐기시는 별미를 만들리니 네가 그것을 가져 네 부친께 드려서 그로 죽으시기 전에 네게 축복하기 위하여 잡수시게 하라

야곱이 그 모친 리브가에게 이르되 내 형 에서는 털사람이요 나는 매끈매끈한 사람인즉 아버지께서 나를 만지실진대 내가 아버지께 속이는 자로 뵈일지라 복은 고사하고 저주를 받을까 하나이다 어미가 그에게 이르되 내 아들아 너의 저주는 내게로 돌리리니 내 말만 좇고 가서 가져오라 그가 가서 취하여 어미에게로 가져왔더니 그 어미가 그 아비의 즐기는 별미를 만들었더라"(27:5~14)

이삭은 야곱보다 에서를 더 사랑했기에 에서에게 장자의 축복을 빌어 주려고 했습니다. 하지만 이는 하나님 뜻과는 달랐습니다.

하나님께서는 이미 태중에서부터 에서가 아닌 야곱을 택하셨습니다. 그 사실은 이삭과 리브가도 알고 있었지요. 그럼에도 이삭은 자신이 더 사랑하는 에서에게 복을 받게 해 주려는 마음에서 마지막 순간까지도 편협된 사랑을 보입니다. 이를 지켜보는 리브가 역시 결코 고운 마음이 아니었습니다. 그녀도 이삭처럼 편협된 사랑을 했습니다. 에서보다 야곱을 더 사랑한 것입니다.

이삭이 에서에게만 축복해 주려는 것을 안 리브가는 그 복을 야곱이 받게 하고 싶었습니다. 그래서 자신이 엿들은 이삭의 계획을 야곱에게 전하며 어떻게 해야 할지 구체적인 방법까지 알려 줍니다. 이는 남편을 속이는 간교한 방법이었습니다.

리브가는 야곱에게 집에서 키운 염소 새끼 중 좋은 것을 골라서 잡아오면 이삭이 즐기는 별미를 만들어 주겠다고 합니다. 그 별미를 이삭에게 가져다주고 축복을 받으라는 것입니다.

이에 야곱은 "내 형 에서는 털사람이요 나는 매끈매끈한 사람인즉 아버지께서 나를 만지실진대 내가 아버지께 속이는 자로 뵈일지라 복은 고사하고 저주를 받을까 하나이다"라고 대답합니다.

야곱은 아버지 이삭이 하나님으로부터 보장받는 사람임을 알았습니다. 축복을 빌어 주면 그 복이 임하며, 반대로 저주를 하면 저주가 임한다는 것도 알았지요. 야곱은 형과 외모가 많이 달랐기에 자칫 아버지를 속이려다가 도리어 저주를 받지나 않을까 염려되었습니다.

그래서 어머니의 제안을 선뜻 받아들이지 못합니다. 리브가의 제안이 아버지를 속이는 일이기 때문에 받아들이지 않는 것이 아니라 이삭이 알아챘을 때 오게 될 저주가 두려웠던 것입니다.

이때 야곱이 선과 정도를 좇는 사람이었다면 어머니의 제안을 단호히 거절했어야 합니다. 아버지를 속이는 일이며, 또 어머니 입장에서는 남편을 속이는 일이니 당연히 거절했어야 하지요. 그러나 야곱 역시 장자의 축복을 받고 싶은 욕심이 컸기에 거절하지 못했습니다.

속임수가 탄로 나면 복은 고사하고 저주를 받지 않을까 걱정하는 야곱에게 리브가는 저주를 자신에게 돌릴 것이라고 말합니다. 야곱이 축복받기 원하는 마음이 앞서 너무나 쉽게 말을 내었던 것입니다.

잠언 18장 21절에 "죽고 사는 것이 혀의 권세에 달렸나니 혀를 쓰기 좋아하는 자는 그 열매를 먹으리라" 말씀합니다. 리브가는 자신에게 저주를 돌릴 것이라는 이 말 한마디로 인해 여생을 마음의 고통을 받으며 살아가야 했습니다. 사랑하는 아들 야곱을 멀리 떠나보내야 했고, 그 아들이 타지에서 고생하는 것을 생각하며 20년간 얼마나 마음이 아팠겠습니까?

더구나 에서가 야곱을 원수처럼 여기며 죽이려 한다는 것을 아는 그녀로서는 하루도 편할 날이 없었을 것입니다. 육신의 생각을 동원한 결과 가족의 화평이 깨어지는 상황을 맞으면서 리브가는 자신의 말로 인한 뼈아픈 열매를 먹어야 했습니다.

야곱도 하나님 앞에 쓰임 받을 중심이긴 하지만 아직 깨어지고 변화되어야 할 모습이 많기에 욕심 가운데 연단을 자초해 가는 것을 봅니다.

3. 장자의 축복 기도를 받은 야곱

"리브가가 집 안 자기 처소에 있는 맏아들 에서의 좋은 의복을 취하여 작은 아들 야곱에게 입히고 또 염소 새끼의 가죽으로 그 손과 목의 매끈매끈한 곳에 꾸미고 그 만든 별미와 떡을 자기 아들 야곱의 손에 주매 야곱이 아버지에게 나아가서 내 아버지여 하고 부른대 가로되 내가 여기 있노라 내 아들아 네가 누구냐 야곱이 아비에게 대답하되 나는 아버지의 맏아들 에서로소이다 아버지께서 내게 명하신 대로 내가 하였사오니 청컨대 일어나 앉아서 내 사냥한 고기를 잡수시고 아버지의 마음껏 내게 축복하소서

이삭이 그 아들에게 이르되 내 아들아 네가 어떻게 이같이 속히 잡았느냐 그가 가로되 아버지의 하나님 여호와께서 나로 순적히 만나게 하셨음이니이다 이삭이 야곱에게 이르되 내 아들아 가까이 오라 네가 과연 내 아들 에서인지 아닌

지 내가 너를 만지려 하노라 야곱이 그 아비 이삭에게 가까이 가니 이삭이 만지며 가로되 음성은 야곱의 음성이나 손은 에서의 손이로다 하며 그 손이 형 에서의 손과 같이 털이 있으므로 능히 분별치 못하고 축복하였더라 이삭이 가로되 네가 참 내 아들 에서냐 그가 대답하되 그러하니이다 이삭이 가로되 내게로 가져오라 내 아들의 사냥한 고기를 먹고 내 마음껏 네게 축복하리라

야곱이 그에게로 가져가매 그가 먹고 또 포도주를 가져가매 그가 마시고 그 아비 이삭이 그에게 이르되 내 아들아 가까이 와서 내게 입맞추라 그가 가까이 가서 그에게 입맞추니 아비가 그 옷의 향취를 맡고 그에게 축복하여 가로되 내 아들의 향취는 여호와의 복 주신 밭의 향취로다 하나님은 하늘의 이슬과 땅의 기름짐이며 풍성한 곡식과 포도주로 네게 주시기를 원하노라 만민이 너를 섬기고 열국이 네게 굴복하리니 네가 형제들의 주가 되고 네 어미의 아들들이 네게 굴복하며 네게 저주하는 자는 저주를 받고 네게 축복하는 자는 복을 받기를 원하노라"(27:15~29)

리브가는 장자의 축복이 얼마나 귀한 것인지 잘 알고 있었습니다. 그러기에 그 축복이 사랑하는 아들 야곱에게 돌아가기를 간절히 바랐습니다. 그만큼 영적인 축복에 대한 사모함이 있었던 것입니다. 이는 리브가가 야곱을 변장시키는 장면에서도 나옵니다.

그녀는 에서의 의복 중 좋은 것을 가져다가 야곱에게 입힙니다. 그리고 살이 매끈한 야곱의 손과 목을 털이 많은 에서처럼 꾸미기 위해 염소 새끼의 가죽까지 사용합니다. 야곱을 축복의 자리에 보낼 때 좋은 의복을 입힌 데는 이유가 있습니다.

하나님 앞에 축복받기를 구할 때는 그에 합당한 믿음의 행함을 내보여야 하는데, 그 대표적인 것이 정성을 담아 드리는 예물입니다. 또 한 가지 중요한 것은 바로 하나님께서 받으실 만한 마음으로 나아가야 한다는 것입니다.

옷은 영적으로 마음을 뜻합니다. 구약 시대는 행위적인 시대이므로 좋은 옷을 갖춰 입는 것으로 마음을 표현한 것입니다. 리브가는 어떻게 해야 축복을 받을 수 있는지 영계의 법칙을 알았기에 야곱에게 별미와 함께 좋은 의복을 갖추게 했습니다.

에서처럼 변장한 야곱은 리브가가 준비해 준 별미와 떡을 가지고 이삭 앞에 나아가 "내 아버지여" 하고 부릅니다. 이때 눈이 어두운 이삭은 그가 누구인지 구분하지 못해 "네가 누구냐?" 하고 묻습니다. 야곱은 에서라고 속이며 별미를 잡수시고 마음껏 축복해 달라고 청합니다.

이삭은 나이가 들어 눈이 어둡고 몸이 쇠했지만 에서와 야곱의 목소리 정도는 구분할 수 있었습니다. 그는 평소 듣던 에서의 목소리와는 뭔가 다르다는 것을 느끼고 가까이 불러 직접 만져 봅니다. 그런데 야곱의 손에 에서처럼 털이 있으므로 그대로 속아 넘어가고 맙니다.

결국 이삭은 "음성은 야곱의 음성이나 손은 에서의 손이로다" 하며 야곱에게 축복을 빌어 주려 합니다. 이 모습을 보며 '어떻게 그처럼 쉽게 속을 수 있나?' 생각할지 몰라도 이삭의 상황을 보면 충분히 이해할 수 있습니다.

이삭은 오직 에서에게 축복을 빌어 주려는 마음이었기에 그에게만 은밀히 별미를 가져오라 시켰습니다. 그러다 보니 별미를 가지고 온 사람이 야곱일 것이라고는 상상도 못했습니다. 목소리가 의심스럽긴 하지만 손을 만져 본 후 이내 안심하고 축복을 빌어 주려 했지요. 욕심 가운데 자기 뜻만을 좇으려다 보니 주변 상황을 분별하지 못한 것입니다.

물론 이삭이 속은 것은 하나님의 섭리 안에 이뤄진 일입니다. 하지만 그가 사사로운 욕심이 없고 선한 마음이었다면 야곱과 리브가의 간교한 꾀에 넘어가지 않았을 것입니다. 이삭은 에서를 더 사랑하고 그에게만 복을 빌어 주고자 하는 편협된 마음과 욕심이 있었습니다. 그러니 하나님의 사람이라면 능히 분별할 수 있는 상황에서도 그만 속고 말았던 것입니다.

이처럼 가족 간에 시작된 연단은 누구 한 사람의 악으로 인한 것이 아니었습니다. 편협된 사랑과 자기 뜻을 고집하는 욕심, 장자의 명분을 경홀히 여기는 마음과 경솔하면서도 충동적인 마음, 간교한 마음 등 네 사람의 이런저런 마음이 섞여서 결국 가족 간에 불화와 이별, 고통과 슬픔을 가져오는 연단이 시작되었습니다.

이삭은 축복을 빌어 주기에 앞서 다시 한 번 별미를 가져온 아들이 에서인지 확인하려 했습니다. "내 아들아 가까이 와서 내게 입맞추라" 하지요. 에서의 향취인지 확인하려 한 것입니다. 또한 '내게 입맞추라' 한 데에는 '이 아들이 장자의 축복을 받을 자'임을 공표하는 영적 의미도 담겨 있었습니다.

야곱이 가까이 다가왔을 때에 이삭은 옷에서 나는 향취를 맡고는 그가 에서임을 확신합니다. 리브가는 이미 이런 것까지도 예상하고 야곱에게 에서의 옷을 입힐 만큼 치밀했습니다. 리브가와 야곱의 간교한 꾀에 넘어간 이삭은 드디어 야곱에게 축복을 빌어 줍니다.

먼저 "내 아들의 향취는 여호와의 복 주신 밭의 향취로다" 했는데, 이는 지금 빌어 주고 있는 복이 이삭 개인이 아닌 여호와 하나님의 이름으로 빌어 주는 복임을 말합니다. 이어서 "하나님은 하늘의 이슬과 땅의 기름짐이며 풍성한 곡식과 포도주로 네게 주시기를 원하노라" 하며 하나님의 이름으로 육적인 축복도 빌어 주었습니다.

그러나 무엇보다 중요한 것은 영적인 축복입니다. 예전에 하나님께서는 아브라함에게 "너를 축복하는 자에게는 내가 복을 내리고 너를 저주하는 자에게는 내가 저주하리니" 하셨는데 지금 그 축복이 이삭을 거쳐 장자의 축복을 받는 야곱에게도 그대로 전해지는 것을 볼 수 있습니다.

"만민이 너를 섬기고 열국이 네게 굴복하리니 네가 형제들의 주가 되고 네 어미의 아들들이 네게 굴복하며 네게 저주하는 자는 저주를 받고 네게 축복하는 자는 복을 받기를 원하노라"

이는 야곱 개인에게 주신 축복이기도 하지만 장차 그를 통해 나올 선민 이스라엘에 대한 축복의 말씀이기도 합니다. 그러기에 이스라엘은 인간 경작의 마지막 순간까지도 하나님의 특별한 긍휼하심을 입습니다.

그렇다면 하나님께서는 왜 야곱이 간교한 방법을 썼음에도 장자의 축복을 받도록 허락하신 것일까요? 비록 야곱이 간교한 방법을 쓰기는 했으나 이는 다른 사람을 해치는 악한 궤계와는 다르기 때문입니다.

예를 들어, 다윗의 아들 압살롬은 아버지의 왕위를 빼앗기 위해 오랜 시간 치밀하게 계획을 세웠습니다. 간교한 방법으로 백성의 마음을 자신에게로 돌리고 은밀히 자기 세력을 구축하여 마침내 다윗을 몰아냈습니다

(삼하 15장). 이러한 압살롬의 행동은 악한 마음에서 비롯된 것이기에 비참한 최후를 맞았습니다.

반면에 야곱은 비록 욕심이 앞서 육의 방법을 좇긴 했지만 누구를 해하려는 악한 마음에서 비롯된 것은 아닙니다. 물론 이 또한 근본적으로는 간교한 속성에서 나온 것이기에 하나님 앞에 합당치 않았습니다. 그래서 하나님께서는 그가 장자의 축복을 받을 수 있도록 허락은 하시되 연단을 통해 근본의 악까지 철저히 발견하여 버리게 하신 것입니다.

4. 에서의 울분과 이삭의 기도

"이삭이 야곱에게 축복하기를 마치매 야곱이 그 아비 이삭 앞에서 나가자 곧 그 형 에서가 사냥하여 돌아온지라 그가 별미를 만들어 아비에게로 가지고 가서 가로되 아버지여 일어나서 아들의 사냥한 고기를 잡수시고 마음껏 내게 축복하소서 그 아비 이삭이 그에게 이르되 너는 누구냐 그가 대답하되 나는 아버지의 아들 곧 아버지의 맏아들 에서로소이다

이삭이 심히 크게 떨며 가로되 그런즉 사냥한 고기를 내게 가져온 자가 누구냐 너 오기 전에 내가 다 먹고 그를 위하여 축복하였은즉 그가 정녕 복을 받을 것이니라 에서가 그 아비의 말을 듣고 방성대곡하며 아비에게 이르되 내 아버지여 내게 축복하소서 내게도 그리하소서 이삭이 가로되 네 아우가 간교하게 와서 네 복을 빼앗았도다

에서가 가로되 그의 이름을 야곱이라 함이 합당치 아니하니이까 그가 나를 속임이 이것이 두 번째니이다 전에는 나의 장자의 명분을 빼앗고 이제는 내 복을 빼앗았나이다 또 가로되 아버지께서 나를 위하여 빌 복을 남기지 아니하셨나이

까 이삭이 에서에게 대답하여 가로되 내가 그를 너의 주로 세우고 그 모든 형제를 내가 그에게 종으로 주었으며 곡식과 포도주를 그에게 공급하였으니 내 아들아 내가 네게 무엇을 할 수 있으랴 에서가 아비에게 이르되 내 아버지여 아버지의 빌 복이 이 하나뿐이리이까 내 아버지여 내게 축복하소서 내게도 그리하소서 하고 소리를 높여 우니 그 아비 이삭이 그에게 대답하여 가로되 너의 주소는 땅의 기름짐에서 뜨고 내리는 하늘 이슬에서 뜰 것이며 너는 칼을 믿고 생활하겠고 네 아우를 섬길 것이며 네가 매임을 벗을 때에는 그 멍에를 네 목에서 떨쳐 버리리라 하였더라"(27:30~40)

야곱이 장자의 축복을 받고 나온 뒤 사냥하러 나갔던 에서가 돌아옵니다. 뒤늦게 별미를 준비한 그는 급히 이삭에게 나아갑니다. 돌아가는 상황을 전혀 몰랐던 에서는 아버지께 "일어나서 아들의 사냥한 고기를 잡수시고 마음껏 내게 축복하소서" 합니다.

자신에게 장자의 축복을 빌어 주는 것을 당연하다 여기며 당당히 요구하고 있지요. 그것도 마음껏 축복해 달라고 합니다. 앞서 야곱처럼 정성껏 의복을 갖춰 입거나 겸비한 태도로 복을 구하는 것이 아니라 당연히 받을 것을 받으러 왔다는 태도입니다.

이러한 모습에서도 에서의 마음이 드러납니다. 장자의 축복을 받는 자리에 이처럼 준비 없이 나오는 모습을 볼 때에 그가 장자의 축복을 경홀히 여긴다는 것을 다시 한 번 느낄 수 있습니다.

또한 그가 얼마나 선한 마음과는 거리가 먼지 알 수 있습니다. 만일 그가 선하다면 처음에 이삭이 축복을 빌어 주겠다고 했을 때 자신만이 아니라 동생에게 돌아갈 축복까지도 생각했을 것입니다. 하지만 에서는 야곱이 안중에도 없었습니다. 어떻게든 빨리 별미를 만들어 와서 축복을 받으려는 마음뿐이었습니다.

그러니 사냥을 해서 별미를 만들어 왔을 때도 자신에게만 마음껏 축복을 빌어 달라 청하고 있습니다. 에서가 얼마나 자기중심적이며 자기 유익만을 좇는 마음인지, 또한 얼마나 상대를 배려하지 못하는 좁은 마음인지 잘 알 수 있습니다.

만일 넓고 포용하는 마음이라면 당연히 형으로서 동생의 입장까지 생각했을 것입니다. 에서는 한 피를 나눈 형제이면서도 야곱을 배려하는 마음이 없었기에 자기가 받을 축복만을 생각했으나 결국은 모든 축복이 야곱에게 돌아가고 맙니다.

이삭은 방금 전에 에서에게 축복 기도를 해 주었는데 또다시 에서가 나타나 축복을 빌어 달라고 하자 당황할 수밖에 없었습니다. 곧 상황을 파악한 이삭은 크게 떨었습니다. 이는 어떤 당황함이나 야곱에 대한 분노 때문이 아닙니다. 자신이 하나님 뜻에 어긋나게 축복을 빌어 주었다고 생각했기 때문입니다.

앞서 설명한 대로 이삭은 오직 에서만 불러서 "나의 즐기는 별미를 만들어 내게로 가져다가 먹게 하여 나로 죽기 전에 내 마음껏 네게 축복하게 하라"고 말했습니다(창 27:4). 이미 태중에 있을 때부터 하나님께서 야곱을 선택했다고 알려 주셨음에도 불구하고 이삭은 여전히 에서에게 장자의 축복이 가는 것이 하나님의 뜻이라 생각한 것입니다.

이처럼 자기 생각에 굳게 잡혀 있었기에 스스로 하나님의 뜻을 거스려

엉뚱한 사람에게 장자의 축복을 빌어 주었다고 생각하니 '이 일을 어떻게 해야 하나?' 하는 마음에 심히 떨었던 것입니다.

이삭은 한 번 여호와의 이름으로 축복을 빌어 준 것을 다시 돌이킬 수 없다는 사실을 잘 알았습니다. 그래서 "너보다 먼저 온 자를 위해 축복하였으니 그가 복을 받을 것이라" 말합니다. 이미 축복을 다 빌어 주었기에 돌이킬 수 없다는 것입니다.

뒤늦게 상황을 파악한 에서는 "내 아버지여 내게 축복하소서 내게도 그리하소서" 하며 방성대곡합니다. 그는 예전에 자신이 죽 한 그릇에 장자의 명분을 팔았던 일을 전혀 마음에 두지 않았습니다. 여전히 장자의 명분은 자신에게 있다고 생각했습니다. 그러니 아버지 이삭이 돌이켜 자신에게 장자의 축복을 빌어 주어야 한다고 생각한 것입니다. 하지만 상황이 어떻게 돌아가는지 모르는 것은 아니었습니다. 이미 돌이킬 수 없는 상황임을 알기 때문에 방성대곡한 것입니다.

에서는 끝까지 억울함을 호소하며 자신에게도 복을 빌어 달라 간청하지만 이삭이 에서를 위해 빌어 줄 수 있는 것은 정통계보를 잇는 장자의 축복이 아니었습니다. 일반적인 복을 빌어 줄 수밖에 없었습니다. 이러한 상황에서도 이삭이나 에서는 자신의 부족함을 인정하지 않고 오히려 남의 탓으로 돌립니다.

이삭은 "네 아우가 간교하게 와서 네 복을 빼앗았도다" 하며 여전히 자신의 부족한 모습을 깨닫지 못한 채 야곱을 탓하고 있습니다. '왜 이러한 일이 발생한 것일까?' 하며 먼저 자신을 돌아보는 마음이었다면 하나님께서 자신을 발견하고 깨달을 수 있는 은혜를 주셨을 것입니다.

그러나 이삭은 그러지 못했습니다. 에서 역시 '왜 이런 일이 생겼을까?'를 돌아보기는커녕 이전 일까지 거론하며 모든 것을 야곱 탓으로 돌렸습니다. 자신이 얼마나 장자의 명분을 경홀히 여겼고 하나님 앞에 합당하지 않은 모습이었는지는 전혀 생각지 않았습니다.

이처럼 남의 탓만 하는 사람은 자신의 부족함을 발견할 수 없고 변화될 수도 없습니다. 만일 이때라도 에서가 자신의 잘못을 회개하고 하나님 앞에 무릎 꿇었다면 하나님께서는 그의 겸비한 모습을 보시고 축복받을 길을 열어 주셨을 것입니다.

그러나 에서는 자신의 말이 얼마나 악한지 깨닫지 못한 채 마치 떼를 쓰듯 복을 빌어 달라고만 하고 있습니다. 에서가 계속해서 애원하자 이삭은 "내가 그(야곱)를 너의 주로 세우고 그 모든 형제를 내가 그에게 종으로 주었으며 곡식과 포도주를 그에게 공급하였으니 내 아들아 내가 네게 무엇을 할 수 있으랴" 대답합니다.

에서의 머리에는 오직 장자의 축복은 자신이 받아야 한다는 생각뿐이었습니다. 그래서 "아버지의 빌 복이 이 하나뿐이리이까 내 아버지여 내게 축복하소서 내게도 그리하소서" 하며 소리 높여 웁니다.

사랑하는 아들의 이런 모습을 보면서 이삭은 얼마나 마음이 아팠겠습니까? 이삭은 안타까운 마음에 에서를 위해서 축복 기도를 해 주지만 영적인 법칙을 잘 아는 그로서는 야곱과 동일한 축복을 빌어 줄 수 없었습니다. 야곱이 먼저요 에서가 나중이라는 둘 사이의 영적인 질서를 분명히 짚어 주는 기도밖에 달리 해 줄 것이 없었지요.

이삭은 에서에게 "너의 주소는 땅의 기름짐에서 뜨고 내리는 하늘 이슬에서 뜰 것이며 너는 칼을 믿고 생활하겠고 네 아우를 섬길 것이며 네가 매임을 벗을 때에는 그 멍에를 네 목에서 떨쳐 버리리라" 했습니다.

'너의 주소'는 에서의 소속이 어디에 있는지를 나타냅니다. 그의 주소가 '땅의 기름짐에서 뜨고 내리는 하늘 이슬에서 뜬다'는 것은 하늘의 이슬과 땅의 기름짐의 축복이 야곱에게 돌아갔기에 에서는 결국 야곱에게 속하여 야곱이 받는 축복의 일부를 받는다는 말입니다.

또한 이삭은 에서에게 "너는 칼을 믿고 생활하겠다" 했습니다. 이는 성실히 행하는 만큼 얻는다는 뜻이며 동시에 하나님으로부터 변질되어 나갔을 때는 끊임없는 침략과 전쟁 가운데서 지킴 받지 못할 것을 의미합니다.

그러면서 "네 아우를 섬길 것이라" 했는데 이는 야곱과 에서의 상하관계를 정확히 해 주는 표현입니다. 야곱이 주권자로 서며, 에서는 그에게 속해 있다는 뜻입니다.

또한 "네가 매임을 벗을 때에는 그 멍에를 네 목에서 떨쳐 버리리라" 했습니다. 곧 에서가 야곱에게 속하여 질서상 아랫사람으로 묶이게 된 멍에는 그가 이 땅의 생을 마감한 때에야 비로소 풀린다는 의미입니다. 그런데 이 땅에서 묶인 멍에는 풀려도 영적인 질서 가운데 살아가는 내세가 기다린다는 사실을 알아야 합니다.

장차 우리가 가게 될 천국은 이 땅에서 얼마나 마음을 진리로 일구고 어떻게 행했느냐에 따라서 정확한 질서가 세워집니다. 심은 대로 행한 대로 갚아 주시는 영계의 법칙에 따라 반드시 그대로 거둡니다.

5. 에서가 야곱을 미워하여 죽이려 하다

"그 아비가 야곱에게 축복한 그 축복을 인하여 에서가 야곱을 미워하여 심중에 이르기를 아버지를 곡할 때가 가까왔은즉 내가 내 아우 야곱을 죽이리라 하였더니 맏아들 에서의 이 말이 리브가에게 들리매 이에 보내어 작은아들 야곱을 불러 그에게 이르되 네 형 에서가 너를 죽여 그 한을 풀려 하나니 내 아들아 내 말을 좇아 일어나 하란으로 가서 내 오라버니 라반에게 피하여 네 형의 노가 풀리기까지 몇 날 동안 그와 함께 거하라

네 형의 분노가 풀려 네가 자기에게 행한 것을 잊어버리거든 내가 곧 보내어 너를 거기서 불러오리라 어찌 하루에 너희 둘을 잃으랴 리브가가 이삭에게 이르되 내가 헷 사람의 딸들을 인하여 나의 생명을 싫어하거늘 야곱이 만일 이 땅의 딸들 곧 그들과 같은 헷 사람의 딸들 중에서 아내를 취하면 나의 생명이 내게 무슨 재미가 있으리이까"(27:41~46)

장자의 축복을 빼앗긴 에서는 도저히 야곱을 용서할 수 없었습니다. 원한에 사무친 그는 아버지가 세상을 떠나면 동생을 죽이겠다고 다짐합니다. 아무리 야곱이 밉다 해도 죽이려는 마음까지 품은 것을 보면 그 마음의 악이 얼마나 깊은지 알 수 있습니다.

에서는 악의 뿌리가 깊었고 동생을 죽이려는 마음까지 먹었지만 아버지가 살아 있을 동안에는 실행하려 하지 않았습니다. 아버지 생전에 그러한 악을 행하는 것이 자식의 도리가 아니라고 생각한 것입니다.

물론 동생을 죽이려는 마음을 품었다는 사실만으로도 부모님에 대한 도리가 아닙니다. 하지만 구약 시대는 행위적인 구원의 시대이기에 당장 악

을 행동으로 옮기지 않은 것이 에서가 나중에 구원에 이를 수 있는 일말의 선이라 할 수 있습니다.

리브가는 에서가 동생을 죽이려 한다는 사실을 알고 야곱을 피신시키려 합니다. 야곱을 죽이겠다는 에서의 말이 리브가에게 들렸다는 것은 에서의 분노가 얼마나 컸는지를 알려 줍니다.

상황이 여기까지 이르자 리브가는 더 이상 둘을 함께 둘 수 없다고 생각했습니다. 그러나 에서의 분노가 얼마나 뿌리 깊은지 그녀는 몰랐습니다. 당분간만 헤어져 살면 괜찮을 것이라 생각했지요. 리브가는 에서가 야곱을 죽이려고 벼르고 있는 상황에서 어떻게든 야곱을 살려야겠다는 생각밖에 없었습니다.

그녀는 야곱을 피신시키기 위해 교묘한 꾀를 생각해 냅니다. 곧 이삭에게 "내가 헷 사람의 딸들을 인하여 나의 생명을 싫어하거늘 야곱이 만일 이 땅의 딸들 곧 그들과 같은 헷 사람의 딸들 중에서 아내를 취하면 나의 생명이 내게 무슨 재미가 있으리이까" 말하지요.

다시 말해, '에서가 이방 여인을 아내로 맞아들여서 살맛이 나지 않는데, 만약 야곱까지 이방 여인을 아내로 맞아들이면 무슨 낙으로 살 수 있겠는가?' 하는 것입니다. 야곱을 자기 민족이 있는 곳으로 보내어 아내를 구하도록 해야 한다는 말입니다.

리브가는 이것을 빌미로 야곱을 하란에 있는 자신의 오라비 라반에게로 피신시키려 했습니다. 얼핏 보면 이 방법이 지혜롭게 보이지만 이 말 안에 담긴 리브가의 속마음은 결코 선이 아니었습니다. 자신의 목적을 이루기 위해 다시 한 번 남편을 속이고 에서의 아내들까지 끌어들이고 있으니 말입니다.

에서가 이방 여인을 아내로 맞은 것은 하나님 보실 때에 당연히 합당하지 않았습니다. 하지만 리브가는 하나님 뜻에 맞추어 말한 것이 아닙니다. 어디까지나 자신의 목적을 이루기 위한 빌미로 에서의 아내들을 끌어들인 것입니다. 리브가가 생각해 낸 방법이 야곱을 피신시킬 수 있는 확실한 방법은 될지 몰라도 그 의도는 결코 선하다 할 수 없습니다.

야곱의 20년 연단이 시작되다

외삼촌 라반의 딸 중에서 아내를 취하라

장자의 명분을 되찾으려는 에서

야곱이 벧엘에서 만난 하나님의 언약

벧엘에서 결단하고 하나님께 서원하다

1. 외삼촌 라반의 딸 중에서 아내를 취하라

"이삭이 야곱을 불러 그에게 축복하고 또 부탁하여 가로되 너는 가나안 사람의 딸들 중에서 아내를 취하지 말고 일어나 밧단아람으로 가서 너의 외조부 브두엘 집에 이르러 거기서 너의 외삼촌 라반의 딸 중에서 아내를 취하라 전능하신 하나님이 네게 복을 주어 너로 생육하고 번성케 하사 너로 여러 족속을 이루게 하시고 아브라함에게 허락하신 복을 네게 주시되 너와 너와 함께 네 자손에게 주사 너로 하나님이 아브라함에게 주신 땅 곧 너의 우거하는 땅을 유업으로 받게 하시기를 원하노라 이에 이삭이 야곱을 보내었더니 밧단아람으로 가서 라반에게 이르렀으니 라반은 아람 사람 브두엘의 아들이요 야곱과 에서의 어미 리브가의 오라비더라"(28:1~5)

야곱을 밧단아람에 보내 친족 중에서 아내를 얻게 하자는 리브가의 제안은 효과가 있었습니다. 이삭이 수락함으로써 야곱은 에서로부터 피할 수 있게 되지요. 이삭은 야곱을 불러서 다시금 축복하며 가나안 사람의 딸들 중에서 아내를 취하지 말고 밧단아람으로 가서 외삼촌 라반의 딸들 중에서 아내를 취하라고 당부했습니다.

이삭은 비록 아버지 아브라함에 비하면 여러 면에서 부족하기는 했지만 하나님의 섭리 안에서 쓰임 받을 수 있는 중심을 가진 사람입니다. 그는 자신이 빌어 준 장자의 축복을 되돌릴 수 없으며 결국 야곱이 받게 될 것을 알았습니다. 그러니 야곱을 멀리 떠나보내야 하는 상황에서 그는 하나님의 뜻에 순응합니다. 야곱에게 장자의 축복을 다시 한 번 되새겨 주며 하나님의 보장하심 가운데 보내는 것을 볼 수 있습니다.

야곱은 어머니 리브가로부터 간교한 속성을 물려받았기 때문에 어차피 그것이 깨어져야 하나님 앞에 쓰임 받을 수 있습니다. 그래서 하나님께서는 야곱에게 연단의 세월을 허락하십니다. 그 시작이 바로 외삼촌 라반의 집을 향해 떠나는 것입니다. 이 일이 야곱에게는 연단의 시작인 동시에 하나님의 섭리 가운데 꼭 필요한 과정이었습니다.

하나님께서는 야곱을 통해 장차 이스라엘의 열두 지파를 이루는 자녀들을 낳게 하십니다. 야곱은 하나님의 선민 이스라엘을 이루는 출발점이지요. 이런 그에게 이방 여인을 아내로 삼게 할 수는 없었습니다. 그래서 연단을 허락하심과 동시에 그의 민족 가운데서 아내를 얻도록 역사하신 것입니다.

아버지 이삭의 당부대로 야곱은 외삼촌 라반의 집이 있는 밧단아람으로 떠났습니다. 밧단아람은 과거 아브라함과 그의 일가가 살던 곳입니다(창 11:31). 아브라함이 하나님의 부르심을 받고 가나안으로 이주한 후에도 아브라함의 동생 나홀과 그의 후손들은 그곳에 살고 있었습니다.

라반은 나홀의 손자이며 리브가의 오빠였습니다. 5절에 리브가를 '야곱과 에서의 어머니'라 하여 야곱의 이름이 장자인 에서보다 먼저 나옵니다. 이는 야곱이 어머니 리브가가 더 사랑하는 아들일 뿐만 아니라 이삭의 상속자가 되었기 때문입니다.

2. 장자의 명분을 되찾으려는 에서

"에서가 본즉 이삭이 야곱에게 축복하고 그를 밧단아람으로 보내어 거기서 아내를 취하게 하였고 또 그에게 축복하고 명하기를 너는 가나안 사람의 딸들 중에서 아내를 취하지 말라 하였고 또 야곱이 부모의 명을 좇아 밧단아람으로 갔으며 에서가 또 본즉 가나안 사람의 딸들이 그 아비 이삭을 기쁘게 못하는지라 이에 에서가 이스마엘에게 가서 그 본처들 외에 아브라함의 아들 이스마엘의 딸이요 느바욧의 누이인 마할랏을 아내로 취하였더라"(28:6~9)

야곱은 곧바로 밧단아람으로 떠났습니다. 야곱을 떠나보내는 어머니의 깊은 속내를 모르는 에서는 단순히 동생이 아내를 구하기 위해 멀리 외삼촌의 집으로 간다고 여기고 자신도 자기 민족 가운데서 새롭게 아내를 구해야겠다는 생각이 들었습니다.

그는 예전에 부모의 뜻을 거역하고 자기 좋을 대로 이방 족속 헷 사람의 딸들을 아내로 택했습니다. 그런데 이 일을 어머니는 물론 아버지 이삭 역시 못마땅하게 여긴다는 사실을 알게 되었습니다. 이전까지만 해도 그는 자신의 아내들로 인해 부모님이 근심한다는 것에 대해 별로 신경 쓰지 않았습니다. 하지만 지금은 상황이 달라졌습니다.

장자의 명분이 동생 야곱에게 넘어간 데다가 야곱은 자기 민족 가운데서 아내를 얻음으로 정통계보를 잇는 장자로서의 위치를 더욱 확고히 하려고 합니다. 에서는 야곱을 죽이면 잃었던 장자의 명분을 되찾을 수 있을 것이라 생각했습니다. 그런데 그렇게 해서 되찾아온다 해도 아내들로 인해 문제가 될 수 있음을 뒤늦게야 깨달은 것입니다.

장자는 자기 민족의 정통계보를 이어야 하는데 에서의 아내들은 모두 이방 여인이었고 게다가 부모에게 근심까지 되고 있습니다. 반면에 야곱은 부모의 명에 순종하여 정통계보를 이을 수 있는 아내를 구하고자 멀리까지 길을 떠나는 상황이었지요.

에서는 자신과 너무나 비교되는 야곱의 행동을 보면서 위기감을 느꼈습니다. 장차 장자의 명분을 되찾아 온전한 축복을 받기 위해서는 자신도 야곱과 같이 자기 민족 중에서 아내를 구해야 한다는 생각이 들었습니다.

그래서 서둘러 할아버지 아브라함의 혈통을 이어받은 이스마엘에게로 가서 그의 딸 중에서 아내를 맞이했습니다. 이는 부모의 뜻에 순종하려는 좋은 마음에서 나온 행동이 아니었습니다. 단순히 장자로서의 형식을 갖추기 위한 행동에 불과했습니다.

사랑은 말과 혀로만이 아니라 행함으로 나타내야 하되 거기에는 반드시 진실함이 있어야 합니다(요일 3:18). 즉 마음 중심에서부터 우러나오는 진실한 행함이어야 하는데 에서의 행함은 장자의 명분을 되찾기 위한 방편이었습니다. 그러니 뒤늦게 이스마엘의 딸을 아내로 맞아들이기는 했지만 그것이 하나님과 부모의 기쁨이 되지는 못했습니다.

이처럼 에서는 장자의 명분에 대한 강한 집착이 있었기에 그로부터 20년이 지나 야곱과 화해하기까지 받아야 했던 마음의 고통도 그만큼 컸습니다. 야곱이 돌아오기까지 마음에 쌓인 감정을 풀지 못한 채 내내 고통받아야 했지요.

물론 야곱도 에서와 화해하기까지는 마음이 늘 편치 못했습니다. 하지만 죽이고 싶을 만큼 미운 감정을 눌러 참고 있던 에서가 훨씬 큰 고통을 받았습니다. 그러니 누군가에게 감정을 품는다는 것이 얼마나 스스로를 고통스럽게 하는지 알아야 합니다. 미움, 시기, 질투 등의 감정을 오랫동안 품다 보면 마음에 고통받을 뿐 아니라 육체를 상하게도 합니다.

만약 에서가 모든 것을 용서하고 하나님께 맡길 수 있었다면 그처럼 오랜 세월 고통받지 않았을 것입니다. 야곱 역시 사람의 생각 가운데 방법을 동원하기보다는 하나님께 맡겼더라면 연단과 고통의 세월이 훨씬 짧았을 것입니다.

3. 야곱이 벧엘에서 만난 하나님의 언약

"야곱이 브엘세바에서 떠나 하란으로 향하여 가더니 한 곳에 이르러는 해가 진지라 거기서 유숙하려고 그곳의 한 돌을 취하여 베개하고 거기 누워 자더니 꿈에 본즉 사닥다리가 땅 위에 섰는데 그 꼭대기가 하늘에 닿았고 또 본즉 하나님의 사자가 그 위에서 오르락내리락하고

또 본즉 여호와께서 그 위에 서서 가라사대 나는 여호와니 너의 조부 아브라함의 하나님이요 이삭의 하나님이라 너 누운 땅을 내가 너와 네 자손에게 주리니 네 자손이 땅의 티끌같이 되어서 동서남북에 편만할지며 땅의 모든 족속이 너와

네 자손을 인하여 복을 얻으리라 내가 너와 함께 있어 네가 어디로 가든지 너를 지키며 너를 이끌어 이 땅으로 돌아오게 할지라 내가 네게 허락한 것을 다 이루기까지 너를 떠나지 아니하리라 하신지라 야곱이 잠이 깨어 가로되 여호와께서 과연 여기 계시거늘 내가 알지 못하였도다 이에 두려워하여 가로되 두렵도다 이곳이여 다른 것이 아니라 이는 하나님의 전이요 이는 하늘의 문이로다 하고 야곱이 아침에 일찍이 일어나 베개 하였던 돌을 가져 기둥으로 세우고 그 위에 기름을 붓고 그곳 이름을 벧엘이라 하였더라 이 성의 본 이름은 루스더라"(28:10~19)

야곱은 외삼촌 라반이 살고 있는 하란을 향하여 가던 중, 날이 저물어 들판에서 노숙을 해야 했습니다. 어디 하나 의지할 곳 없는 상황에서 돌을 베개 삼고 누운 처량한 자신의 처지를 생각하니 야곱은 비로소 혼자라는 느낌이 밀려왔습니다.

지나간 시간들이 떠오르며 많은 생각이 스쳐 지나갑니다. '내가 욕심을 부려서 이렇게 되었구나.', '부모님의 그늘 아래 있던 때가 얼마나 좋았던가.', '앞으로 어떤 일들이 다가올까?' 이런저런 생각을 하며 야곱은 잠을 청하고 있었습니다.

그러다 문득 잠이 들었는데 꿈에 놀라운 장면을 보게 됩니다. 땅 위에 사닥다리가 놓여 있는데 그 꼭대기가 하늘에 닿았고 하나님의 사자가 오르락내리락하고 있었습니다. 이는 하나님께서 사람이 사는 첫째 하늘의 공간 안에 천국이 있는 셋째 하늘로 통하는 공간의 문을 열어 주심으로 서로 연결되어 있음을 알려 주는 장면입니다.

사도행전 7장에 보면 이러한 상황이 나오는데 "스데반이 성령이 충만하

여 하늘을 우러러 주목하여 하나님의 영광과 및 예수께서 하나님 우편에
서신 것을 보고 말하되 보라 하늘이 열리고 인자가 하나님 우편에 서신 것
을 보노라” 했습니다.

스데반 집사는 성결된 사람입니다. 마음에 악이 없으니 자기를 돌로 쳐
죽이는 이들을 향해 “이 죄를 저들에게 돌리지 마옵소서” 하며 사랑으로
기도할 수 있었지요. 이때 그는 영안이 열려 영의 세계를 볼 수 있었습니다.
하늘 문이 열려 하나님의 영광과 그 우편에 계신 주님을 뵐 때에 얼마나 감
동스러웠겠습니까.

야곱 역시 셋째 하늘의 공간을 보았습니다. 이때 하늘에 닿은 사닥다
리를 보여 주신 것은 지금 하늘 문이 열려 야곱이 머무는 곳과 하나님께서
계신 곳이 연결되어 있으며, 하나님으로부터 말씀이 오고 있음을 느끼게
하기 위함입니다. 물론 사닥다리 같은 것이 있어야 공간이 연결되는 것은
아닙니다. 사닥다리라는 매개체를 통해 서로 다른 공간이 연결된 것을 더
확실히 느낄 수 있도록 하신 것입니다.

하나님의 사자는 오르락내리락하며 하나님께서 말씀하시는 것을 전달
해 주는 역할을 합니다. 야곱은 이 상황을 꿈으로 생각하고 있지만 실제로
현실에서도 똑같이 펼쳐지고 있었습니다. 그때 하나님께서는 장차 그를 통
해 이루실 놀라운 축복에 대해 말씀해 주셨습니다.

“나는 여호와니 너의 조부 아브라함의 하나님이요 이삭의 하나님이라
너 누운 땅을 내가 너와 네 자손에게 주리니 네 자손이 땅의 티끌같이 되어
서 동서남북에 편만할지며 땅의 모든 족속이 너와 네 자손을 인하여 복을

얻으리라 내가 너와 함께 있어 네가 어디로 가든지 너를 지키며 너를 이끌어 이 땅으로 돌아오게 할지라"

앞으로 펼쳐질 상황들이 야곱에게는 자신을 깨뜨리고 변화시키기 위한 연단의 과정이지만, 하나님의 계획 안에서 볼 때는 장차 선민 이스라엘을 이루시기 위한 과정입니다. 그래서 하나님께서는 야곱에게 미리 꿈과 비전을 알려 주심으로 그가 이 언약을 붙잡고 승리해 나갈 수 있도록 역사하신 것입니다.

멀리 낯선 땅을 향해 떠나는 야곱에게 있어서 이 언약의 말씀은 무엇과도 비교할 수 없을 만큼 큰 힘이 되었습니다. 장차 자신이 고향으로 되돌아올 것과 자손이 크게 번성할 것, 그리고 하나님께서 자신과 함께하며 늘 지키실 것이라는 말씀이기 때문입니다.

신실하신 하나님께서는 아브라함에게 한 약속이 그의 아들 이삭을 통해 이어지게 하셨고, 이제 이삭의 정통계보를 잇는 야곱을 통해 성취하시려는 것입니다. 이처럼 하나님께서는 약속하신 바가 반드시 이루어지도록 세세히 관여하며 성취해 가십니다(사 55:11).

야곱은 잠에서 깨어 "여호와께서 과연 여기 계시거늘 내가 알지 못하였도다" 고백합니다. 꿈이 너무 생생하여 마치 하나님께서 그 자리에 친히 계신 것처럼 감동으로 느껴졌기 때문입니다.

이 사건을 통해 야곱은 자신을 향한 하나님의 섭리에 대해서 비로소 깨닫습니다. 놀라운 축복의 언약을 받은 야곱은 곧바로 그곳에 단을 쌓고 하나님과의 사이에 언약을 굳게 합니다.

당장에 번제로 올려 드릴 것은 없었지만 하나님께서 주신 축복의 말씀을 자신의 것으로 삼았다는 증표로 하나님 앞에 서원을 합니다. 사실 야곱은 자신의 처지를 생각하면서 많은 것을 돌아보며 깨우치고 있었습니다.

자신이 장자의 명분을 차지하면 확실한 위치를 보장받으며 축복만이 기다릴 것이라 생각했는데 오히려 상황은 더 악화된 것처럼 보였습니다. 에서의 위협을 피해 안정된 집을 떠나 멀리 도망가야 하고, 어디 하나 의지할 곳 없는 신세가 되었으니 말입니다.

이러한 야곱에게 하나님께서는 놀라운 축복과 보장의 말씀을 주신 것입니다. 그제야 야곱은 모든 것이 하나님의 섭리 안에 있음을 깨닫게 되었습니다. 이와 동시에 그는 두려움도 느꼈습니다.

그래서 "두렵도다 이곳이여 다른 것이 아니라 이는 하나님의 전이요 이는 하늘의 문이로다" 고백합니다. "두렵도다 이곳이여" 한 것은 바로 하나님을 만나고 음성을 들은 장소에서 느껴지는 신령한 기운 때문입니다. 하나님께서 계신 곳이기에 하나님의 전이며, 하나님께로 통하는 통로이기에 하늘의 문이라 고백하고 있습니다.

야곱이 두려웠던 또 다른 이유는, 자신이 육신의 생각을 동원함으로 하나님의 섭리와 뜻이 어그러지지는 않았나 하는 염려 때문이었습니다. 모든 것을 하나님께 맡겼으면 좋았을 텐데 육신의 생각을 동원함으로 상황이 안 좋게 되었다고 여긴 것입니다.

이처럼 야곱은 하나님과 만나 그분의 뜻과 섭리를 깨달으면서 자신의 모습을 돌아보며 회개하는 계기를 맞게 됩니다. 이 순간을 잊지 않고 기억하며 기념하기 위해 그곳에서 베개 삼았던 돌로 기둥을 세우고 그 위에 기름을 부어 드립니다. 이를 통해 하나님과의 언약을 더욱 굳게 하는 증거를 삼은 것입니다. 야곱은 그곳의 이름을 '벧엘'이라 하였습니다.

벧엘은 '하나님의 집'이란 뜻입니다. 훗날 야곱이 20년의 연단을 마치고 형 에서와 화해를 한 후 하나님께서는 다시 야곱을 이곳으로 부르십니다(창 35:1). 야곱과 축복의 언약을 맺은 그 장소에서 정식으로 단을 쌓게 하시지요. 그리고 다시 한 번 그의 이름을 '이스라엘'이라 칭하며 축복의 말씀을 주십니다.

에서를 피하여 외삼촌 라반의 집으로 가던 야곱에게 하나님께서 주신 언약의 말씀은 장차 그에게 다가올 연단을 이겨낼 수 있는 힘이 되었습니다. 비록 지금의 상황은 얽히고설킨 것같이 보이지만 자신과 함께하시는 하나님의 섭리를 믿었기에 야곱은 새 힘을 얻었습니다.

육신의 생각을 동원하여 하나님 앞에 죄의 담이 생겼을 때 마음 중심이 어떠하냐에 따라 사람마다 결과가 달라지는 것을 볼 수 있습니다.

하나님을 사랑하고 그 사랑에 대한 확신이 있는 사람은 하나님께서 주시는 은혜의 기회를 잡기가 쉽습니다. 하나님을 사랑하기 때문에 하나님께서 주시는 사랑도 더 쉽게 느낄 수 있습니다. 반면에 하나님을 사랑하지 않는 사람은 은혜의 기회를 주셔도 그 안에 담긴 크신 사랑을 느끼지 못하여 여전히 눌리고 죄의 담을 헐지 못한 채 주저앉기 쉽습니다.

야곱은 하나님을 사랑하는 중심이기에 하나님께서 기회를 주셨을 때 자신의 부족함을 돌아보고 회개하여 즉시로 힘을 얻었던 것입니다.

4. 벧엘에서 결단하고 하나님께 서원하다

"야곱이 서원하여 가로되 하나님이 나와 함께 계시사 내가 가는 이 길에서 나를 지키시고 먹을 양식과 입을 옷을 주사 나로 평안히 아비 집으로 돌아가게 하시오면 여호와께서 나의 하나님이 되실 것이요 내가 기둥으로 세운 이 돌이 하나님의 전이 될 것이요 하나님께서 내게 주신 모든 것에서 십분 일을 내가 반드시 하나님께 드리겠나이다 하였더라"(28:20~22)

야곱은 형을 피해 쫓겨 가는 중입니다. 그러니 하란을 향해 가는 길이 떳떳하지 않은 상황입니다. 게다가 태어나서 한 번도 만난 적이 없는 외삼촌이 냉대한다면 얼마나 큰일입니까? 야곱은 불투명한 앞날을 걱정하지 않을 수 없었습니다. 그래서 자신이 하나님의 지키심으로 평안히 부모님 품으로 돌아오게 되면 오직 하나님을 섬길 것과, 자신이 세운 돌이 하나님의 전이 될 것, 그리고 십일조를 드리겠다고 서원하였습니다.

이전에 아브라함이 멜기세덱에게 자기가 얻은 것의 십분의 일을 드린 예가 있었지만, 야곱을 통해 비로소 십의 일조에 대한 개념이 정식으로 세워지고 있습니다. 자신의 총 수입 중 십분의 일을 반드시 드리겠다는 것은 하나님께서 내 삶의 주관자가 되시며 모든 물질의 주인이심을 인정한다는 증거입니다.

야곱이 하나님께 '이러이러하게 해 주시면 십의 일조를 드리겠다.'고 기도하는 것이 혹여 조건부적인 신앙으로 보일 수도 있습니다. 그러나 그는 하나님께 조건을 내건 것이 아닙니다. 하나님께서 주신 약속을 명심하고 믿음으로 받아 마음의 결단을 서원 기도로 올린 것입니다.

라헬을 향한
야곱의 변함없는 중심

하란 근방에 이르러 라헬을 만나다

라헬을 아내로 얻고자 7년간 봉사하다

라반의 속임수와 야곱의 두 아내

레아가 낳은 아들 르우벤, 시므온, 레위, 유다

1. 하란 근방에 이르러 라헬을 만나다

"야곱이 발행하여 동방 사람의 땅에 이르러 본즉 들에 우물이 있고 그 곁에 양 세 떼가 누웠으니 이는 목자들이 그 우물에서 물을 양 떼에게 먹임이라 큰 돌로 우물 아구를 덮었다가 모든 떼가 모이면 그들이 우물 아구에서 돌을 옮기고 양에게 물을 먹이고는 여전히 우물 아구 그 자리에 돌을 덮더라 야곱이 그들에게 이르되 나의 형제여 어디로서뇨 그들이 가로되 하란에서로라
야곱이 그들에게 이르되 너희가 나홀의 손자 라반을 아느냐 그들이 가로되 아노라 야곱이 그들에게 이르되 그가 평안하냐 가로되 평안하니라 그 딸 라헬이 지금 양을 몰고 오느니라 야곱이 가로되 해가 아직 높은즉 짐승 모일 때가 아니니 양에게 물을 먹이고 가서 뜯기라 그들이 가로되 우리가 그리하지 못하겠노라 떼가 다 모이고 목자들이 우물 아구에서 돌을 옮겨야 우리가 양에게 물을 먹이느니라 야곱이 그들과 말하는 중에 라헬이 그 아비의 양과 함께 오니 그가 그의 양들을 침이었더라"(29:1~9)

야곱은 긴 여정 끝에 동방 사람의 땅에 이르렀습니다. '동방 사람의

땅'이란 메소포타미아 서북쪽에 위치한 하란 근방을 가리킵니다. 목적지에 가까이 다다른 야곱은 외삼촌 라반의 집을 찾아가기 위해 주변을 살폈습니다. 그때 큰 돌로 아구가 덮인 우물이 보였고, 그 곁에 양 세 떼가 누워 있었습니다.

당시 유목 생활을 하는 사람들에게 우물은 매우 중요한 의미가 있었습니다. 가축들에게 먹일 물을 확보하기 위해서는 전쟁도 불사할 만큼 우물은 생존과 직결되었지요. 그래서 양을 치는 목자들 사이에 나름대로 규약이 있었습니다.

임의로 양 떼에게 물을 먹이는 것이 아니라 근방에 있는 모든 양 떼가 모였을 때 함께 우물을 개방하여 물을 먹이는 것입니다. 이렇게 우물을 관리함으로써 낭비를 막고 물로 인해 생길 수 있는 시비를 없애고자 했습니다. 야곱이 도착했을 때가 마침 목자들이 양 떼에게 물을 먹이기 위해 우물가로 모여드는 상황이었습니다.

야곱은 자신의 위치를 확인하기 위해 목자들에게 어느 지방에서 왔는지 공손하게 묻습니다. 그들이 하란에서 왔다고 하자 야곱은 "너희가 나홀의 손자 라반을 아느냐" 묻습니다. 나홀은 아브라함의 동생으로, 야곱의 어머니인 리브가의 할아버지입니다. 그리고 라반은 나홀의 손자로서 야곱의 외삼촌입니다.

다행히 목자들은 라반을 알고 있었습니다. 그들은 라반의 딸 라헬이 지금 양을 몰고 오고 있다는 반가운 소식도 전해 줍니다. 야곱은 라반을 순적히 만날 수 있게 되자 목자들에게 아직 해가 지려면 멀었으니 양들에게 물을 먹이고 가서 풀을 더 뜯게 하라고 권합니다.

이 순간에도 야곱의 성격이 나타납니다. 그들은 야곱의 수하도, 친분이 있는 사이도 아닙니다. 처음 보는 사람들입니다. 그럼에도 야곱은 스스럼없이 명령하는 듯한 태도로 그들에게 말합니다. 이렇게 한 데에는 이유가 있었습니다. 그중 하나는 야곱의 성실하고 책임감 있는 성격 때문입니다.

만일 자신이 그들의 입장이라면 한시라도 시간을 아껴서 양 떼에게 풀을 뜯게 할 것 같은데 그곳에 모인 목자들은 그리하지 않았습니다. 아직 해가 높이 떠 있으니 얼마든지 양 떼에게 풀을 뜯게 할 수 있는데도 미리 우물가에 와서 다른 목자들을 기다리는 모습이 야곱으로서는 이해되지 않았습니다.

야곱의 눈에는 그들의 모습이 불성실하고 게을러 보였습니다. 그래서 앞뒤 생각하지 않고 '양들에게 물을 먹인 후에 다시 데리고 나가서 풀을 뜯기라.'고 명령하듯이 말했지요.

그런데 야곱의 명령하는 듯한 말투에는 근본적으로 다른 이유가 있습니다. 지혜로운 야곱은 그 지역의 목자들과 몇 마디 나누어 보고 분위기를 즉시 파악할 수 있었습니다. 야곱이 라반을 아느냐고 물었을 때 그들은 안다고 하면서 그의 딸이 지금 양을 몰고 오고 있다는 것까지 말해 주었습니다. 그만큼 라반이 널리 알려진 인물이라는 것을 말해 줍니다.

만일 라반에게 아무런 부나 권세가 없다면 사람들이 그처럼 쉽게 안다고 말할 수 없을 것입니다. 이를 파악한 야곱은 자신이 라반의 조카라는 사실이 이곳 사람들에게 어느 정도 영향력을 행사할 수도 있음을 알아챘습니다.

그러자 '내가 라반의 조카다.'라는 것을 생색내려는 마음에 이내 명령하는 투가 나온 것입니다. 권세자를 등에 업고 자신의 힘을 과시하려는 마음입니다. 자신에게 유리한 것을 놓치지 않고 이용하여 힘과 권세를 과시하려는 마음은 결국 간교한 속성에서 나옵니다.

간교한 속성을 지닌 사람은 어떻게 처신해야 자신에게 득이 되는지 잘 압니다. 이쪽이 유리할 것 같으면 이쪽에 붙었다가 저쪽이 유리할 것 같으면 저쪽에 붙곤 합니다. 자신과 관련된 사람에게 힘과 권세가 있으면 그것을 등에 업고 자신의 것처럼 휘두르려고 하지요.

그러나 목자들은 야곱의 권유를 한마디로 거절했습니다. "우리가 그리하지 못하겠노라 떼가 다 모이고 목자들이 우물 아구에서 돌을 옮겨야 우리가 양에게 물을 먹이느니라"고 답변합니다.

2. 라헬을 아내로 얻고자 7년간 봉사하다

"야곱이 그 외삼촌 라반의 딸 라헬과 그 외삼촌의 양을 보고 나아가서 우물 아구에서 돌을 옮기고 외삼촌 라반의 양 떼에게 물을 먹이고 그가 라헬에게 입맞추고 소리 내어 울며 그에게 자기가 그의 아비의 생질이요 리브가의 아들 됨을 고하였더니 라헬이 달려가서 그 아비에게 고하매 라반이 그 생질 야곱의 소식을 듣고 달려와서 그를 영접하여 안고 입맞추고 자기 집으로 인도하여 들이니 야곱이 자기의 모든 일을 라반에게 고하매 라반이 가로되 너는 참으로 나의 골육이로다 하였더라

야곱이 한 달을 그와 함께 거하더니 라반이 야곱에게 이르되 네가 비록 나의 생질이나 어찌 공으로 내 일만 하겠느냐 무엇이 네 보수겠느냐 내게 고

하라 라반이 두 딸이 있으니 형의 이름은 레아요 아우의 이름은 라헬이라 레아는 안력이 부족하고 라헬은 곱고 아리따우니 야곱이 라헬을 연애하므로 대답하되 내가 외삼촌의 작은딸 라헬을 위하여 외삼촌에게 칠 년을 봉사하리이다 라반이 가로되 그를 네게 주는 것이 타인에게 주는 것보다 나으니 나와 함께 있으라 야곱이 라헬을 위하여 칠 년 동안 라반을 봉사하였으나 그를 연애하는 까닭에 칠 년을 수일같이 여겼더라"(29:10~20)

야곱은 목자들을 통해 우물을 관리하는 방침을 들었습니다. 곧 모든 양 떼가 모여야 비로소 물을 먹일 수 있다는 것입니다. 그런데도 야곱은 외삼촌 라반의 딸 라헬이 양 떼를 몰고 오자 곧장 우물 아구에서 돌을 옮겨 먼저 물을 먹입니다.

그러고 나서 야곱은 라헬에게 입맞추고 소리 내어 울며 자신이 그녀의 아버지 라반의 조카로 리브가의 아들임을 알립니다. 라헬을 보자마자 먼저 신분을 밝힐 수도 있었지만 그렇게 하지 않았습니다. 먼저 선심을 베풀어 라헬의 환심을 산 후 자신을 밝힙니다.

물론 야곱이 눈물을 흘린 것은 감정이 복받쳤기 때문입니다. 이제 외삼촌의 집에 도착했다고 생각하니 안도감이 들면서 그동안 고생했던 기억들이 밀려온 것입니다. 그런데 야곱이 눈물을 흘린 데에는 또 다른 이유도 있었습니다. 라헬로부터 동정심을 이끌어 내고자 한 것입니다. 야곱은 그 상황에서 어떻게 하는 것이 자신에게 유리한지, 곧 어떻게 해야 상대의 환심과 동정을 얻을 수 있는지를 생각했습니다.

뜻밖에 아버지의 생질인 야곱을 만난 라헬은 급히 이 소식을 아버지 라반에게 전합니다. 소식을 듣고 달려온 라반은 야곱을 반기며 집으로 맞아들였습니다. 야곱은 자신에게 어떤 일이 있었으며, 왜 외삼촌을 찾아 이곳까지 왔는지 상세히 말했습니다. 물론 자신과 어머니 리브가가 아버지와 형을 속이고 장자의 축복을 가로챘다는 말은 하지 않았을 것입니다.

야곱의 말을 들은 라반은 "너는 참으로 내 골육이로다" 하며 그를 자기 집에 머물게 했습니다. 그런 지 한 달이 되었을 때 라반이 야곱에게 "네가 비록 나의 생질이나 어찌 공으로 내 일만 하겠느냐 무엇이 네 보수겠느냐 내게 고하라" 말합니다. 야곱이 그곳에서 편히 놀면서 지낸 것이 아니라 열심히 일을 해 주었다는 사실을 알 수 있지요. 야곱의 성실함과 책임감을 알 수 있는 대목입니다.

처음 라반의 집에 올 때만 해도 야곱은 얼마 동안만 머물다가 고향으로 돌아갈 것이라 생각했습니다. 그러니 만일 그가 게으르고 자기만 생각하는 사람이었다면 대충 시간만 보내고자 했을 것입니다. 그러나 야곱은 머무는 동안 최선을 다해 외삼촌의 일을 도왔습니다.

라반은 성실한 야곱을 놓치고 싶지 않았습니다. 어찌하든 자신의 집에 오랫동안 붙들어 놓을 수 있는 방법을 생각해 냅니다. 라반은 치밀하게 남편을 속인 리브가와 오누이 관계이니 그 역시 어떠한 속성을 가지고 있을지 짐작할 수 있습니다. 라반은 간교한 속성으로부터 육의 지혜를 동원합니다.

물론 그가 야곱에게 "무엇이 네 보수겠느냐" 물은 것은 어느 정도 진심에서 나온 말입니다. 하지만 한편에서는 딸들을 빌미로 야곱을 붙들어 놓으려는 의도도 있었습니다. 이때 야곱은 자신을 오랜 연단의 시간으로 빠져들게 하는 결정적인 선택을 합니다.

라반에게는 두 딸이 있었습니다. 첫째 딸 레아는 안력이 부족한 반면, 둘째 딸 라헬은 곱고 아리따운 여인이었습니다. 야곱은 아름다운 라헬에게 사랑을 느꼈습니다. 야곱은 라헬과의 결혼을 조건으로 7년간 봉사하겠다고 말합니다. 라반은 흔쾌히 그 제안을 받아들입니다.

이때부터 야곱은 라헬을 얻기 위해 7년 동안 라반의 집에서 봉사합니다. 그런데 야곱이 봉사를 시작하면서부터 상황이 이전과는 많이 달라졌습니다. 이전에는 단지 외삼촌 집에서 일을 도와주는 수준이었다면 이때부터는 계약에 의해 삯을 받고 일하는 품꾼과 같은 위치가 되고 만 것입니다.

부유한 가정에서 태어나 귀하게 자라온 야곱으로서는 품꾼 취급을 받는다는 자체가 자신을 철저히 낮추고 깨뜨려 나가는 연단의 시작이었습니다. 야곱은 라헬에 대한 사랑으로 7년이라는 세월을 기꺼이 견딜 수 있었습니다. 물론 이 사랑이 온전한 영의 사랑이라 말할 수는 없지만 사랑의 힘이 어떠한지 느낄 수 있습니다.

조카 입장이 아닌 품꾼과 같은 조건에서 일을 하면서 야곱은 힘들 때마다 라헬을 생각했습니다. '지금은 비록 힘들고 어려워도 조금만 더 견디면 사랑하는 라헬을 아내로 맞을 수 있다.'는 이 한 가지 사실이 그로 하여금 7년이나 되는 세월을 수일같이 여길 수 있게 하는 힘이 되었습니다.

이처럼 야곱은 위로를 삼을 수 있는 사랑의 대상이 있었기 때문에 연단의 세월을 견딜 수 있었지요. 야곱은 한 번 품은 사랑의 마음이 변하지 않았고 목표한 바가 있으면 반드시 그것을 이루고야 마는 근성이 있었습니다. 뿐만 아니라 한결같은 성실함으로 맡은 사명을 감당해 내는 좋은 중심을 가졌습니다. 간교한 속성이 있음에도 야곱이 하나님 앞에 선택받아 쓰일 수 있었던 이유가 여기에 있습니다.

하나님께서는 사람을 외모로 보지 않고 깊은 마음 중심까지 보시기 때문에 각 사람의 장점을 들어 사용하기 원하십니다. 그러나 아무리 좋은 장점이 있어도 하나님 앞에 합당하지 않은 비진리를 가지고는 온전히 쓰임 받을 수 없기에 하나님께서는 비진리들을 뽑아내도록 연단을 허락하십니다.

이렇게 하나님의 뜻 가운데 연단하실 때에 쉴 새 없이 연단만 하시는 것은 아닙니다. 때로 쉼의 시간도, 소망도 주시지요. 야곱에게 있어서 라헬은 연단 중에도 바라보고 힘을 얻어 달려갈 수 있는 소망이었습니다. 7년의 세월이 흐르고 마침내 라헬을 아내로 맞게 된 야곱은 얼마나 감격스러웠겠습니까?

3. 라반의 속임수와 야곱의 두 아내

"야곱이 라반에게 이르되 내 기한이 찼으니 내 아내를 내게 주소서 내가 그에게 들어가겠나이다 라반이 그곳 사람을 다 모아 잔치하고 저녁에 그 딸 레아를 야곱에게로 데려가매 야곱이 그에게로 들어가니라 라반이 또 그 여종 실바를 그 딸 레아에게 시녀로 주었더라 야곱이 아침에 보니 레아라 라반에게 이르되 외삼촌이 어찌하여 내게 이같이 행하셨나이까 내가 라헬을 위하여 외삼촌께 봉사하지 아니하였나이까 외삼촌이 나를 속이심은 어찜이니이까 라반이 가로되 형보다 아우를 먼저 주는 것은 우리 지방에서 하지 아니하는 바이라 이를 위하여 칠 일을 채우라 우리가 그도 네게 주리니 네가 그를 위하여 또 칠 년을 내게 봉사할지니라 야곱이 그대로 하여 그 칠 일을 채우매 라반이 딸 라헬도 그에게 아내로 주고 라반이 또 그 여종 빌하를 그 딸 라헬에게 주어 시녀가 되게 하매 야곱이 또한 라헬에게로 들어갔고 그가 레아보다 라헬을 더 사랑하고 다시 칠 년을 라반에게 봉사하였더라"(29:21~30)

야곱은 사랑하는 라헬을 아내로 맞이하겠다는 일념으로 어떤 힘든 일이라도 마다하지 않고 묵묵히 소임을 다했습니다. 드디어 약속한 7년이 채워지자 야곱은 외삼촌에게 라헬을 아내로 달라고 합니다. 이에 라반은 사람들을 모아 큰 잔치를 벌였습니다.

그런데 막상 신혼 첫날밤에 라반이 야곱의 장막에 들여보낸 사람은 라헬이 아닌 레아였습니다. 당시 결혼풍습상 신부의 얼굴을 베일로 가렸기에 신랑도 첫날밤을 지낸 후 날이 밝아서야 비로소 신부 얼굴을 볼 수 있었지요. 야곱은 아무것도 눈치채지 못한 채 레아와 동침했고, 아침이 되어서야 자신이 속은 것을 알게 됩니다.

야곱은 라반을 찾아가서 항의합니다. 라헬을 위해 7년을 봉사했는데 어떻게 이처럼 속일 수 있느냐는 것이지요. 그러자 라반은 "형보다 아우를 먼저 주는 것은 우리 지방에서 하지 아니하는 바이라" 하며 자신의 행동을 정당화합니다. 속일 마음이 없었다면 7년 전에 미리 설명을 했어야 함에도 라반은 그 지방의 풍습을 들어서 자신의 정직하지 못한 행동을 둘러대고 있습니다. 이것은 어디까지나 궁색한 변명입니다. 정작 그의 속셈은 다른 데에 있었습니다.

라반은 야곱에게 새로운 제의를 합니다. 이미 레아와 결혼했지만 칠 일을 채우면 라헬도 아내로 줄 터이니 그 대가로 7년을 더 봉사하라는 것입니다. 결국 라반의 목적은 야곱을 좀 더 자신의 곁에 붙들어 두려는 데 있었습니다. 야곱이 라헬을 얻기 위해서 어쩔 수 없이 7년을 더 봉사할 것을 믿었기 때문에 이것을 이용한 것입니다.

그렇다면 라반은 왜 이렇게 하면서까지 야곱을 붙들려고 했던 것일까요? 야곱으로 인해 큰 유익을 보았기 때문입니다. 지난 7년간 야곱의 봉사로 어느새 라반은 거부가 되었습니다.

창세기 30장 30절에 야곱이 "내가 오기 전에는 외삼촌의 소유가 적더니 번성하여 떼를 이루었나이다 나의 공력을 따라 여호와께서 외삼촌에게 복을 주셨나이다" 고백한 대로 라반은 야곱이 온 후로 놀라운 축복을 받았던 것입니다.

야곱은 자신이 속은 것을 알았지만 또다시 라헬을 얻기 위해서 외삼촌의 제안을 받아들일 수밖에 없었습니다. 결국 칠 일을 채운 야곱은 그토록 소원하던 라헬을 아내로 얻고 다시 7년간 라반을 위해 봉사합니다. 비록 라반이 정당한 방법을 쓴 것은 아니었으나 야곱은 자신이 얻고자 하는 목표를 위해 부당한 약속이라도 지켜냅니다.

이것이 야곱에게는 연단의 과정이었습니다. 야곱은 자신의 간교한 속성을 좇아 아버지 이삭과 형 에서를 속이고 장자의 축복 기도를 받는

데 성공했습니다. 하지만 아버지와 형을 속인 것과 같이 자기도 결국 외삼촌에게 속임을 당한 것입니다. 스스로 지혜롭다 여겼을 야곱이지만 이번에는 자신이 라반의 간교한 꾀에 넘어가고 말았습니다. 심은 대로 거둔 것입니다.

물론 라헬을 아내로 얻는 조건으로 7년을 봉사하겠다고 먼저 제안한 것은 야곱이었지만 라반이 정말 선한 사람이었다면 어떻게 했을까요? 여동생 리브가를 생각해서라도 야곱에게 라헬을 아내로 주고 그가 고향으로 돌아가기까지 돌봐주었겠지요. 그러나 라반은 간교한 사람이기에 어떻게 하면 자신에게 유익이 될까를 먼저 생각하였습니다.

이러한 라반으로 인해 야곱은 자신의 간교한 속성을 돌아보며 변화될 수 있는 계기를 갖게 됩니다. 만일 야곱이 자기의 꾀에 쉽게 속는 사람들만 만났다면 자신의 간교한 모습을 발견할 수 없었을 것입니다. 라헬을 얻기 위해 또다시 7년간 봉사하면서 야곱은 '예전에 내가 장자권을 얻고자 형과 아버지를 속였더니 이제는 내가 외삼촌으로부터 철저하게 속임을 당하는구나.'라고 깨닫게 되었지요.

라반의 꾀에 속아 14년을 봉사하는 대가로 레아와 라헬을 아내로 맞이한 야곱은 당장은 원하는 바를 얻었다 할 수 있습니다. 하지만 이것이 또 다른 연단의 시작이었습니다. 라반은 두 딸을 야곱에게 아내로 주면서 레아에게는 실바, 라헬에게는 빌하라는 여종을 시녀로 붙여 주었습니다. 장차 야곱은 네 여인 사이에서 심한 마음의 연단을 받게 됩니다. 이는 라헬이 아이를 낳지 못하는 데에서부터 비롯되었습니다.

"여호와께서 레아에게 총이 없음을 보시고 그의 태를 여셨으나 라헬은 무자하였더라 레아가 잉태하여 아들을 낳고 그 이름을 르우벤이라 하여 가로되 여호와께서 나의 괴로움을 권고하셨으니 이제는 내 남편이 나를 사랑하리로다 하였더라 그가 다시 잉태하여 아들을 낳고 가로되 여호와께서 나의 총이 없음을 들으셨으므로 내게 이도 주셨도다 하고 그 이름을 시므온이라 하였으며 그가 또 잉태하여 아들을 낳고 가로되 내가 그에게 세 아들을 낳았으니 내 남편이 지금부터 나와 연합하리로다 하고 그 이름을 레위라 하였으며 그가 또 잉태하여 아들을 낳고 가로되 내가 이제는 여호와를 찬송하리로다 하고 이로 인하여 그가 그 이름을 유다라 하였고 그의 생산이 멈추었더라"(29:31~35)

야곱이 14년이나 외삼촌 라반을 위해 봉사한 것은 오직 라헬을 아내로 얻기 위해서였습니다. 그러니 당연히 레아보다는 라헬에게 더 마음이 갔습니다. 라헬은 자신이 야곱으로부터 더 사랑받는다는 자신감으로 언니 레아를 무시합니다. 게다가 라헬은 남편 야곱을 레아와 공유할 생각 자체가 없었습니다. 남편이 레아에게 보내는 조금의 관심이나 사랑도 용납하려 하지 않았습니다.

레아 입장에서는 억울할 수밖에 없습니다. 그녀는 자신의 의사와는 상관없이 아버지 라반의 말에 순종하여 야곱의 아내가 되었습니다. 이유야 어찌 되었든 레아가 언니였고 결혼도 먼저 했기에 질서상으로 볼 때도 라헬보다 윗사람입니다. 하지만 레아 역시 야곱의 사랑이 온통 라

헬에게만 향해 있는 것을 알았기에 동생에게 무시를 당하고 업신여김을
당하면서도 어찌할 도리가 없었습니다.

이런 상황에서 하나님께서는 총이 없는 레아를 긍휼히 여기시고 태
를 열어 주셨습니다. 레아에게 총이 없다는 것은 레아에 대한 야곱의 사
랑이 없다는 뜻입니다. 하나님의 은혜를 입은 레아는 연이어 르우벤, 시
므온, 레위, 유다 네 아들을 낳았지요. 반면, 라헬은 한 명의 자녀도 낳
지 못합니다. 그러면서 상황이 뒤바뀝니다.

그동안 레아의 마음 깊은 곳에 눌려 있던 것들이 차츰 드러나기 시
작한 것입니다. 라헬은 자녀를 한 명도 낳지 못하는데 자신은 아들을 네
명이나 낳았으니 이제는 자신이 야곱의 사랑을 더 받는다 생각하였습니
다. 이로 인해 레아의 마음속에 있던 시기 질투가 본격적으로 드러납니
다. 그동안 시기 질투가 없었던 것이 아니라 단지 상황이 안 돼서 눌러
놓았던 것입니다.

여기서 우리는 사람의 마음을 알 수 있습니다. 그동안 레아는 라헬
에게 일방적으로 당해 왔습니다. 언니 대접은 고사하고 첫 번째 부인으
로서의 권리나 대접도 받지 못했습니다. 이런 레아를 하나님께서 긍휼히
여기시고 그녀의 태를 열어 자녀를 낳게 하셨으니 레아가 선하다면 어찌
해야 하겠습니까?

이전의 삶을 생각하며 지금 주어진 축복에 감사해야 할 것입니다. 또
자신이 받았던 서러움이 얼마나 뼈아픈지 안다면 상대적으로 자녀를 낳
지 못해 고통받을 라헬의 입장을 헤아려 줄 수 있어야 합니다.

그러나 레아는 예전 입장은 잊어버리고 자신이 더 위에 있다는 생각에 라헬을 무시하고 업신여겼습니다. 라헬과 레아 두 사람 모두 똑같이 시기 질투하는 마음으로 인해 상대에게 악을 악으로 갚는 모습입니다. 마음이 선한 사람이라면 '하나님께서 왜 나에게만 태를 열어 아들을 네 명이나 주셨을까?'를 생각하면서 은총을 베풀어 주신 하나님께 감사하며 자족할 것입니다. 그런데 레아는 일단 자신이 더 우위에 있다고 생각하니 예전에 라헬이 그랬던 것처럼 남편 야곱을 독점하려 했습니다.

레아는 첫아들의 이름을 '르우벤'이라 하고 "여호와께서 나의 괴로움을 권고하셨으니 이제는 내 남편이 나를 사랑하리로다" 하였습니다. 그동안 남편을 라헬에게 내어주어야 했던 서러움이 어떠했는지 이 한마디에 담겨 있습니다. 이제부터는 남편이 자신을 사랑할 것이며 남편의 사랑을 독차지하겠다는 의미입니다.

이러한 마음은 아들을 낳을수록 더해집니다. 레아는 둘째 아들을 얻은 후 "나의 총이 없음을 들으셨으므로 내게 이도 주셨도다" 하고 그 이름을 '시므온'이라 했습니다. 자신이 야곱으로부터 사랑받지 못함을 하나님께서 돌아보시고 아들을 주셨다는 뜻입니다. 하나님께서 자기편이 되어 주셨다는 의미이지요.

레아가 또다시 잉태하여 아들을 낳고 "내가 그에게 세 아들을 낳았으니 내 남편이 지금부터 나와 연합하리로다" 하며 그 이름을 '레위'라 했습니다. 그만큼 자신감이 있다는 것입니다. 전에 라헬에게 내어주었던 남편을 확실히 되찾아왔다는 뜻입니다.

네 번째 아들을 낳은 후에는 "내가 이제는 여호와를 찬송하리로다" 하면서 그 이름을 '유다'라 하였습니다. 완전히 승리를 확신하는 모습이지요. 이처럼 레아는 아들을 낳을 때마다 모든 것을 자신에게 유리한 쪽으로 해석했고 감사하기보다는 점점 더 높아지려고만 했습니다.

연단은 축복, 거부가 된 야곱

라헬의 투기와 야곱의 새로운 연단

라헬의 여종 빌하가 낳은 단과 납달리

레아의 여종 실바가 낳은 갓과 아셀

레아가 낳은 아들 잇사갈, 스불론과 딸 디나

사랑하는 라헬이 낳은 아들 요셉

외삼촌 라반과 야곱의 품삯 계약

야곱의 간교한 지혜와 '바라봄의 법칙'

1. 라헬의 투기와 야곱의 새로운 연단

"라헬이 자기가 야곱에게 아들을 낳지 못함을 보고 그 형을 투기하여 야곱에게 이르되 나로 자식을 낳게 하라 그렇지 아니하면 내가 죽겠노라 야곱이 라헬에게 노를 발하여 가로되 그대로 성태치 못하게 하시는 이는 하나님이시니 내가 하나님을 대신하겠느냐"(30:1~2)

남편의 사랑을 독차지하고 있던 라헬은 늘 우월감에 차 있었지만 언니 레아가 아들 넷을 낳으면서부터 상황이 반전됩니다. 혹여 야곱의 사랑이 레아에게 쏠릴까봐 불안해진 라헬은 시기 질투를 넘어 투기하는 수준에 이르렀습니다. 심지어 남편 야곱에게 "나로 자식을 낳게 하라 그렇지 아니하면 내가 죽겠노라"고 말합니다.

야곱은 비록 라헬이 아이를 낳지 못했어도 그녀에 대한 사랑은 변함없었습니다. 그럼에도 라헬은 자격지심으로 레아에게 멸시당하는 듯한 상황을 견디지 못했습니다. 불안한 생각이 꼬리를 물자 남편의 사랑도 예전 같지 않다는 생각이 들었지요. 그래서 아이를 낳지 못하는 것이 남편 잘못이 아님을 알면서도 악한 말로 야곱을 몰아세운 것입니다.

견디다 못한 야곱은 "그대로 성태치 못하게 하시는 이는 하나님이시니 내가 하나님을 대신하겠느냐"며 화를 냅니다. 야곱이 이렇게 화를 내기까지는 많은 심적 고통이 있었습니다.

레아가 아들 넷을 낳는 모습을 지켜보면서 라헬도 잉태를 위해 노력했을 것입니다. 그러다 보면 야곱이 레아와 동침하는 것조차도 못마땅하게 여기고 자신과만 함께하도록 요구했겠지요. 그럼에도 레아가 연이어 네 아들을 낳는 것을 보면서 라헬은 얼마나 속상했겠습니까.

이러한 라헬에 대해 야곱도 처음에는 안쓰러운 마음에 그녀의 투정을 받아 주었겠지만 세월이 길어지자 마침내 폭발하고 만 것입니다. 그런데 '잉태케 하시는 권한은 하나님께 있다.'는 야곱의 말이 맞기는 하지만 그 속에는 '나는 책임이 없다. 네 책임이다.'라는 책임 전가의 의도도 담겨 있습니다. 이는 하나님께 맡긴다는 의미가 아니라 그 상황에서 받아야 하는 마음의 고통이 싫어서 회피하려 한 것입니다.

만일 야곱이 온전히 하나님 앞에 의뢰하면서 모두가 화평할 수 있는 방법을 찾았다면 하나님께서 사람들의 마음을 주관해 주셨을 것입니다. 비록 자신은 고통받을지라도 선한 마음으로 끝까지 라헬과 레아를 품고 사랑으로 풀어나갔다면 하나님께서도 합력하여 선을 이루어 주셨겠지요. 그러나 야곱은 아직 그러한 그릇이 되지 못했기에 라헬과 레아를 품지 못했고 두 사람의 투기는 날이 갈수록 더해갔습니다.

영적인 사랑은 상대의 입장을 생각하며 상대의 유익을 구합니다. 반면에 육적인 사랑은 자신의 입장을 생각하며 자기 유익을 구하기 때문에 처음에는 뜨겁게 사랑하는 것 같다가도 시간이 지나면 사랑이 식어지고 화평이 깨집니다. 서로 양보하고 상대의 입장을 생각한다면 얼마든지 화평할 수 있는데 자기 입장만 고집하니 당연히 화평이 깨질 수밖에 없습니다.

야곱과 라헬, 레아의 관계도 마찬가지입니다. 야곱은 라헬을 얻기 위해 14년이라는 세월을 투자했습니다. 라헬에 대한 야곱의 사랑이 얼마나 깊었는지 알 수 있습니다. 그러나 그 역시 한계 상황에 이르자 라헬에게 화를 냈습니다. 물론 언니 레아를 투기하며 남편에게 고통을 주는 라헬의 모습이 결코 옳은 것은 아닙니다. 하지만 야곱이 좀 더 부드럽고 선한 말로 라헬을 달래 주었다면 어찌 되었을까요?

자녀를 낳지 못해서 '혹시 남편의 사랑이 예전 같지 않으면 어쩌나?' 불안해하는 라헬에게 여전히 사랑한다는 확신을 주었다면 상황이 더 악화되지 않을 수도 있었을 것입니다. 야곱은 자신이 할 만큼 했는데도 사람이 어찌할 수 없는 잉태의 문제로 라헬이 억지를 부리니 더 이상 참지 못해 화를 내고 말았습니다.

영적인 사랑을 하지 못한 것은 라헬도 마찬가지입니다. 라헬은 레아를 투기하여 남편에게 무례히 행했습니다. 온유한 모습은 찾아볼 수 없고 "내가 죽겠노라" 하며 억지를 부리는 모습이 표독스럽다는 느낌마저 들 정도였습니다. 이때 야곱이나 라헬이 서로의 입장을 조금씩만 더 이해해 주었다면 좋았겠지만 그들은 그러지 못했습니다.

2. 라헬의 여종 빌하가 낳은 단과 납달리

"라헬이 가로되 나의 여종 빌하에게로 들어가라 그가 아들을 낳아 내 무
릎에 두리니 그러면 나도 그를 인하여 자식을 얻겠노라 하고 그 시녀 빌하를
남편에게 첩으로 주매 야곱이 그에게로 들어갔더니 빌하가 잉태하여 야곱에
게 아들을 낳은지라 라헬이 가로되 하나님이 내 억울함을 푸시려고 내 소리
를 들으사 내게 아들을 주셨다 하고 이로 인하여 그 이름을 단이라 하였으며
라헬의 시녀 빌하가 다시 잉태하여 둘째 아들을 야곱에게 낳으매 라헬이 가
로되 내가 형과 크게 경쟁하여 이기었다 하고 그 이름을 납달리라 하였더라"
(30:3~8)

라헬은 레아를 이겨야겠다는 생각에 수단과 방법을 가리지 않습니
다. 시녀 빌하를 남편에게 첩으로 주어 대신 자녀를 낳으려는 방법까지
씁니다.

라헬의 바람대로 빌하가 잉태하여 첫 번째 아들을 낳았습니다. 라헬
은 "하나님이 내 억울함을 푸시려고 내 소리를 들으사 내게 아들을 주
셨다" 하며 그 이름을 '단'이라 불렀습니다. 빌하가 두 번째 아들을 낳았
을 때는 "내가 형과 크게 경쟁하여 이기었다" 하며 그 이름을 '납달리'라
했습니다.

하지만 이렇게 시녀를 통해 자녀를 얻었다 해서 라헬이 만족한 것은
아닙니다. 오히려 레아와의 경쟁만 더 심해졌습니다. 이를 통해 육신의
생각은 문제를 해결하는 것이 아니라 더 어렵고 힘들게 만든다는 것을
알 수 있습니다.

야곱은 할아버지 아브라함이 이삭을 어떻게 낳았는지 잘 압니다. 할머니 사라는 이미 경수가 끊어지고 할아버지도 나이가 많아 후사를 볼 수 없는 상태에서 하나님의 능력으로 아들을 낳았습니다.

그러니 야곱도 하나님의 능력을 온전히 믿고 의뢰한다면 라헬의 뜻을 물리쳐야 했습니다. 라헬이 어떤 마음으로 자기 시녀를 첩으로 주면서까지 자녀를 낳으려고 하는지 안다면 더더욱 그녀의 뜻을 따르지 말아야 했습니다.

또한 야곱은 아브라함이 사라의 말을 따랐다가 그 결과가 어떻게 되었는지 잘 알고 있습니다. 물론 그 당시 아브라함은 아무리 거절한다 해도 사라가 기어코 자신의 뜻대로 할 것을 알았기에 화평을 좇아 어쩔 수 없이 따라준 것입니다. 야곱의 경우도 라헬이 막무가내로 몰아세웠을 수도 있습니다. 하지만 둘 다 아내의 뜻에 따랐을 뿐이라고는 해도 아브라함과 야곱은 마음씀씀이가 크게 달랐습니다.

사라는 자기 뜻대로 몸종 하갈을 아브라함에게 주어 아이를 잉태하기에 이르렀지만 오히려 이 일로 더 큰 고통을 받았습니다. 자신이 잉태한 사실을 깨달은 하갈이 주인인 사라를 멸시했기 때문입니다. 사라는 자신이 육신의 생각을 동원하여 고통을 초래한 것인데도 그 책임을 남편 아브라함에게 떠넘겼습니다.

야곱이 이러한 상황에 있었다면 어찌했을까요? 그가 라헬에게 하는 태도를 봐서는 몹시 화를 내며 "어찌 당신의 뜻대로 해놓고 지금에 와서 그 탓을 나에게 돌리는가? 나는 아무 잘못이 없으니 당신이 알아서 하시오." 이런 식으로 말하지 않았을까요?

그런데 아브라함은 그러지 않았습니다. "그대의 여종은 그대의 수중에 있으니 그대의 눈에 좋은 대로 그에게 행하라" 말합니다. 사라의 태도에 화를 내거나 그녀의 탓으로 돌린 것이 아닙니다. 사라의 종이니 그녀의 뜻에 맡긴 것입니다. 아브라함이 책임을 회피하려 하거나 하갈을 아끼지 않아서가 아닙니다. 모든 것을 하나님께 맡기고 하나님의 방법대로 일을 풀어 가려고 했던 것입니다. 그 결과 하나님께서는 모든 것을 합력하여 선을 이루어 주셨습니다.

하지만 사라가 육신의 생각을 동원한 결과는 훗날까지도 고통을 안겨 줍니다. 사라는 아들 이삭을 낳은 후에도 이스마엘로 인해 근심, 걱정을 해야 했습니다. 결국은 또다시 육신의 생각을 동원해 이스마엘과 하갈을 쫓아내는 상황까지 이릅니다.

이처럼 육신의 생각을 동원하면 문제 해결이 안 됩니다. 오히려 또다른 문제가 발생하여 이전보다 더한 고통 가운데 빠져들게 됩니다. 이러한 사례가 있었으니 야곱이 어떻게 처신해야 했겠습니까?

라헬이 육신의 생각을 동원하여 사람의 방법을 좇고자 했을 때 어떻게든 막았어야 하지요. 하지만 야곱은 그녀의 뜻에 따르고 맙니다. 뿐만 아니라 레아마저 자기 시녀를 첩으로 주어 자녀를 낳고자 할 때에도 응해 주었습니다.

물론 야곱의 입장에서는 그나마 화평을 좇으며 어느 한쪽으로 치우치지 않는 것이 선이라 생각했을 수도 있습니다. 그러나 육으로 한 번 빠져드니 또 빠져들 수밖에 없는 상황이 발생한 것입니다. 아무리 선한 마음으로 한 일이라 해도 그것은 어디까지나 육적인 선일 뿐입니다.

사람 보기에 아무리 선하고 좋아 보여도 육신의 생각 가운데서 나온 것일 때는 하나님과 원수가 될 수 있습니다. 육신의 생각을 동원하면 당장에는 일이 잘 풀리는 것 같고 모두에게 좋은 것처럼 보일지라도 그 결과는 형통할 수 없습니다. 오래잖아 야곱은 육신의 생각을 동원하는 것이 얼마나 어리석은지 깨닫게 됩니다.

이와 같이 육신의 생각이 깨어지고 자기를 부인해 나가는 과정이 바로 연단입니다. 이 일들은 라헬과 레아 사이의 시기 질투로 인해 벌어진 것이기는 하지만 하나님께서 이러한 상황을 허락하신 것은 야곱을 변화시키기 위함이었습니다. 어떤 상황과 환경이 되어야 야곱의 깊은 속 중심까지 드러나 스스로를 발견하고 깨어질지를 아시기에 세세히 간섭하신 것입니다.

3. 레아의 여종 실바가 낳은 갓과 아셀

"레아가 자기의 생산이 멈춤을 보고 그 시녀 실바를 취하여 야곱에게 주어 첩을 삼게 하였더니 레아의 시녀 실바가 야곱에게 아들을 낳으매 레아가 가로되 복되도다 하고 그 이름을 갓이라 하였으며 레아의 시녀 실바가 둘째 아들을 야곱에게 낳으매 레아가 가로되 기쁘도다 모든 딸들이 나를 기쁜 자라 하리로다 하고 그 이름을 아셀이라 하였더라"(30:9~13)

레아와 라헬의 질투심은 야곱의 가정을 더 큰 갈등과 불화 속으로 빠져들게 합니다. 레아는 라헬이 몸종 빌하를 야곱에게 주어 두 아들을 얻은 후 언니를 이겼다며 좋아하는 모습을 보고 견딜 수 없었습니다.

레아는 자신이 더 이상 잉태하지 못하자 시녀 실바를 야곱에게 주어 자녀를 낳게 합니다. 이로써 야곱은 두 명의 아내와 두 명의 첩을 거느리게 되었고, 가정은 하루도 편안할 날이 없었습니다.

레아의 바람대로 야곱에게 첩으로 준 실바가 잉태하여 아들을 낳았습니다. 이에 레아는 크게 기뻐하며 아기의 이름을 '갓'이라 지었습니다. '갓'은 '복됨'이라는 뜻입니다.

실바가 다시 잉태하여 아들을 낳자 레아는 많은 아들을 얻음으로 인하여 모든 여인들이 자기를 '기쁜 자'라고 칭송할 것이라 고백합니다. 그래서 아기에게 '기쁨'이라는 뜻의 '아셀'이라는 이름을 지어 주었습니다.

4. 레아가 낳은 아들 잇사갈, 스불론과 딸 디나

"맥추 때에 르우벤이 나가서 들에서 합환채를 얻어 어미 레아에게 드렸더니 라헬이 레아에게 이르되 형의 아들의 합환채를 청구하노라 레아가 그에게 이르되 네가 내 남편을 빼앗은 것이 작은 일이냐 그런데 네가 내 아들의 합환채도 빼앗고자 하느냐 라헬이 가로되 그러면 형의 아들의 합환채 대신에 오늘 밤에 내 남편이 형과 동침하리라 하니라 저물 때에 야곱이 들에서 돌아오매 레아가 나와서 그를 영접하며 이르되 내게로 들어오라 내가 내 아들의 합환채로 당신을 샀노라 그 밤에 야곱이 그와 동침하였더라

하나님이 레아를 들으셨으므로 그가 잉태하여 다섯째 아들을 야곱에게 낳은지라 레아가 가로되 내가 내 시녀를 남편에게 주었으므로 하나님이 내게 그 값을 주셨다 하고 그 이름을 잇사갈이라 하였으며 레아가 다시 잉태하여 여섯째 아들을 야곱에게 낳은지라 레아가 가로되 하나님이 내게 후한 선물을 주</p>

시도다 내가 남편에게 여섯 아들을 낳았으니 이제는 그가 나와 함께 거하리라 하고 그 이름을 스불론이라 하였으며 그 후에 그가 딸을 낳고 그 이름을 디나라 하였더라"(30:14~21)

야곱은 네 명의 아내가 있었지만 라헬에 대한 사랑은 여전히 절대적이었습니다. 그러다 보니 아내로서 남편에 대해 주장할 수 있는 권리도 라헬이 거의 독점하고 있었습니다.

하루는 맥추 때에 들에 나간 레아의 맏아들 르우벤이 합환채를 구해 왔습니다. 합환채는 정력제 또는 임신을 가능케 하는 약초로 알려져 있습니다. 르우벤이 레아에게 합환채를 주었다는 말을 듣자 라헬은 레아에게 찾아가 합환채를 달라고 요구합니다. 레아는 "네가 내 아들의 합환채도 빼앗고자 하느냐" 하며 거절하지요.

결국 라헬은 합환채를 얻기 위해 레아에게 남편과의 동침을 허락합니다. 합환채 값으로 남편 야곱과 동침하게 된 레아는 다시 태의 문이 열렸습니다. 그래서 두 명의 아들과 한 명의 딸을 더 낳게 됩니다.

레아는 다섯 번째 아들을 낳은 뒤, 이름을 '잇사갈'이라 지었습니다. 이는 '내가 내 시녀를 남편에게 주었으므로 하나님이 내게 그 값을 주셨다.'는 의미에서 '값'이라는 뜻입니다. 마치 시녀를 남편에게 준 것을 하나님께서 합당하게 받으시고 아들을 주신 것처럼 해석하고 있습니다.

또한 레아가 여섯 번째로 낳은 스불론은 '이제는 그가 즉 남편 야곱이 나와 함께 거하리라.'는 의미에서 '거함'이라는 뜻으로 지은 이름입니다. 이 역시 어떻게든 남편의 사랑을 자기에게로 돌려 보려는 레아의 마음이 고스란히 담겨 있습니다. 육적으로 볼 때는 야곱의 아들들의 이름 하나하나가 결코 좋은 의미에서 지어진 것이 아닙니다. 서로가 상대를 누르고 자신이 더 사랑받으려는 마음에서 아들들의 이름을 지었습니다. 육신의 생각을 동원하여 서로가 하나님께서 자기편이 되어 주셨다는 의미에서 자기 좋은 대로 지은 이름이었지요.

자녀를 하나도 낳지 못한 라헬뿐만 아니라 이미 많은 자녀를 낳은 레아까지도 시기, 질투가 얼마나 심한지 알 수 있습니다. 시기나 질투는 내가 상대보다 더 우위에 있고, 더 많이 가졌다고 해서 끝나지 않습니다. 가지면 가질수록 더 많이 갖기 원하고, 상대를 완전히 제압했다 해도 또 다른 대상을 만나면 시기 질투가 다시 나옵니다.

이처럼 서로 간에 악을 악으로 갚으면 악순환은 멈출 수 없습니다. 비록 상대를 악으로 완전히 눌렀다 해도 악에 대한 보응은 반드시 받습니다. 설령 이 땅에서는 보응을 받지 않았다 해도 내세에서 받게 될 심판과 보응은 결코 피해 갈 수 없지요.

5. 사랑하는 라헬이 낳은 아들 요셉

"하나님이 라헬을 생각하신지라 하나님이 그를 들으시고 그 태를 여신 고로 그가 잉태하여 아들을 낳고 가로되 하나님이 나의 부끄러움을 씻으셨다 하고 그 이름을 요셉이라 하니 여호와는 다시 다른 아들을 내게 더하시기를 원하노라 함이었더라"(30:22~24)

레아가 아들 여섯과 딸 하나를 낳고, 두 명의 시녀가 아들들을 낳을 동안 라헬은 자녀가 없었습니다. 그런데 마침내 라헬도 잉태를 하였습니다. '하나님이 라헬을 생각하셔서 그를 들으시고 태를 여셨다.'고 했는데, 이는 라헬이 하나님 보시기에 합당하여 역사해 주셨다는 의미가 아닙니다. 하나님께서 야곱을 생각하여 역사하신 것입니다.

야곱을 통해 이스라엘의 정통계보를 잇게 하신 하나님께서는 라헬을 통해 자녀를 얻기 원하는 야곱의 마음을 아셨습니다. 그래서 라헬의 태를 열어 주신 것입니다. 야곱이 라헬을 사랑하여 14년간 성실하게 심었던 행함을 생각하신 것이지요.

그토록 기다리던 첫 아이를 가진 라헬은 "여호와는 다시 다른 아들을 내게 더하시기를 원하노라" 하며 아들의 이름을 '더함'이라는 뜻을 가진 '요셉'이라고 부릅니다. 이름의 의미만 보아도 라헬의 속마음을 느낄 수 있습니다. 하나님께서 베풀어 주신 은혜에 감사하며 자족하기보다 오히려 욕심 가운데 자꾸만 더 많은 것을 원하고 있습니다.

물론 라헬이 더 많은 자녀를 원하는 것 자체가 잘못은 아닙니다. 하나님의 축복을 사모하고 믿음으로 고백하는 것은 좋은 일입니다. 그러나 라헬이 정녕 하나님의 은혜에 감사할 줄 아는 사람이었다면 오랫동안 고대하던 첫 아들의 이름을 그렇게 짓지는 않았겠지요.

먼저 하나님의 은혜에 감사하며 '감사, 영광, 은혜, 찬양' 등 하나님을 찬양하는 뜻의 이름으로 지었을 것입니다. 그러나 라헬은 어떻게든 더 많은 자녀를 낳아서 레아를 앞서야겠다는 욕심이 컸습니다.

이처럼 사람의 마음에 악과 욕심이 있으면 간절히 원하던 것을 하나님의 은혜로 얻었다 해도 감사하기보다 더 많은 것을 얻으려 합니다.

라헬이나 레아가 자녀들의 이름을 짓는 배경을 보면 두 사람 모두 상황을 자기 보기에 좋을 대로 해석합니다. 범사에 하나님의 은혜에 감사하고 하나님의 뜻을 헤아리기보다는 자신의 욕심을 구하기에 급급했던 것입니다.

두 사람이 그렇게 된 배경에는 남편 야곱의 사랑을 독차지하려는 시기 질투가 깔려 있습니다. 물론 아내들의 악 때문이긴 하지만 야곱 역시 그들의 투기를 부추기는 원인을 제공했습니다. 라헬과 레아 사이의 투기 속에서도 야곱은 여전히 라헬에게만 특별한 사랑을 주었습니다. 이것이 자녀들에게까지 영향을 미쳤지요.

라헬에게 사랑이 더 가는 마음이야 어쩔 수 없다 해도 자녀들까지 아버지의 편애를 느끼게 해서는 안 됩니다. 이는 다른 자녀들이 요셉을 시기하고 질투하게 만드는 빌미를 제공합니다. 아브라함의 경우 비록 정통계보는 이삭을 통해 이어진다 해도 다른 자녀들을 소홀히 대하지 않았습니다. 최대한 공평하게 사랑을 주었지요.

그런데 야곱의 경우 지나치게 라헬이 낳은 요셉에게만 특별한 사랑을 주었습니다. 이것이 결국은 형제들 사이에 불화를 야기하고 마침내는 요셉이 형들의 손에 의해 종으로 팔려가는 사건에까지 이르게 됩니다.

6. 외삼촌 라반과 야곱의 품삯 계약

"라헬이 요셉을 낳은 때에 야곱이 라반에게 이르되 나를 보내어 내 고향 내 본토로 가게 하시되 내가 외삼촌에게서 일하고 얻은 처자를 내게 주어 나로 가게 하소서 내가 외삼촌께 한 일은 외삼촌이 아시나이다 라반이 그에게 이르되 여호와께서 너로 인하여 내게 복 주신 줄을 내가 깨달았노니 네가 나를 사랑스럽게 여기거든 유하라 또 가로되 네 품삯을 정하라 내가 그것을 주리라 야곱이 그에게 이르되 내가 어떻게 외삼촌을 섬겼는지, 어떻게 외삼촌의 짐승을 쳤는지 외삼촌이 아시나이다 내가 오기 전에는 외삼촌의 소유가 적더니 번성하여 떼를 이루었나이다 나의 공력을 따라 여호와께서 외삼촌에게 복을 주셨나이다 그러나 나는 어느 때에나 내 집을 세우리이까

라반이 가로되 내가 무엇으로 네게 주랴 야곱이 가로되 외삼촌께서 아무것도 내게 주실 것이 아니라 나를 위하여 이 일을 행하시면 내가 다시 외삼촌의 양 떼를 먹이고 지키리이다 오늘 내가 외삼촌의 양 떼로 두루 다니며 그 양 중에 아롱진 자와 점 있는 자와 검은 자를 가리어 내며 염소 중에 점 있는 자와 아롱진 자를 가리어 내리니 이 같은 것이 나면 나의 삯이 되리이다 후일에 외삼촌께서 오셔서 내 품삯을 조사하실 때에 나의 의가 나의 표징이 되리이다 내게 혹시 염소 중 아롱지지 아니한 자나 점이 없는 자나 양 중 검지 아니한 자가 있거든 다 도적질한 것으로 인정하소서

라반이 가로되 내가 네 말대로 하리라 하고 그날에 그가 수염소 중 얼룩무늬 있는 자와 점 있는 자를 가리고 암염소 중 흰 바탕에 아롱진 자와 점 있는 자를 가리고 양 중의 검은 자들을 가려 자기 아들들의 손에 붙이고 자기와 야곱의 사이를 사흘 길이 뜨게 하였고 야곱은 라반의 남은 양 떼를 치니라"
(30:25~36)

라헬이 요셉을 낳은 후 야곱은 외삼촌이자 장인인 라반에게 고향으로 돌아갈 뜻을 비쳤습니다. 하지만 그동안 봉사의 대가도 없이 빈손으로 돌아갈 수는 없었습니다. 그렇다 해서 "그동안 외삼촌 집을 위해 내

가 수고했으니 그에 상응하는 대가를 주십시오."라고 말하지도 못합니다. 라반이 순순히 대가를 주지 않을 것을 알았기 때문입니다.

그래서 야곱은 라반 편에서 먼저 품삯에 대해 말을 꺼내도록 유도합니다. "내가 외삼촌에게서 일하고 얻은 처자를 내게 주어 나로 가게 하소서 내가 외삼촌께 한 일은 외삼촌이 아시나이다" 하며 외삼촌으로 하여금 자신의 수고를 시인하도록 한 것입니다.

이에 라반도 자신이 야곱으로 인해 하나님께 복을 받았다는 사실을 인정합니다. 그러나 그 대답이 순수한 마음에서 나온 것만은 아니었습니다. 라반은 이미 야곱이 고향으로 떠나려는 마음을 굳혔다는 사실을 깨닫고 그를 좀 더 곁에 붙잡아두려 했습니다. 그래서 어느 정도 야곱의 공로를 인정하면서 그가 마음을 돌이킬 수 있도록 품삯을 다시 책정하라는 새로운 조건을 내겁니다.

사실 라반은 이미 여러 차례 야곱에게 품삯을 속였습니다(창 31:7). 그럼에도 또다시 품삯을 줄 테니 좀 더 자신과 함께 있자고 제안한 것입니다. 이번에는 야곱 편에서 품삯을 정하라는 파격적인 조건까지 내걸었습니다. 이는 라반 스스로 고백했듯이 그가 누리고 있는 부가 바로 야곱으로 인해 얻어진 것임을 알았기 때문입니다.

라반에게 야곱은 순순히 놔줄 수 없는 복덩이였습니다. 야곱이 성실과 중심을 다한 행함으로 라반을 섬겼기에 하나님께서 라반의 집에 복을 주셨던 것입니다. 이 사실을 잘 알고 있던 라반은 막상 야곱이 고향으로 돌아간다고 하니 어떻게든 그를 붙잡고자 했습니다.

이제 야곱의 입장에서는 라반으로부터 자신의 가치를 인정받았으니 품삯을 정하는 협상에 있어 유리한 고지를 차지했다고 할 수 있습니다. 그러니 보통 사람 같았으면 당장 수중에 넣을 수 있는 것으로 품삯을 청구하려 했을 것입니다.

그런데 야곱은 너무나 어리석어 보이는 제안을 합니다. 품삯을 따로 청구한 것이 아니라 지금 있는 양과 염소들 중에서 양은 검은 것이나 점 있고 아롱진 것, 염소는 점 있고 아롱진 것이 태어나면 그것을 자신의 품삯으로 가지겠다는 것입니다.

일반적으로 양은 대부분 흰색입니다. 검은 것이나 아롱지고 점 있는 것이 나오기란 쉽지 않지요. 또한 염소도 대부분 흰색이거나 검은색입니다. 아롱지거나 점 있는 것이 나오는 경우는 거의 없지요. 그러니 조금이라도 목축의 경험이 있는 사람이 본다면 야곱에게 매우 불리한 조건이었습니다.

욕심 많은 라반이 이 기회를 놓칠 리가 없습니다. 한편으로는 좀 이상하다는 생각이 들 수도 있었지만 명백히 자신에게 유리한 제안이다 보니 거부할 수 없었지요. 라반은 그 제안을 흔쾌히 수용합니다.

야곱은 삼촌 라반이 순순히 자기 몫을 주지 않으리라는 사실을 알았습니다. 그래서 자기 몫을 얻기 위해 꾀를 짜내야 했습니다. 또한 자신의 계획을 라반이 눈치채지 못하게 해야 했지요. 야곱은 라반에게 절대적으로 유리해 보이는 제안을 함으로써 그가 기꺼이 수용하도록 했던 것입니다.

그렇다면 야곱은 왜 자신에게 불리해 보이는 제안을 한 것일까요? 그에게는 결국 자신이 원하는 것을 얻을 수 있다는 자신감과 함께 하나님께서 주신 말씀에 대한 확실한 믿음이 있었기 때문입니다.

하나님께서는 야곱에게 "내가 너와 함께 있어 네가 어디로 가든지 너를 지키며 너를 이끌어 이 땅으로 돌아오게 할지라 내가 네게 허락한 것을 다 이루기까지 너를 떠나지 아니하리라" 약속하셨습니다(창 28:15). 야곱은 이 말씀대로 하나님께서 자신을 지키시고 반드시 축복해 주실 것을 믿었습니다.

이와 더불어 그는 자신의 지혜를 믿었습니다. 그동안 가축을 치면서 나름대로 터득한 '바라봄의 법칙'을 적용하면 원하는 바를 얻을 수 있으리라는 자신이 있었습니다.

이런 상황에서 라반이 조금이라도 선했다면 어떻게 해야 했을까요? 누가 보아도 야곱에게 불리해 보이는 제안을 선뜻 받아들이기보다는 한번쯤 야곱을 배려해서 더 좋은 방법을 찾으려 했을 것입니다. 그러나 라반은 야곱에게 불리한 이 제안을 덥석 받아들입니다. 이후에 라반의 행동을 보면 그가 얼마나 자기 욕심만을 채우려 하는지 잘 알 수 있습니다.

라반은 그날로 흰 양과 흰 염소, 검은 염소만을 가려서 야곱의 손에 붙였습니다. 나머지는 자기 아들들에게 맡기고 그들이 치는 가축과 야곱이 치는 가축 사이를 사흘 길쯤 떨어지게 합니다. 혹시라도 자신의 양이나 염소가 야곱이 치는 것들과 섞여서 그중에 점 있고 아롱진 것이 나오지 않도록 멀찌감치 떨어뜨려 놓은 것입니다.

얼마나 인색한 모습입니까? 어떻게 해서든 점 있고 아롱진 것이 나오지 않도록 막으려는 라반의 욕심이 그대로 드러나고 있습니다.

7. 야곱의 간교한 지혜와 '바라봄의 법칙'

"야곱이 버드나무와 살구나무와 신풍나무의 푸른 가지를 취하여 그것들의 껍질을 벗겨 흰 무늬를 내고 그 껍질 벗긴 가지를 양 떼가 와서 먹는 개천의 물구유에 세워 양 떼에 향하게 하매 그 떼가 물을 먹으러 올 때에 새끼를 배니 가지 앞에서 새끼를 배므로 얼룩얼룩한 것과 점이 있고 아롱진 것을 낳은지라 야곱이 새끼 양을 구분하고 그 얼룩무늬와 검은 빛 있는 것으로 라반의 양과 서로 대하게 하며 자기 양을 따로 두어 라반의 양과 섞이지 않게 하며 실한 양이 새끼 밸 때에는 야곱이 개천에다가 양 떼의 눈 앞에 그 가지를 두어 양으로 그 가지 곁에서 새끼를 배게 하고 약한 양이면 그 가지를 두지 아니하니 이러므로 약한 자는 라반의 것이 되고 실한 자는 야곱의 것이 된지라 이에 그 사람이 심히 풍부하여 양 떼와 노비와 약대와 나귀가 많았더라" (30:37~43)

외삼촌 라반의 철저한 대비가 있었지만 하나님께서는 야곱 편이셨습니다. 하나님의 도우심과 야곱의 지혜까지 더해지니 야곱은 오래지 않아 큰 부자가 됩니다. 야곱의 지혜란 바로 '바라봄의 법칙' 또는 '바라봄의 믿음의 법칙'을 말합니다.

버드나무와 살구나무, 신풍나무는 겉껍질이 거무스름하거나 짙은 갈색을 띱니다. 반면에 껍질 속은 희고 윤기가 나기 때문에 겉껍질을 드문 드문 벗겨내면 얼룩덜룩한 무늬처럼 보입니다. 야곱은 이러한 나뭇가지를 실한 가축들이 와서 물을 먹으며 교미하는 장소에 놓아두었습니다. 가축들이 교미하는 순간에 그 무늬를 보도록 했던 것입니다. 이렇게 해서 낳은 새끼들을 보니 과연 얼룩얼룩하고 점이 있거나 아롱진 것들이었습니다.

'바라봄의 믿음의 법칙'이란 눈으로 바라보는 차원을 넘어 마음에 품는 것까지를 의미합니다. 이 법칙은 아주 많은 분야에 적용할 수 있습니다. 예를 들어, 어릴 때 어떤 인물을 존경하며 바라보느냐에 따라 아이의 장래가 달라질 수 있습니다.

더욱이 신앙 안에서는 누구를 바라보며 닮아가기 위해 노력하느냐에 따라 신앙의 모습이 크게 달라질 수 있습니다. 자녀들의 신앙은 가까이에서 바라보는 부모에 의해 가장 크게 영향을 받습니다. 이는 장성한 어른도 마찬가지입니다.

그렇다면 우리가 바라보고 나가야 할 온전한 신앙의 대상은 누구일까요? 바로 믿음의 주요 온전케 하시는 예수 그리스도이십니다(히 12:2). 주님의 마음과 거룩한 행실을 닮아 아름답게 변화되어야 합니다.

야곱은 가축들에게 바라봄의 법칙을 적용해 막대한 부를 쌓기 시작합니다. 그런데 야곱의 방법은 단지 정당한 품삯을 보상받으려는 순수한 마음만은 아니었습니다. 야곱이 사용한 방법은 실한 가축들이 물을 먹으러 와서 교미를 할 때 얼룩덜룩한 무늬의 나뭇가지를 보게 함으로써 그때 밴 새끼들이 얼룩얼룩하거나 점 있고 아롱진 것으로 나오게 하는 것이었습니다.

뿐만 아니라 야곱은 새끼 양을 구분하고 얼룩무늬와 검은 빛 있는 것으로 라반의 양과 서로 대하게 했습니다. 이는 라반의 양들로 하여금 평상시에도 얼룩무늬와 검은 빛 있는 양을 보도록 만들었다는 뜻입니다.

즉 새끼를 밸 때 얼룩덜룩한 나뭇가지를 보게 하는 것 외에도 라반의 흰 양들이 평상시에도 무늬 있고 검은 양들을 계속 보게 했다는 말입니다. 그리하여 라반의 양들이 바라봄의 법칙에 따라 더욱 확실하게 무늬 있고 얼룩덜룩하며 점 있는 새끼들을 많이 낳게 한 것입니다.

그러면 야곱이 "자기 양을 따로 두어 라반의 양이 섞이지 않게 하며" 했는데 그 이유는 무엇일까요? 야곱은 바라봄의 법칙을 교묘하게 적용하여 튼실한 양은 자신의 것이 되게 하고 부실한 양은 라반의 것이 되게 하려는 속셈이었습니다.

야곱이 단순히 그동안 품삯을 여러 번 바꾸며 자신을 속인 라반으로부터 정당한 대가를 얻으려고만 했다면, 이러한 야곱의 행동을 어느 정도 이해해 줄 수 있습니다. 하지만 정당한 품삯을 받으려는 차원을 넘어 라반의 튼실한 가축을 자신의 것으로 만들기 위해 교묘한 방법까지 동원한 것입니다.

이처럼 야곱은 하나님을 의지한다고는 하지만 여전히 자신의 생각을 동원하는 모습이 남아 있었기 때문에 하나님께서는 그를 연단하여 변화되도록 하셨습니다.

하나님을 의지한다는 것은 전폭적인 신뢰를 의미합니다. 야곱은 하나님을 믿고 의지한다 하면서도 늘 자기 나름대로 방법을 동원했습니다.

형 에서를 속이고 장자권을 빼앗을 때도, 아버지 이삭을 속이고 장자의 축복 기도를 받을 때도, 그리고 지금 자신이 노동한 대가를 얻고자 할 때도 자기 지혜가 동원되었지요.

'어차피 장자의 축복은 하나님께서 내게 주시기로 정한 것이고, 어차피 장자에게 주어지는 축복 기도는 내가 받아야 하는 것이니까…, 어차피 내가 일한 것에 대한 정당한 대가를 찾아오는 것이니까….' 야곱은 이렇게 이유를 댈 수도 있겠지만 그렇기 때문에 더더욱 자기가 앞서면 안 되었습니다. 어차피 하나님의 뜻 가운데 자신에게 돌아올 장자권이요, 장자의 축복임을 믿는다면, 라반으로부터 정당한 대가를 찾아올 것이었다면 모든 것을 하나님께 맡기고 하나님께서 이루시도록 했어야 한다는 말입니다.

하나님을 의지하여 모든 것을 맡기는 것과 자기 생각을 동원하는 것은 하나님의 역사가 전혀 다릅니다. 무슨 일이든 하나님께 맡기고 기도한 것은 하나님이 책임져 주십니다. 그런데 의외로 많은 사람이 하나님 말씀에 순종한다 하면서도 실제로는 자신이 앞서 이런저런 방법을 모색하는 것을 봅니다.

야곱의 경우도 바라봄의 법칙 자체는 하나님께서 주신 지혜였지만, 그것을 온전히 하나님의 방법대로 적용한 것은 아니었습니다. 물론 그의 입장에서는 "정상적인 방법으로는 도저히 라반으로부터 정당한 대가를 받을 수 없을 것 같아서 어쩔 수 없었다."고 말할 수 있습니다. 하지만 하나님께서는 야곱이 처한 상황보다 훨씬 더 힘든 상황에서도 아브라함을 축복해 가셨던 것을 봅니다.

창세기 20장을 보면 아브라함이 아내 사라를 그랄 왕 아비멜렉에게 빼앗기는 일이 있었습니다. 하나님께서는 아비멜렉에게 꿈으로 역사하여 사라를 돌려보내도록 하십니다. 이때 아비멜렉은 사라만 돌려보낸 것이 아니라 양과 소와 노비까지 아브라함에게 줍니다.

육적으로 보면 해결할 수 없는 어려운 상황에서 하나님께서 역사하시니 오히려 축복으로 돌아온 것입니다. 이처럼 어떤 상황에 있느냐가 중요한 것이 아닙니다. 하나님께서 역사하시면 능치 못할 일이 없으니 어떤 상황, 어떤 조건에서도 반드시 축복받고 응답받을 수 있습니다.

고향으로 돌아갈 준비를 하다

네 조상의 땅, 네 족속에게로 돌아가라

라반의 집을 떠나야 하는 이유를 말하는 야곱

라헬과 레아의 선하지 못한 답변

야곱 가족이 라반의 집을 몰래 떠나다

라반의 추격과 야곱을 지키신 하나님

드라빔을 찾지 못한 라반과 야곱의 항변

라반과 야곱이 불가침 조약을 맺다

1. 네 조상의 땅, 네 족속에게로 돌아가라

"야곱이 들은즉 라반의 아들들의 말이 야곱이 우리 아버지의 소유를 다 빼앗고 우리 아버지의 소유로 인하여 이같이 거부가 되었다 하는지라 야곱이 라반의 안색을 본즉 자기에게 대하여 전과 같지 아니하더라 여호와께서 야곱에게 이르시되 네 조상의 땅 네 족속에게로 돌아가라 내가 너와 함께 있으리라 하신지라"(31:1~3)

야곱은 외삼촌의 집에 살았지만 한편으로는 처가살이이기도 했습니다. 게다가 품꾼과 같은 처지이니 사람들의 눈치를 보며 몸을 사려야 했고, 양과 염소 떼가 늘어갈수록 라반의 동향을 살펴야 했습니다. 아니나 다를까, 야곱의 재산이 점점 늘자 라반과 그의 아들들은 불편한 감정을 드러내기 시작합니다.

하루는 라반의 아들들이 "야곱이 우리 아버지의 소유를 다 빼앗고 우리 아버지의 소유로 인하여 이같이 거부가 되었다"고 불평하는 소리가 들렸습니다. 라반 역시 야곱을 대하는 태도가 예전과 달랐습니다.

이를 통해 육의 사람의 마음이 어떠한지 알 수 있습니다. 육의 사람은 상대가 잘되는 것을 함께 기뻐해 주지 못합니다. 도리어 자신의 것이 침해당하지 않을까 서로 견제하기 바쁩니다. 부를 쌓아갈수록 야곱은 라반을 견제하고, 라반도 야곱을 견제했습니다.

서로 자기 유익만 구하니 야곱과 라반 사이에 화평이 깨어지는 것은 당연한 일입니다. 시기 질투하는 마음을 온전히 버리고 진리와 함께 기뻐하는 영적인 사랑이 임했을 때라야 진정 모든 사람과 더불어 화평할 수 있습니다.

또한 육의 사람은 설령 본인의 의도는 아니라 해도 사람들 사이를 이간하는 말이나 행동이 나오기도 합니다. 야곱의 소유가 늘어났다면 자연히 라반의 소유도 함께 늘어났을 것입니다. 그러니 만약 라반의 아들들이 라반에게 야곱에 대해 좋은 말만 전했다면 화평이 깨지지 않았을 것입니다.

잠언 17장 9절에 "허물을 덮어 주는 자는 사랑을 구하는 자요 그것을 거듭 말하는 자는 친한 벗을 이간하는 자니라" 했습니다. 라반의 아들들이 좀 더 선했다면 '그동안 야곱이 우리 집에서 수고한 것을 하나님께서 갚아 주시는가 보다.' 하고 모든 것을 하나님의 축복으로 인정할 수도 있습니다.

그러나 그들은 야곱이 아버지의 소유를 빼앗아 거부가 되었다 생각했고, 라반 앞에서 자신들의 생각을 거리낌없이 말했습니다. 이처럼 선하지 못한 라반의 아들들로 인해 라반과 야곱 사이는 점점 더 나빠질 수밖에 없었습니다.

상황이 이쯤 되자 야곱은 더 이상 라반과 함께 살 수 없었습니다. 이를 아시는 하나님께서 마침내 야곱에게 "네 조상의 땅 네 족속에게로 돌아가라 내가 너와 함께 있으리라" 말씀하십니다. 이제 고향으로 돌아갈 때가 되었음을 알려 주신 것입니다.

2. 라반의 집을 떠나야 하는 이유를 말하는 야곱

"야곱이 보내어 라헬과 레아를 자기 양 떼 있는 들로 불러다가 그들에게 이르되 내가 그대들의 아버지의 안색을 본즉 내게 대하여 전과 같지 아니하도다 그러할지라도 내 아버지의 하나님은 나와 함께 계셨느니라 그대들도 알거니와 내가 힘을 다하여 그대들의 아버지를 섬겼거늘 그대들의 아버지가 나를 속여 품삯을 열 번이나 변역하였느니라 그러나 하나님이 그를 금하사 나를 해치 못하게 하셨으며 그가 이르기를 점 있는 것이 네 삯이 되리라 하면 온 양 떼의 낳은 것이 점 있는 것이요 또 얼룩무늬 있는 것이 네 삯이 되리라 하면 온 양 떼의 낳은 것이 얼룩무늬 있는 것이니 하나님이 이같이 그대들의 아버지의 짐승을 빼앗아 내게 주셨느니라 그 양 떼가 새끼 밸 때에 내가 꿈에 눈을 들어 보니 양 떼를 탄 숫양은 다 얼룩무늬 있는 것, 점 있는 것, 아롱진 것이었더라 꿈에 하나님의 사자가 내게 말씀하시기를 야곱아 하기로 내가 대답하기를 여기 있나이다 하매 가라사대 네 눈을 들어 보라 양 떼를 탄 숫양은 다 얼룩무늬 있는 것, 점 있는 것, 아롱진 것이니라 라반이 네게 행한 모든 것을 내가 보았노라 나는 벧엘 하나님이라 네가 거기서 기둥에 기름을 붓고 거기서 내게 서원하였으니 지금 일어나 이곳을 떠나서 네 출생지로 돌아가라 하셨느니라"

(31:4~13)

하루는 하나님의 사자가 야곱의 꿈에 나타나 20년 전 벧엘에서 그와 약속한 것을 상기시키며 고향으로 돌아가라고 지시합니다. 야곱은 하나님의 지시에 따라 본격적으로 고향으로 돌아갈 준비를 합니다.

먼저는 라헬과 레아를 불러다가 그들의 아버지 라반이 자신을 대하는 모습이 전과 같지 않음을 설명합니다. 그러고는 라반이 그동안 품삯을 열 번이나 바꾸며 얼마나 부당한 대우를 했는지 굳이 하지 않아도 될 말까지 합니다. 그냥 하나님 섭리 가운데 고향으로 돌아가야 할 때가 왔다고 해도 되는데, 그는 라반을 힘껏 섬겼음에도 부당한 대우를 받았다고 거듭 강조합니다.

잘못은 모두 라반의 탓으로 돌리며 자신에게 유리한 쪽으로만 해석하여 말하는 것입니다. 더욱이 자신을 정당화하기 위해 하나님까지 언급했습니다. 곧 자신이 정당하니 하나님께서 라반의 짐승을 빼앗아 자신에게 주셨다고 합니다. 야곱은 라반의 재산을 기반으로 꾀를 내어 부를 쌓았는데도 모든 것이 하나님 뜻과 섭리라고 말합니다.

그리고 하나님께서 자신에게 주신 꿈 이야기를 아내들에게 들려주었습니다. 라반과 품삯 계약을 맺은 후, 양 떼가 새끼를 밸 무렵에 꾼 꿈입니다. 꿈에 보니 자신이 돌보는 양들에게 교미하려고 접근하는 숫양이 모두 얼룩무늬 있는 것과 점 있는 것과 아롱진 것이었습니다.

또 꿈 속에서 하나님의 사자가 "네 눈을 들어 보라 양 떼를 탄 숫양은 다 얼룩무늬 있는 것, 점 있는 것, 아롱진 것이니라 라반이 네게 행한 모든 것을 내가 보았노라"고 말했습니다. 꿈 이야기만 놓고 보면 얼룩무늬 있고 점 있으며 아롱진 양 떼를 얻은 것이 전적으로 하나님의 역사인 것처럼 들립니다. 그러나 이것은 야곱의 머리에서 나온 자기적인 방법이었습니다. 그럼에도 하나님께서 이러한 꿈을 보여 주시고 야곱이 자기 방법대로 부를 쌓도록 허락하신 이유는 그동안 성실히 행한 것에 대해 공의 가운데 합당한 열매를 거두게 하시려는 것입니다.

하나님께서는 야곱이 축복받도록 함께하며 지켜 주셨지만, 그가 동원한 방법까지 주관하신 것은 아닙니다. 야곱이 하나님께서 주신 지혜인 '바라봄의 법칙'을 나름대로 활용해 부를 쌓아 갈 수 있었을 뿐입니다. 상황이 이런데도 야곱은 마치 하나님께서 친히 보장하고 역사하신 것처럼 말합니다.

만약 야곱이 선했다면 자신의 정당함을 주장하기 위해 굳이 라반의 부당함을 드러내지는 않았을 것입니다. 또한 자기 생각과 지혜 가운데 한 일을 마치 하나님의 뜻처럼 포장하지도 않았겠지요.

육의 사람은 자신의 행동을 정당화하기 위해 다른 사람의 허물을 들추어내는 것을 봅니다. 상대의 허물이나 잘못을 부각시켜야 상대적으로 자신의 정당함을 인정받는다는 생각 때문입니다.

또는 '다른 사람은 이렇게 하는데 나는 그러지 않았다.'라든가, '다른 사람도 그러는데 왜 나만 잘못했다고 하느냐?'는 등 자신을 정당화하기 위해 다른 사람 탓을 하기도 합니다.

마치 하나님 뜻과 섭리에 따라 행한 것처럼 말함으로 자신의 행동을 정당화하는 경우도 있습니다. 잘못된 일은 무조건 남의 탓이고 자기에게 유리한 일은 하나님 뜻인 것처럼 주장하여 밀고 나가는 것입니다.

야곱은 라반과 함께하면서 오랫동안 연단을 받았는데도 아직 자기 생각과 방법을 동원합니다. 분명 그가 고향으로 가는 것은 하나님 섭리 안에 있는 일이지만 그의 처신은 옳지 않았습니다.

먼저 라반의 마음을 녹이거나 그와 화평할 방법을 찾기는커녕 어떻게든 자신의 것을 지키면서 동시에 불편한 상황을 모면하려 하기에 바빴습니다. 야곱이 급히 떠나려고 한 것은 라반이나 그의 아들들과의 갈등을 피해 보려는 의도가 컸습니다.

만약 그가 할아버지 아브라함처럼 "네가 좌하면 나는 우하고 네가 우하면 나는 좌하리라"는 마음을 가졌다면 그렇게 도망치듯 떠나려고 하지는 않았을 것입니다. 라반과의 관계를 잘 마무리한 후에 평화롭게 떠나려 했겠지요. 물론 야곱이 라반과 화평을 좇기 위해서는 그의 소유를 어느 정도 내주어야 할 수도 있습니다.

그는 그렇게까지 해서라도 화평을 좇으려는 마음보다는 자신의 것을 지키려는 마음이 더 컸습니다. 그러다 보니 아내들의 동의를 얻자마자 자녀들과 모든 소유를 챙겨서 라반에게 한마디 말도 없이 떠납니다.

3. 라헬과 레아의 선하지 못한 답변

"라헬과 레아가 그에게 대답하여 가로되 우리가 우리 아버지 집에서 무슨 분깃이나 유업이나 있으리요 아버지가 우리를 팔고 우리의 돈을 다 먹었으니 아버지가 우리를 외인으로 여기는 것이 아닌가 하나님이 우리 아버지에게서 취하신 재물은 우리와 우리 자식의 것이니 이제 하나님이 당신에게 이르신 일을 다 준행하라"(31:14~16)

라헬과 레아는 고향으로 돌아가고자 하는 남편 야곱의 제안에 순순히 따릅니다. 여기에는 숨은 뜻이 있었습니다. 그들도 그동안 아버지에게 불만이 쌓여 있었던 것입니다. 이러한 불만의 주된 원인은 재산 문제였습니다.

그들이 "하나님이 우리 아버지에게서 취하신 재물은 우리와 우리 자식의 것이니"라고 말한 것에서 재물에 대한 강한 집착이 드러납니다. 이는 그들이 야곱의 말에 따른 것이 단순히 라반의 부당한 처사 때문만은 아니라는 것을 말해 줍니다.

겉으로는 "이제 하나님이 당신에게 이르신 일을 다 준행하라"며 하나님 뜻을 좇으라는 식으로 말하지만 마음속에는 자기 유익을 구하며 자신들의 재산을 지키려는 의지가 담겨 있었습니다.

남편 야곱과 아버지 라반을 놓고 볼 때 야곱 편에 서는 것이 장래 자신들과 자녀들에게 훨씬 득이 된다 판단되자 아버지에 대한 도리마저 저버린 것입니다.

만약 라헬과 레아가 아버지에 대한 도리를 아는 사람이었다면 야곱의 제안에 어떻게 처신했을까요? 먼저 남편과 아버지 사이에 화해의 길을 찾았을 것입니다. 하지만 그들은 자신의 유익에 따라 적극적으로 남편의 편을 들어 줍니다.

일이 순탄하게 돌아가자 야곱은 마치 자신이 하나님 뜻과 섭리 가운데 축복받아 때가 되어 고향으로 가게 되었다고 생각했을 것입니다. 스스로 '하나님의 뜻을 잘 좇고 있다.'고 생각했겠지요. 바로 자신이 가진 비진리가 진리와 교묘하게 섞이면서 마치 자신의 행동이 진리인 것처럼 스스로 속고 있는 모습입니다. 이처럼 야곱은 여전히 깊은 내면에 자기 유익을 구하며 자기 생각과 방법을 좇으려는 마음이 있었는데도 깨우치지 못했습니다. 그러니 하나님께서는 그가 얍복 강가에서 철저히 깨어지도록 역사하십니다.

4. 야곱 가족이 라반의 집을 몰래 떠나다

"야곱이 일어나 자식들과 아내들을 약대들에게 태우고 그 얻은바 모든 짐승과 모든 소유물 곧 그가 밧단아람에서 얻은 짐승을 이끌고 가나안 땅에 있는 그 아비 이삭에게로 가려 할 새 때에 라반이 양털을 깎으러 갔으므로 라헬은 그 아비의 드라빔을 도적질하고 야곱은 그 거취를 아람 사람 라반에게 고하지 않고 가만히 떠났더라 그가 그 모든 소유를 이끌고 강을 건너 길르앗 산을 향하여 도망한 지 삼 일 만에 야곱의 도망한 것이 라반에게 들린지라" (31:17~22)

드디어 야곱은 밧단아람에서 모은 모든 짐승과 소유물을 가지고 가나안 땅을 향해 떠납니다. 그때가 양털 깎는 시기였으므로 라반은 집을 비운 상황이었습니다. 야곱은 그 틈을 이용해 몰래 도망치듯 떠났습니다. 라반에게 말하면 결코 순순히 보내려 하지 않을 것이기 때문입니다.

당시 야곱은 양 떼와 노비와 약대와 나귀가 많았고 이미 상당한 거부가 되어 있었습니다. 그러니 모든 짐승과 소유물을 챙겨서 떠난다는 것은 쉬운 일이 아닙니다. 이를 통해 야곱은 오래전부터 이런 날이 올 줄 예상하고 준비해 왔음을 짐작할 수 있습니다.

주도면밀하게 준비한 야곱은 떠나는 시점 역시 라반이 양털을 깎으러 나간 때를 선택했습니다. 이처럼 그는 오래전부터 라반의 눈을 피해 자신의 모든 소유물을 안전하게 빼돌리기 위해 준비했고, 라반의 상황도 예의주시하며 가장 적당한 때를 택해 떠납니다.

그런데 한 가지 예상치 못한 일이 생겼습니다. 라헬이 떠나기 전에 아버지 라반의 드라빔을 훔친 것입니다. 드라빔이란 구복(求福)과 점술, 신탁(神託) 행위와 관련해 당시 사람들 사이에 퍼져 있던 우상을 말합니다. 라반은 아브라함의 형제인 나홀의 손자로서 야곱과는 피를 나눈 친족이었습니다. 그러나 성경에 라반을 가리켜 '아람 사람'이라 표현하고 있듯이 그는 이방인들과 섞여 살면서 하나님을 섬기지 않았습니다. 그래서 당시 사람들이 점을 치며 신의 뜻을 알기 위해 지녔던 드라빔을 가지고 있었던 것입니다.

라헬이 드라빔을 훔친 까닭은 그것이 값나가는 물건이거나 물질에 욕심이 있어서가 아닙니다. 그동안 아버지에게 쌓인 감정 표현이며, 앙갚음이었습니다. 라반이 소중히 여기며 정신적으로 의지하고 있는 드라빔을 훔침으로써 그에게 타격을 주려 했던 것입니다.

이러한 행동은 자신이 받은 만큼 갚아 주려는 악한 마음에서 비롯된 것이지요. 상대가 가장 소중히 여기는 분야나 가장 약한 분야를 드러내서 상대의 마음을 아프게 하거나 해를 입히는 경우입니다.

야곱은 라헬이 드라빔을 훔친 사실을 모른 채 가족과 모든 소유를 이끌고 길르앗 산으로 향합니다.

5. 라반의 추격과 야곱을 지키신 하나님

"라반이 그 형제를 거느리고 칠 일 길을 쫓아가 길르앗 산에서 그에게 미쳤더니 밤에 하나님이 아람 사람 라반에게 현몽하여 가라사대 너는 삼가 야곱에게 선악 간 말하지 말라 하셨더라

라반이 야곱을 쫓아 미치니 야곱이 산에 장막을 쳤는지라 라반이 그 형제로 더불어 길르앗 산에 장막을 치고 라반이 야곱에게 이르되 네가 내게 알리지 아니하고 가만히 내 딸들을 칼로 잡은 자같이 끌고 갔으니 어찌 이같이 하였느냐 내가 즐거움과 노래와 북과 수금으로 너를 보내겠거늘 어찌하여 네가 나를 속이고 가만히 도망하고 내게 고하지 아니하였으며 나로 내 손자들과 딸들에게 입맞추지 못하게 하였느냐 네 소위가 실로 어리석도다 너를 해할 만한 능력이 내 손에 있으나 너희 아버지의 하나님이 어젯밤에 내게 말씀하시기를 너는 삼가 야곱에게 선악 간 말하지 말라 하셨느니라 이제 네가 네 아비 집을 사모하여 돌아가려는 것은 가하거니와 어찌 내 신을 도적질하였느냐

야곱이 라반에게 대답하여 가로되 내가 말하기를 외삼촌이 외삼촌의 딸들을 내게서 억지로 빼앗으리라 하여 두려워하였음이니이다 외삼촌의 신은 뉘게서 찾든지 그는 살지 못할 것이요 우리 형제들 앞에서 무엇이든지 외삼촌의 것이 발견되거든 외삼촌에게로 취하소서 하니 야곱은 라헬이 그것을 도적질한 줄을 알지 못함이었더라"(31:23~32)

야곱이 도망한 지 삼 일 만에 소식을 들은 라반은 곧바로 형제들을 불러 모은 뒤 서둘러 그들을 뒤쫓았습니다. 라반은 야곱이 도망했다는 소식에 매우 분노했습니다. 그는 갈 곳 없는 야곱을 거두어 먹이고 재워

주었으며 두 딸까지 아내로 주어 가정을 꾸리게 했습니다. 뿐만 아니라 부자로 만들어 주었는데 아무 말 없이 떠났다는 것이 너무나 괘씸했던 것입니다. 하지만 이것은 어디까지나 라반의 입장입니다.

야곱의 입장에서 보면 얼마든지 이유를 댈 수 있습니다. '만약 라반에게 말했다면 순순히 보내 주지 않았을 것이다. 그동안 외삼촌에게 충분히 은혜를 갚았다고 할 만큼 봉사해 주었다.' 등등 말입니다. 이처럼 자기 유익을 구하는 사람은 자기 입장을 먼저 생각합니다.

라반도 그동안 야곱이 충성 봉사해 준 것은 생각지 않고 은혜를 모른다고 여겨지니 불쾌했습니다. 그는 야곱이 몰래 떠나야 할 만큼 그간 자신이 눈치를 주고 홀대한 것은 생각지 않았지요. 야곱이 몰래 떠났다는 사실 자체만으로 괘씸하여 분이 났던 것입니다.

라반이 선한 사람이라면 '야곱이 왜 그렇게 할 수밖에 없었을까?' 하며 그의 입장을 조금이라도 이해하려고 했을 것입니다. 하지만 라반은 그러지 못했습니다.

마음이 선한 사람은 설령 상대가 이해하지 못할 말과 행동을 한다 해도 상대의 입장이나 형편, 믿음의 수준까지도 고려합니다. 상대가 잘못한 것은 기억하지 않고 잘한 것, 좋은 점만을 기억하려 합니다. 은혜를 저버린다 하여 서운해하거나 감정을 품지 않지요.

그러나 자기 유익만 구하는 라반에게는 야곱의 행동이 괘씸하기 짝이 없었습니다. 더구나 드라빔까지 없어진 것을 알았을 때 분을 이기지 못하고 당장에 형제들을 거느리고 추격해 갔습니다. 잔뜩 화가 나 있는 라반은 야곱 일행을 만나면 가만 두지 않을 기세였습니다.

라반이 야곱 일행에게 미치기 직전, 하나님께서 그의 꿈에 나타나셨습니다. 그리고 "야곱에게 선악 간 말하지 말라"고 말씀하십니다. 당시 라반은 하나님을 섬기지 않았지만 하나님에 대해서 알고 있었습니다.

창세기 30장 27절에 보면 라반이 야곱에게 "여호와께서 너로 인하여 내게 복 주신 줄을 내가 깨달았노니" 말합니다. 31장 29절에서도 "너희 아버지의 하나님이 어젯밤에 내게 말씀하시기를" 하여 그가 하나님에 대해 알고 있음을 말해 줍니다.

이처럼 라반은 하나님 능력이 얼마나 대단한지 알고 있었습니다. 그러기에 야곱에 대한 분노가 가득했지만 두려워서라도 감히 거역할 수 없었습니다. 야곱이 도망하듯 떠난 것에 대해 속이 부글부글 끓었지만 더 이상 아무 말도 할 수가 없게 된 것입니다.

길르앗 산에 이르러 야곱 일행을 따라잡은 라반은 마치 야곱이 두 딸을 위협하여 데리고 도망한 것처럼 책망합니다. 솔직하게 고향으로 떠나겠다고 말했다면 크게 잔치를 베푼 뒤 보내 주었을 텐데, 몰래 도망하여 딸들과 손자들에게 작별 인사도 하지 못하게 했다고 책망하듯 말합니다.

라반의 이 말이 사실이라면 도적을 쫓듯이 급히 야곱을 추격했을 리가 없습니다. 만약 라반의 말처럼 목적이 순수했다면 하나님께서 굳이 그의 꿈에 역사하셔서 야곱에게 분풀이하려는 것을 막지 않아도 되었겠지요. 그러나 라반이 야곱을 추격한 데에는 분명 해치려는 의도가 있었습니다. 이를 잘 아시는 하나님께서 미리 꿈으로 역사해 야곱을 지키신 것입니다.

라반의 말은 속내를 감춘 채 급히 추격해 온 자신의 행동을 정당화하려는 의도입니다. 곧이어 라반은 야곱의 목숨을 해칠 만한 힘과 능력이 있음을 과시합니다. 그럼에도 불구하고 그렇게 하지 않는 것은 꿈에 하나님께서 야곱에게 선악 간에 아무 말도 하지 말라고 하셨기 때문이라는 것입니다. 곧 지금이라도 당장 야곱을 해칠 수 있지만 하나님께서 막으시니 어쩔 수 없이 참는다는 의미입니다.

결국 라반은 하나님에 대한 두려움 때문에 야곱의 귀향을 허락합니다. 그러나 여전히 야곱을 곱게 보내고 싶지 않았기에 잃어버린 드라빔을 빌미로 시비를 겁니다. 야곱이 고향으로 돌아가는 데 대해서는 더 이상 아무 말도 할 수 없는 입장이지만 자신의 드라빔을 훔친 것만큼은 그냥 넘어갈 수 없다는 것입니다.

이에 야곱은 자신이 몰래 도망한 이유와 결백을 주장합니다. 먼저 그는 외삼촌이 라헬과 레아를 빼앗을까봐 두려워서 몰래 떠났다고 했습니다. 이는 진실하지 못한 대답입니다. 사실은 재산을 지키려고 알리지 않고 떠난 것인데, 라반이 자신의 아내들을 보내 주지 않을까봐 그랬다고 둘러대는 것입니다.

인간적인 도리를 하지 못한 것은 분명한 잘못임에도 야곱은 진실하지 못한 대답으로써 불리한 상황을 모면하려 하고 있습니다. 또 그때까지도 라헬이 드라빔을 훔친 사실을 모르는 야곱은 자기들의 짐을 조사하여 드라빔이나 라반의 물건이 있는지 찾아보라고 자신 있게 말합니다. 뿐만 아니라 "외삼촌의 신은 뉘게서 찾든지 그는 살지 못할 것이라" 하고 큰소리쳤습니다.

6. 드라빔을 찾지 못한 라반과 야곱의 항변

"라반이 야곱의 장막에 들어가고 레아의 장막에 들어가고 두 여종의 장막에 들어갔으나 찾지 못하고 레아의 장막에서 나와 라헬의 장막에 들어가매 라헬이 그 드라빔을 가져 약대 안장 아래 넣고 그 위에 앉은지라 라반이 그 장막에서 찾다가 얻지 못하매 라헬이 그 아비에게 이르되 마침 경수가 나므로 일어나서 영접할 수 없사오니 내 주는 노하지 마소서 하니라 라반이 그 드라빔을 두루 찾다가 얻지 못한지라 야곱이 노하여 라반을 책망할새 야곱이 라반에게 대척하여 가로되 나의 허물이 무엇이니이까 무슨 죄가 있기에 외삼촌께서 나를 불같이 급히 쫓나이까 외삼촌께서 내 물건을 다 뒤져 보셨으니 외삼촌의 가장집물 중에 무엇을 찾았나이까 여기 나의 형제와 외삼촌의 형제 앞에 그것을 두고 우리 두 사이에 판단하게 하소서 내가 이 이십 년에 외삼촌과 함께 하였거니와 외삼촌의 암양들이나 암염소들이 낙태하지 아니하였고 또 외삼촌의 양 떼의 숫양을 내가 먹지 아니하였으며 물려 찢긴 것은 내가 외삼촌에게로 가져가지 아니하고 스스로 그것을 보충하였으며 낮에 도적을 맞았든지 밤에 도적을 맞았든지 내가 외삼촌에게 물어내었으며 내가 이와 같이 낮에는 더위를 무릅쓰고 밤에는 추위를 당하며 눈 붙일 겨를도 없이 지내었나이다

내가 외삼촌의 집에 거한 이 이십 년에 외삼촌의 두 딸을 위하여 십사 년, 외삼촌의 양 떼를 위하여 육 년을 외삼촌을 봉사하였거니와 외삼촌께서 내 품값을 열 번이나 변역하셨으니 우리 아버지의 하나님, 아브라함의 하나님 곧 이삭의 경외하는 이가 나와 함께 계시지 아니하셨더면 외삼촌께서 이제 나를 공수로 돌려 보내셨으리이다마는 하나님이 나의 고난과 내 손의 수고를 감찰하시고 어젯밤에 외삼촌을 책망하셨나이다"(31:33~42)

라반은 야곱과 레아 그리고 두 여종의 장막까지 뒤졌지만 아무것도 발견하지 못합니다. 이제 라헬의 장막만 남았습니다.

숨통을 조일 듯이 조마조마한 상황에서 라헬은 위기를 모면하기 위해 순간 한 가지 꾀를 짜냅니다. 드라빔을 낙타 안장 밑에 감추고 태연스럽게 그 위에 앉은 것입니다. 그리고 자신의 장막을 살피러 온 아버지에게는 경수가 나서 일어나 영접할 수 없으니 이해해 달라고 그럴 듯한 거짓말을 합니다.

결국 라반은 드라빔을 찾지 못했습니다. 이때 라헬은 자신의 꾀로 위기를 모면했다 생각했겠지만 사실 라반이 라헬의 꾀에 넘어간 것은 하나님의 도우심이 있었기 때문입니다.

간교함이라면 라반이 결코 라헬에게 뒤질 사람이 아닙니다. 라헬의 행동을 미심쩍게 여기고 작정하여 뒤졌다면 결국 드라빔을 찾아냈을 것입니다. 하지만 하나님께서는 야곱을 생각하여 피할 길을 열어 주셨습니다. 그렇다 하여 '하나님께서 비진리의 일을 가려 주시는구나.' 하고 오해해서는 안 됩니다.

이것은 공의에 어긋나지 않았기 때문에 가능했습니다. 라헬만 놓고 본다면 그의 잘못을 가려 주실 수 없었겠지만 야곱을 생각하여 지켜 주신 것입니다. 만일 야곱이 드라빔을 훔친 사실을 알고도 모른 척했다면 상황은 달라졌을 것입니다. 하지만 야곱은 라헬이 드라빔을 훔친 사실을 전혀 몰랐기 때문에 하나님께서 지켜 주셨습니다.

또한 라헬이 드라빔을 훔친 사실이 발각되면 개인의 문제로 끝나지 않습니다. 분명 라반은 야곱에게까지 책임을 돌렸을 것입니다. 드라빔을 훔친 일과 상관없는 야곱이 해를 입어서는 안 되기에 하나님께서는 발견되지 않도록 역사하셨습니다. 라반이 장막을 다 뒤진 뒤에도 드라빔을 찾지 못하자 분위기는 순간에 역전됩니다. 애매한 사람을 도적으로 몰았으니 그는 매우 난처한 입장이 되었고 야곱은 전세를 역전시킬 절호의 기회를 잡은 것입니다.

이 좋은 기회를 놓칠 야곱이 아닙니다. 지금까지는 야곱이 몰래 도망한 것 때문에 한 발 뒤로 물러나 수그리고 있는 상태였습니다. 그런 야곱이 자신의 무죄가 밝혀지자 "제가 무슨 잘못을 했습니까? 무슨 죄를 졌다고 이처럼 불같이 저를 쫓아오셨습니까?" 하고 따지기 시작합니다. 라반이 겉으로는 딸들과 손자들에게 작별 인사라도 하러 온 것처럼 말했지만 그의 속마음을 야곱이 모를 리 없습니다. 그러니 그의 속마음을 꼬집어 책망한 것입니다.

많은 사람이 자신에게 불리한 상황일 때는 자세를 낮추다가도 상황이 유리하게 바뀌면 언제 그랬냐는 듯이 목소리를 높입니다. 어쩔 수 없는 상황에서는 감정을 눌러 놓았다가 기회가 오면 이전의 감정까지 분출시키는 것입니다. 이런 사람은 자신에게 유익되는 사람에게는 잘하지만 그렇지 않은 사람에게는 소홀하고 무례히 대하기도 합니다. 또 윗사람을 섬길 때도 질서나 권세 앞에 굴복할 뿐 마음 중심에서 섬기지는 못하지요. 야곱도 마찬가지였습니다.

라반이 급히 쫓아왔을 때 야곱은 마음 중심에서 자신을 낮춘 것이 아닙니다. 자신의 행동이 정당하지 못하고 상황이 불리하니 그 순간의 위기만을 모면하려 했지요. 그러다가 상황이 유리해지자 이내 언성을 높이며 화를 내고 있습니다. 야곱은 그동안의 서운함과 감정까지 함께 드러내며 라반을 몰아세웁니다. 자신이 얼마나 성실하게 라반의 양 떼를 돌보았으며 얼마나 큰 유익을 주었는지 말합니다. 나아가 레아와 라헬을 얻기까지 14년, 양 떼를 위해 6년간 봉사하는 등 충성스럽게 섬겼는데도 라반이 품값을 열 번이나 바꾸며 홀대했다고 책망합니다.

여기에 야곱은 자신의 정당함을 주장하고자 하나님 이름까지 끌어들입니다. 하나님께서 지난 20년 동안 자기의 고난과 수고를 감찰하시고 어젯밤 라반의 꿈에 나타나 책망하며 자신을 지켜 주셨다는 것입니다.

그동안 야곱이 라반의 부당한 처사에 따지지 않고 참은 것이 결코 선한 마음으로 그런 것이 아님을 짐작할 수 있습니다. 그러니 더 아쉬울 것도 없고 라반이 불리해지자 한껏 서운함을 토로한 것입니다. 비록 라반이 간교하게 속였고 잘한 일이 없다 해도 이런 야곱의 모습은 하나님 앞에서 선하다 인정받기에는 많이 부족합니다.

7. 라반과 야곱이 불가침 조약을 맺다

"라반이 야곱에게 대답하여 가로되 딸들은 내 딸이요 자식들은 내 자식이요 양 떼는 나의 양 떼요 네가 보는 것은 다 내 것이라 내가 오늘날 내 딸들과 그 낳은 자식들에게 어찌할 수 있으랴 이제 오라 너와 내가 언약을 세워 그것으로 너와 나 사이에 증거를 삼을 것이니라

이에 야곱이 돌을 가져 기둥으로 세우고 또 그 형제들에게 돌을 모으라 하니 그들이 돌을 취하여 무더기를 이루매 무리가 거기 무더기 곁에서 먹고 라반은 그것을 여갈사하두다라 칭하였고 야곱은 그것을 갈르엣이라 칭하였으니

라반의 말에 오늘날 이 무더기가 너와 나 사이에 증거가 된다 하였으므로 그 이름을 갈르엣이라 칭하였으며 또 미스바라 하였으니 이는 그의 말에 우리 피차 떠나 있을 때에 여호와께서 너와 나 사이에 감찰하옵소서 함이라 네가 내 딸을 박대하거나 내 딸들 외에 다른 아내들을 취하면 사람은 우리와 함께할 자가 없어도 보라 하나님이 너와 나 사이에 증거하시느니라 하였더라

라반이 또 야곱에게 이르되 내가 너와 나 사이에 둔 이 무더기를 보라 또 이 기둥을 보라 이 무더기가 증거가 되고 이 기둥이 증거가 되나니 내가 이 무더기를 넘어 네게로 가서 해하지 않을 것이요 네가 이 무더기, 이 기둥을 넘어 내게로 와서 해하지 않을 것이라 아브라함의 하나님, 나홀의 하나님, 그들의 조상의 하나님은 우리 사이에 판단하옵소서 하매 야곱이 그 아비 이삭의 경외하는 이를 가리켜 맹세하고 야곱이 또 산에서 제사를 드리고 형제들을 불러 떡을 먹이니 그들이 떡을 먹고 산에서 경야하고 라반이 아침에 일찍이 일어나 손자들과 딸들에게 입맞추며 그들에게 축복하고 떠나 고향으로 돌아갔더라"
(31:43~55)

야곱의 항변에 라반은 수긍하지 않습니다. 라반도 자기 입장에서 할 말이 있었습니다. 애초부터 딸이든 양 떼든 야곱이 가진 것은 다 자신의 것이었다고 반박하지요. 다시 말해 "오갈 데 없는 너를 거둬 주고 아내와 자녀를 얻게 해 주었으며 재산도 늘리게 해 주지 않았느냐? 그러니 고마운 줄을 알라."는 말입니다.

이처럼 라반과 야곱은 한 치의 양보도 없이 자신의 입장에서만 보고 자신만 옳다고 주장합니다. 그럼에도 불구하고 라반이 야곱을 보내 주는 이유는 꿈으로 지시하신 하나님을 두려워했기 때문입니다.

그러나 진심에서 하나님을 경외하거나 그 뜻대로 따르려는 마음은 아니었습니다. 여전히 마음이 불편한 상태였지요. 끝까지 주도권을 놓치고 싶지 않았던 라반은 야곱에게 "이제 오라 너와 내가 언약을 세워 그것으로 너와 나 사이에 증거를 삼을 것이니라" 합니다.

야곱은 라반의 제의를 받아들여 언약의 증표로 돌기둥을 세웁니다. 그리고 그곳에 함께 있던 친척들에게 돌무더기를 쌓게 했습니다. 라반은 그곳을 야곱과 자기 사이에 언약의 증거가 된다 하여 '여갈사하두다'라 이름 붙였습니다. 이는 아람어로 '증거의 무더기'라는 뜻입니다. 야곱도 같은 의미를 담아 히브리어로 '갈르엣'이라고 불렀습니다.

야곱과 라반이 언약을 맺은 곳은 '여갈사하두다'와 '갈르엣' 외에 '미스바'라고도 불렀습니다. '미스바'는 '지켜보는 자(망대)'라는 뜻인데 이 이름은 야곱과 라반이 서로 떠나 있을 때에 언약을 지키는지 하나님께서 지켜봐 주시기 바란다는 뜻에서 붙여진 이름입니다.

라반은 야곱에게 앞으로 자신의 딸을 박대하거나 다른 여인을 취하지 않겠다고 하나님 앞에 약속하게 합니다. 또한 자신도 경계를 넘어서 야곱에게 가지 않을 테니 야곱도 경계를 넘어와서 자신에게 해를 입히는 일이 없도록 하나님 앞에 약속하라고 요구합니다. 이러한 라반의 태도만 보더라도 그동안 그가 야곱을 어떻게 대했는지 알 수 있습니다.

그의 입장에서 볼 때 야곱은 자기의 조카이며 두 딸의 남편이자 외손자들의 아버지입니다. 그럼에도 경계선을 그어 놓고 앞으로는 서로가 넘어가지 말자고 합니다. 이제 헤어지면 인연을 끊고 남남이 되는 것처럼 매정하게 대했던 것입니다. 얼마나 덕과 사랑이 없는 모습인지요.

라반도 무정하지만 그의 요구를 얼른 받아들인 야곱도 하나님 보시기에 결코 선한 것은 아니었습니다. 물론 야곱은 하나님이 주관하셔서 라반으로부터 독립해 나왔습니다. 그렇다고 박정하게 선을 긋고 인연을 끊어야 하는 것은 아닙니다.

야곱과 라반, 두 사람이 선했다면 어떻게 되었을까요? 굳이 관계를 단절하지 않고도 각자의 터전을 일구며 축복받아 나갈 수 있었습니다. 오히려 서로 연합하며 유익을 주었다면 주변 족속들도 두려워할 만한 큰 세력으로 성장할 수 있었을 것입니다.

그러나 두 사람은 선을 긋고 갈라섰습니다. 야곱도 라반에게 다시 돌아갈 마음이 없었고, 관계가 단절된다 해서 손해될 것 같지 않았기에 라반의 제안을 받아들인 것입니다. 두 사람 다 합당한 마음은 아니었지만 하나님 편에서 보실 때 그들의 중심은 큰 차이가 있었습니다. 이는 서로 언약하는 장면에서 잘 나타납니다.

라반은 "아브라함의 하나님, 나홀의 하나님, 그들의 조상의 하나님은 우리 사이에 판단하옵소서" 했습니다. 그에게 있어 하나님은 아브라함과 나홀이 믿었던 하나님이요, 조상의 하나님이었습니다. 물론 조상들을 통해 하나님에 대해 듣고 배웠지만 막연하게 알 뿐, 모든 것을 섬세하게 주관하시는 자신의 하나님으로 경외하지는 못했습니다.

하지만 야곱은 그 아비 이삭의 경외하는 이를 가리켜 맹세합니다. 야곱에게 하나님은 할아버지 아브라함의 하나님일 뿐 아니라 아버지 이삭의 하나님이요, 동시에 이삭의 기도를 보장하여 자신을 지금까지 인도하고 축복하신 '나의 하나님'이기도 했기 때문입니다.

야곱의 신앙은 머리로만 아는 지식적인 신앙이 아니라 살아 역사하시는 하나님을 마음으로 믿고 경외하는 신앙이었습니다. 또한 야곱은 그곳에서 제사를 드리고 형제들을 불러 함께 음식을 먹었습니다. 그는 사람 사이의 언약은 파기하면 그만이지만, 하나님 앞에서 인친 언약은 보장하신다는 것을 믿었습니다. 그래서 하나님께 제사를 드림으로 하나님의 인정을 받으려 했던 것입니다.

이처럼 야곱의 마음에는 신실한 아브라함과 이삭을 통해 배운 참된 신앙이 자리 잡고 있었습니다. 집을 떠난 지 20년이나 지났는데도 그의 신앙은 변하지 않았습니다. 이 같은 중심이었기에 하나님께서는 그를 택하여 이스라엘의 조상으로 세우신 것입니다.

다음 날 아침, 라반은 손자들과 딸들에게 작별 인사를 하고 복을 빌어 준 뒤 고향으로 돌아갔습니다. 야곱도 그리운 아버지의 집을 향해 발걸음을 재촉합니다. 그러나 그 앞에 기다리는 것은 따뜻한 환대가 아니었습니다. 생명을 위협받는 큰 시련이었습니다. 20년을 연단받고도 아직 '자기'가 남아 있는 야곱에게 철저히 깨어지고 변화되어야만 하는 결정적인 순간이 다가오고 있었습니다.

치열한 영적 전쟁, 야곱의 승리

영안이 열려 하나님의 사자들을 보다

에서와 화해를 시도한 야곱

진퇴양난의 위기에 빠진 야곱의 간구

여전히 자기 방법대로 행하는 야곱

얍복 강에서 환도뼈가 위골되다

네 이름을 이스라엘이라 부를 것이니

1. 영안이 열려 하나님의 사자들을 보다

"야곱이 그 길을 진행하더니 하나님의 사자들이 그를 만난지라 야곱이 그들을 볼 때에 이르기를 이는 하나님의 군대라 하고 그 땅 이름을 마하나임이라 하였더라"(32:1~2)

가나안 땅으로 가는 길에 하나님께서는 야곱에게 잠시 영의 세계에서 일어나고 있는 일을 보여 주셨습니다. 하나님의 사자들을 만난 것입니다. 하나님의 사자들을 본 야곱은 군사와 같은 복장을 한 그들을 가리켜 '하나님의 군대'라 표현합니다. 그들은 천사장 중에서 군대 장관이라 할 수 있는 미가엘의 휘하에 있는 천사들이었습니다.

하나님께서는 왜 야곱의 영안을 열어 천사들을 보게 하신 것일까요? 하나님께서 천사들을 통해 지키며 그와 함께하신다는 사실을 알려 주기 위함이었습니다. 야곱이 온전히 '자기'를 깨뜨릴 수 있도록 하나님께서 결정적인 연단의 시간을 허락하시는데, 그에 앞서 야곱에게 위로와 힘을 주기 원하셨습니다.

그러나 야곱은 왜 하나님께서 군대를 보내셨는지 그 뜻을 깨닫지 못했습니다. 단지 하나님의 군대를 보았다는 것에 의미를 두고 그 땅 이름을 '마하나임'이라 부릅니다.

이처럼 하나님의 군대가 야곱 앞에 나아간 이유는 무엇일까요? 하나님의 섭리를 이루는 과정에서는 항상 영계의 싸움이 있기 때문입니다.

앞으로 야곱이 직면할 위기 상황은 육의 눈으로 볼 때는 형 에서와의 오랜 감정 싸움입니다. 그러나 영적으로 보면 야곱을 도우시는 하나님의 군대와 하나님을 대적하는 악한 영들의 싸움이지요. 하나님께서는 야곱이 영적인 싸움에서 승리하도록 하나님의 군대를 보내신 것입니다.

만약 야곱이 영적으로 깨어 있었다면 하나님의 군대를 보여 주신 의미를 깨달았을 것입니다. 그랬다면 에서를 만나러 갈 때 걱정하거나 두려워하지 않았을 것입니다. "하나님께서 나와 함께하신다." 하며 담대히 대처할 수 있었겠지요. 그러나 야곱은 깨달음이 없었기에 단순히 본 것으로 그치고 말았습니다.

야곱의 할아버지 아브라함은 항상 영적으로 깨어 있었기에 하나님께서 어떤 일을 행하셨을 때에 즉시 그 의미를 깨닫고 자신이 행할 바를 행했습니다. 예를 들어, 멜기세덱이나 소돔 성을 감찰하러 오신 하나님 일행을 만났을 때도 그는 즉시 알아보았습니다. 뿐만 아니라 그 상황에서 자신이 해야 할 바를 정확히 주관받아 행했습니다. 이는 하나님 마음을 얼마나 닮았고 얼마나 느끼느냐에서 오는 차이입니다.

하나님께서 똑같은 것을 보여 주셔도 사람마다 깨달음의 깊이가 다르고 마음에서 느끼는 은혜가 다릅니다. 아직은 온전히 하나님 마음을 닮거나 깨닫지 못한다 해도 얼마나 영적으로 깨어 있고 성령 충만함 속에 있느냐에 따라 영적 깨달음의 깊이가 달라집니다.

야곱은 하나님께서 영안을 열어 하나님의 군대를 보여 주셨는데도 그 의미를 자신과 연관시키지 못했습니다. 그러니 현실 앞에서 두려움을 떨쳐 버리지 못하고 계속 자신의 지혜와 능력을 의지하려고 합니다. 그러다 마침내 '자기'가 철저히 깨어지는 역사가 일어납니다.

2. 에서와 화해를 시도한 야곱

"야곱이 세일 땅 에돔 들에 있는 형 에서에게로 사자들을 자기보다 앞서 보내며 그들에게 부탁하여 가로되 너희는 이같이 내 주 에서에게 고하라 주의 종 야곱이 말하기를 내가 라반에게 붙여서 지금까지 있었사오며 내게 소와 나귀와 양 떼와 노비가 있사오므로 사람을 보내어 내 주께 고하고 내 주께 은혜 받기를 원하나이다 하더라 하라 하였더니 사자들이 야곱에게 돌아와 가로되 우리가 주인의 형 에서에게 이른즉 그가 사백 인을 거느리고 주인을 만나려고 오더이다"(32:3~6)

야곱은 아직 에서와의 감정 문제가 해결되지 않은 상태에서 그를 만난다는 것이 두려울 수밖에 없었습니다. 그는 궁리 끝에 에서에게 사자들을 보내기로 마음먹습니다. 그리고 에서에게 전할 말을 그들에게 지시합니다. 지금까지 자기가 외삼촌 라반의 집에서 지냈으며 많은 재산이 있다는 것과, 에서와 화해하기를 원한다는 내용입니다.

이때 사자들을 보내는 야곱의 태도는 예전과는 많이 달랐습니다. 20년 전, 야곱은 형 에서를 존중하지도 않고 간교하게 그의 약점을 이용해 장자권을 빼앗았습니다. 또 아버지 이삭을 속이고 에서가 받을 축복 기도까지 가로챘습니다. 그러면서도 '정말 형에게 잘못했구나! 형의 입장에서는 노여워할 만하다.' 생각하지 않았습니다. '나는 정당한 방법으로 장자권을 샀고, 축복 기도를 받은 것도 어머니 지시에 따랐을 뿐 내 잘못은 아니다. 또 축복은 장자권을 가진 내가 받아야 마땅하지 않은가?'라고 자신의 정당성만 주장했습니다.

만약 야곱이 예전 모습으로 돌아왔다면 개선장군처럼 큰소리치고 자신을 과시하려 했을 것입니다. 또다시 간교한 꾀를 내어 에서의 노여움을 피해 볼까만 생각했겠지요. 그러나 20년간 많은 연단을 거친 야곱은 달라졌습니다.

지난 일들을 돌아보니 에서가 노여워할 만하다 여겨졌고 어찌하든 형의 마음을 풀어드려야겠다 생각했습니다. 물론 확신은 없었지만 최대한 자신을 낮추며 방법을 찾았습니다. 하나님께 온전히 의뢰하지 못하고 아직도 육신의 생각을 동원했지만 에서의 마음을 녹이려고 노력하는 것만도 확실히 이전과는 달라진 모습입니다.

야곱은 에서에게 사람을 보낼 때도 "주의 종 야곱"이라 하여 자신을 낮추어 말합니다. 그러면서 "내가 라반에게 붙여서 지금까지 있었다"고 한 것은 자기가 라반 밑에서 얼마나 고생하고 눈칫밥을 먹었는지, 얼마나 마음이 낮아졌는지 드러내기 위함이었습니다.

혈육인 동생이 긴 세월 동안 외삼촌 밑에서 설움을 겪었다고 하면 동정심에 형의 마음이 좀 누그러지지 않을까 기대한 것입니다. 그러면서 자신의 많은 소유 중 일부를 형에게 줄 수 있으니 예전 일은 다 잊고 용서해 달라고 청합니다.

연단은 이처럼 사람을 변화시킵니다. 형을 존중하지 않고 어찌하든 그의 것을 취하려던 야곱입니다. 그러나 이제는 낮아진 모습으로 에서를 '내 주'라 고백하기에 이르렀습니다. 간교한 방법으로 속이려 들지 않고 선한 방법으로 노여움을 풀려고 합니다.

그렇다 하여 야곱이 온전히 변화되고 깨어진 것은 아닙니다. 에서에게 '주'라 부르며 자신을 낮춘 것은 백 퍼센트 미안한 마음에서 나온 것만은 아닙니다. 잘못에 대한 미안함도 있었지만 당장 직면한 상황 속에서 살 길을 찾기 위해 나름대로 방법을 동원한 것입니다.

자신의 잘못을 철저히 회개한 것도 아니고, 온전히 자신을 낮추어 에서의 마음에 맞추기보다 어떻게든 지금의 난처한 상황을 모면해 보고자 하는 마음이 컸습니다. 만약 야곱이 백 퍼센트 선한 마음으로 에서를 섬겼다면 상황은 달라졌을 것입니다. 하나님께서도 신속히 응답하셨겠지요. 그러나 아직은 그렇지 못했기에 하나님께서도 야곱이 온전히 깨어지기까지 기다리며 지켜보고 계셨습니다.

야곱은 겸비한 말로 형 에서를 녹이려 했지만 결과는 마음대로 되지 않았습니다. 에서에게 화해를 청하러 갔던 사자들이 가져온 소식에는 일말의 희망도 없었습니다. 오히려 에서가 400명이나 되는 사람들을 거느리고 오고 있다는 것입니다.

3. 진퇴양난의 위기에 빠진 야곱의 간구

"야곱이 심히 두렵고 답답하여 자기와 함께한 종자와 양과 소와 약대를 두 떼로 나누고 가로되 에서가 와서 한 떼를 치면 남은 한 떼는 피하리라 하고 야곱이 또 가로되 나의 조부 아브라함의 하나님, 나의 아버지 이삭의 하나님 여호와여 주께서 전에 내게 명하시기를 네 고향, 네 족속에게로 돌아가라 내가 네게 은혜를 베풀리라 하셨나이다 나는 주께서 주의 종에게 베푸신 모든 은총과 모든 진리를 조금이라도 감당할 수 없사오나 내가 내 지팡이만 가지고 이 요단을 건넜더니 지금은 두 떼나 이루었나이다

내가 주께 간구하오니 내 형의 손에서 에서의 손에서 나를 건져내시옵소서 내가 그를 두려워하옴은 그가 와서 나와 내 처자들을 칠까 겁냄이니이다 주께서 말씀하시기를 내가 정녕 네게 은혜를 베풀어 네 씨로 바다의 셀 수 없는 모래와 같이 많게 하리라 하셨나이다"(32:7~12)

20년 만에 그리운 고향으로 돌아가는 야곱을 기다리는 것은 가족의 따뜻한 환대가 아니라 400명을 이끌고 오는 형 에서였습니다. 자칫하면 공들여 모은 재산은 물론 생명까지도 잃을 수 있는 상황입니다. 마침내 자신의 한계에 다다라 하나님께만 의지해야 할 때가 온 것입니다.

물론 야곱이 피할 길이 전혀 없는 것은 아니었습니다. 라반과의 약속 때문에 뒤로 돌아갈 수는 없다 해도 다른 곳으로 떠날 수 있었습니다. 하지만 야곱은 그렇게 하지 않았습니다. 형 에서가 버티고 있다는 것을 알면서도 고향으로 가는 일을 포기하지 않습니다. "네 고향, 네 족속에게로 돌아가라"는 것이 하나님 말씀이요 명령이기 때문입니다.

이것이 야곱이 하나님의 선택을 받아 쓰임 받을 수 있었던 중요한 이유입니다. 야곱은 비록 자신의 생각과 지혜를 동원했지만 결코 하나님 뜻을 벗어나려 하지 않았습니다. 육적인 방법을 동원한 것도 하나님 뜻에 일부러 불순종하려는 의도가 아니라 아직 자기가 남아 있었기 때문입니다.

막상 형 에서가 400명이나 이끌고 온다는 소식을 듣고 야곱은 너무나 두렵고 답답하였습니다. 그는 다급히 종들과 양과 소와 약대를 두 떼로 나누었습니다. 에서가 한 떼를 공격하더라도 다른 한 떼는 도망시켜 피해를 최대한 줄이려고 한 것입니다. 소유의 절반이라도 지키고 자신의 생명도 구하려는 의도였습니다.

야곱은 처음부터 모든 것을 하나님께 맡기지는 못했습니다. 급박한 상황이 닥치자 결국 자기적인 방법을 동원해 나름대로 조치를 취한 다음에야 하나님 앞에 기도하는 것을 봅니다.

"내가 주께 간구하오니 내 형의 손에서 에서의 손에서 나를 건져내시옵소서 … 주께서 말씀하시기를 내가 정녕 네게 은혜를 베풀어 네 씨로 바다의 셀 수 없는 모래와 같이 많게 하리라 하셨나이다"

만약 자신의 방법이 완벽하고 순조롭게 진행되리라는 확신이 있었다면 굳이 하나님을 의뢰하지 않았을 것입니다. 나름대로 조치를 해 놓은 후에도 여전히 두려움이 떨쳐지지 않자 그제야 기도하고 있는 것입니다. 두려움이 있다는 것은 하나님을 온전히 의뢰하지 못한 증거이자 자기가 남아 있다는 증거이지요.

예전에 하나님께서 주신 언약을 기억하여 기도하고 있지만 이것도 순전히 자기 위주였습니다. 하나님께서 예전에 나에게 이렇게 축복을 주신다고 약속하셨으니 지금 그 말씀대로 보장하여 에서로부터 지켜 주시라는 것입니다. 물론 하나님의 약속을 믿기에 그 말씀을 붙잡고 기도하는 것은 맞습니다. 하지만 무조건 예전에 축복하신다 약속하셨으니 지금 그대로 이루어 달라는 기도는 합당하지 않습니다.

그러면 야곱은 어떻게 기도했어야 할까요? "저에게 주신 언약대로 이루어질 것을 믿습니다. 언약이 이뤄지기 위해 지금 저에게 부족한 것이 무엇이고, 제가 어떻게 해야 하는지를 알려 주세요."라고 간구해야 합니다. 곧 자신이 하나님의 보장을 받기에 합당한 모습으로 변화되기 위해 노력하면서 약속대로 이루어 달라고 기도해야 하지요.

4. 여전히 자기 방법대로 행하는 야곱

"야곱이 거기서 경야하고 그 소유 중에서 형 에서를 위하여 예물을 택하니 암염소가 이백이요 수염소가 이십이요 암양이 이백이요 숫양이 이십이요 젖 나는 약대 삼십과 그 새끼요 암소가 사십이요 황소가 열이요 암나귀가 이십이요 그 새끼 나귀가 열이라 그것을 각각 떼로 나눠 종들의 손에 맡기고 그 종들에게 이르되 나보다 앞서 건너가서 각 떼로 상거가 뜨게 하라 하고 그가 또 앞선 자에게 부탁하여 가로되 내 형 에서가 너를 만나 묻기를 네가 뉘 사람이며 어디로 가느냐 네 앞엣 것은 뉘 것이냐 하거든 대답하기를 주의 종 야곱의 것이요 자기 주 에서에게로 보내는 예물이오며 야곱도 우리 뒤에 있나이다 하라 하고 그 둘째와 셋째와 각 떼를 따라가는 자에게 부탁하여 가로되 너희도 에서를 만나거든 곧 이같이 그에게 고하고 또 너희는 말하기를 주의 종 야곱이 우리 뒤에 있다 하라 하니 이는 야곱의 생각에 내가 내 앞에 보내는 예물로 형의 감정을 푼 후에 대면하면 형이 혹시 나를 받으리라 함이었더라"
(32:13~20)

야곱은 자기 뜻대로 기도를 올리고 나서도 여전히 이런저런 방법을 모색합니다. 앞서 사람들을 보내 에서의 마음을 풀려는 일이 뜻대로 되지 않자 이번에는 가축 떼를 보내면서 다시 한 번 겸비한 태도를 보입니다. 사람의 마음을 잘 아는 야곱은 형의 마음을 흡족하게 할 만한 예물을 함께 보낸 것입니다.

여기서 야곱의 모습을 다시 한 번 볼 수 있습니다. 생명이 걸린 상황에서도 끝까지 계산적이지요. 그가 준비한 예물은 오백 마리가 넘는 소와 양, 염소, 약대, 나귀들로 결코 적은 양이 아닙니다. 하지만 야곱의 전 재산에 비하면 그리 많은 것도 아니었습니다.

만약 에서에게 목숨을 잃는다면 그 많은 재산이 무슨 소용이 있겠습니까. 그런데 이처럼 절박한 순간에도 '어느 정도 예물을 주면 형의 마음을 녹일 수 있을까?'를 생각하여 그 선까지만 내어주는 것을 봅니다. 아직 자신을 다 내어줄 만큼 낮아지고 겸비해진 것은 아니었지요.

야곱은 형에게 예물로 보낼 가축들을 각각 떼로 나누어 종들의 손에 맡기고 "나보다 앞서 건너가서 각 떼로 거리를 두게 하라"고 지시했습니다. 예물을 한꺼번에 보내기보다는 여러 떼로 나누어 거리를 두고 보내는 것이 에서의 분노를 누그러뜨리는 데 더 효과적이라고 생각했기 때문입니다.

또 형 에서가 이것이 무엇이냐 묻거든 "주의 종 야곱의 것이요 자기 주 에서에게로 보내는 예물이오며 야곱도 우리 뒤에 있나이다" 대답하라고 시킵니다. 그것도 한 차례만이 아니라 세 떼로 나누어 보내면서 각각의 떼를 따라가는 사람들에게도 동일한 말을 하도록 합니다.

이때도 야곱의 계산적이고 치밀한 면을 볼 수 있습니다. 한 번에 안 될 것까지 고려하여 2차, 3차의 대비책까지 강구해 놓은 것입니다. 야곱이 하나님께 기도하며 의뢰하는 것 같지만, 한편으로는 계속 자기적인 생각과 방법이 나오고 있습니다.

물론 에서와 화평을 이루기 위해 예물을 보낸 일은 지혜로운 방법입니다. 하지만 문제는 어떠한 마음으로 했느냐입니다. 마음 중심에서 뉘우치고 모든 것을 내어줄 만큼 낮아진 마음에서 비롯되었다면 하나님께서도 합격 점수를 주어 문제를 해결받았을 것입니다. 그러나 아직 야곱은 그 정도로 겸비해지지 못했습니다.

아브라함도 한때 자기 나름대로 생각을 동원했다가 그것이 철저히 깨어지는 계기가 있었습니다. 기근을 피해 아내와 함께 애굽에 내려갔을 때의 일입니다. 애굽 사람들이 아내의 아리따움을 보고 혹여 그녀를 빼앗기 위해 자기의 생명을 위협할지 모른다는 생각에 "누이라 하라"고 시켰습니다. 그러나 이로 인해 아브라함은 오히려 아내를 빼앗기는 상황에 처하고 맙니다. 결국 하나님께서 역사하셔서 상황은 해결되었지만, 처음부터 솔직하게 말했다면 하나님께서 함께하셔서 아내를 빼앗기는 일이 없었을 것입니다.

이 사건을 계기로 아브라함은 자기 생각과 방법을 동원하는 것이 얼마나 헛된지 철저히 깨닫고 이후로는 오직 하나님만 의지하며 모든 것을 맡겼습니다. 야곱도 이런 모습이 되기 위해 지금까지 연단을 받았고, 마침내 얍복 강에서 철저히 자신을 깨뜨리는 결정적인 순간이 다가옵니다.

5. 얍복 강에서 환도뼈가 위골되다

"그 예물은 그의 앞서 행하고 그는 무리 가운데서 경야하다가 밤에 일어나 두 아내와 두 여종과 열한 아들을 인도하여 얍복 나루를 건널새 그들을 인도하여 시내를 건네며 그 소유도 건네고 야곱은 홀로 남았더니 어떤 사람이 날이 새도록 야곱과 씨름하다가 그 사람이 자기가 야곱을 이기지 못함을 보고 야곱의 환도뼈를 치매 야곱의 환도뼈가 그 사람과 씨름할 때에 위골되었더라 그 사람이 가로되 날이 새려 하니 나로 가게 하라 야곱이 가로되 당신이 내게 축복하지 아니하면 가게 하지 아니하겠나이다 그 사람이 그에게 이르되 네 이름이 무엇이냐 그가 가로되 야곱이니이다"(32:21~27)

어찌하든 형의 마음을 풀어보고자 예물을 보낸 야곱은 밤늦도록 이런저런 궁리를 해보았지만 자신의 힘과 능력으로는 어찌할 수 없는 상황임을 깨닫습니다. 일생일대 위기가 찾아온 것입니다. 그제야 야곱은 자신의 지혜와 방법을 내려놓고 오직 하나님께만 의뢰합니다.

그는 밤에 일어나 두 아내 레아와 라헬, 두 여종 실바와 빌하, 그리고 열한 명의 아들을 인도해 얍복 강을 건너게 하고 홀로 남습니다. 모든 재산도 강 건너편으로 옮겼습니다. 아직 종들에게서 회신이 오기 전인데 야곱은 갑작스럽게 왜 이런 행동을 했을까요?

긴 세월 자신을 깨뜨리지 못한 야곱이 마침내 철저히 깨어지는 순간을 맞기 위해서는 준비가 필요했습니다. 곧 나를 내려놓고 돌아보는 시간이 필요했지요. 이를 위해 하나님께서 그 마음을 주관하신 것입니다. 야곱이 자신보다 앞서 아내와 자녀들을 강 건너로 보낸 것은 모든 것을 내려놓고 하나님만을 의지한다는 의미가 담겨 있습니다.

조금 전까지만 해도 어느 정도 예물이면 형의 마음을 풀 수 있을까를 계산하며 적당한 타협점을 찾던 야곱이었습니다. 그런 그가 자신의 방법이 전혀 통하지 않는 상황이 되자 비로소 자기의 지혜와 계획이 아무런 소용이 없다는 것을 깨닫습니다. 그제야 야곱은 자신이 지키려 했던 생명, 가족, 재산 등을 모두 내려놓습니다. 모든 것을 전폭적으로 하나님 뜻에 맡긴 것입니다.

이처럼 어디 하나 의지할 곳이 없어지는 순간, 홀로 남겨진 듯한 순간이 오면 간절하고 절박해집니다. 문제를 해결해 줄 수 있는 단 한 분, 모든 것을 아시는 아버지 하나님께 간절하게 의지할 수밖에 없습니다. 나를 내려놓고 간절히 하나님을 찾으면 하나님께서는 고아와 같이 버려두지 않으십니다. 만나 주시고 응답해 주십니다. 나를 비울 때 비로소 채워지는 것입니다.

그러나 나를 내려놓는 것으로 끝나서는 안 됩니다. 더욱 중요한 것은 홀로 남은 야곱이 '씨름하여 이기는 것'입니다. 절체절명의 상황, 홀로 남은 야곱은 날이 새도록 어떤 사람과 씨름을 했습니다. 야곱이 씨름한 대상은 누구일까요? 그는 하나님께서 보내신 천사였습니다. 좀 더 구체적으로 말하면 미가엘 천사장입니다.

미가엘은 하나님의 군대 장관과 같은 천사장으로서 그 위엄과 권세, 힘과 능력이 대단합니다. 이러한 천사장이 야곱과의 씨름에서 이기지 못해 그의 환도뼈를 쳐서 위골시켰다는 것은 사실 이해가 되지 않습니다. 이는 실제로 야곱을 이기지 못했다는 의미가 아닙니다. 야곱이 어떠한 중심으로 하나님 앞에 매달리고 있는지 설명해 주는 말씀입니다.

야곱은 자신과 씨름하는 대상이 보통 사람이 아니라 응답을 주기 위해 하나님께로부터 온 분임을 알았습니다. 이제 의지할 데라고는 오직 하나님밖에 없기에 결코 이 기회를 놓칠 수 없었습니다.

원래 야곱은 목표를 정하면 중도에 포기하거나 놓지 않는 중심이었고, 한번 명심한 것 역시 잊지 않는 성품입니다. 이 순간에 야곱의 곧은 중심이 그대로 드러납니다. 그는 하나님 앞에 미가엘 천사장을 상대로 결코 포기하거나 놓지 않겠다는 마음으로 밤새 매달렸습니다.

이러한 야곱의 중심을 보고 '미가엘 천사장이 야곱을 이기지 못한다.' 표현한 것입니다. 곧 응답해 줄 수밖에 없을 만큼 야곱이 간절하고 포기를 모르는 곧은 중심으로 하나님께 매달렸다는 의미입니다. 이것은 하나님의 공의였습니다.

야곱은 죽기를 각오하고 매달려야 응답이 올 수 있는 상황이었습니다. 하나님 편에서는 미가엘 천사장을 보내실 때 공의의 법칙에 따라 야곱이 어느 선까지 믿음과 중심을 내보여야 응답해 줄지 정하셨는데, 야곱이 그 응답의 기준을 통과한 것입니다.

간혹 하나님께 의지한다 하면서 '이 정도 하면 응답이 오겠지?' 하고 자기편에서 응답의 선을 정하는 사람이 있습니다. 이런 경우 자신이 생각한 시점까지 매달리다가 응답이 없으면 낙심하거나 중도에 포기하기 쉽지요. 하지만 응답의 선은 하나님께서 정하십니다. 하나님께서 정하신 선을 넘어 응답이 올 때까지 변함없이 간구해야 합니다. 야곱은 스스로 응답의 선을 정하지 않았고, 응답받을 때까지 매달렸습니다.

한편 천사장 미가엘이 야곱의 환도뼈를 쳐서 위골되었다는 말은 철저히 '자기'가 깨어졌다는 의미입니다. 야곱이 끝까지 깨뜨리지 않고 가지고 있었던 자기적인 생각과 지혜와 틀, 그리고 자기적인 방법과 이론 등이 철저히 깨어지는 역사가 일어난 것입니다. 끝까지 버리지 않고 있었던 자존심이나 자부심, 간교한 성품 등도 무너졌습니다.

환도뼈는 넓적다리뼈로서 몸을 지탱하는 데 매우 중요한 신체 부위입니다. 영적으로는 곧은 것, 변개치 않는 것을 의미하며 그 사람의 권위를 나타내지요. 따라서 환도뼈는 사람의 깊은 속 중심이나 고유의 존재성을 대표하는 상징적인 의미로 쓰이기도 합니다. 바로 이러한 의미를 갖는 환도뼈가 위골된 것입니다.

이처럼 자기를 깨뜨릴 때 하나님의 응답을 받을 수 있습니다. 이때가 바로 응답의 순간인 동시에 육을 벗고 영으로 들어가는 순간입니다. 자기를 철저히 깨뜨린 야곱은 이전과는 달리 많은 변화가 일어나기 시작합니다.

날이 밝을 무렵, 미가엘 천사장은 "나로 가게 하라" 말합니다. 야곱은 "당신이 내게 축복하지 아니하면 가게 하지 아니하겠나이다" 하며 더 간절하게 매달렸습니다. 이에 미가엘 천사장이 "네 이름이 무엇이냐?"

하고 묻습니다. 미가엘 천사장은 야곱에 대해 모든 것을 알지만 이름을 물은 것은 그가 하나님의 이름을 대신하여 온 입장에서 야곱에게 응답의 길을 열어 주기 위해서였습니다.

마치 예수님께서 그 앞에 나온 소경에게 "네게 무엇을 하여 주기를 원하느냐?" 물으신 것과 같습니다. 소경이라면 당연히 보기를 원할 것입니다. 그럼에도 예수님께서 물으신 까닭은 그가 구하는 바를 직접 고백하게 함으로 공의에 맞추어 역사해 주시고자 함이었습니다. 소경은 "보기를 원하나이다" 대답함으로써 응답을 받을 수 있었습니다.

얍복 강가에서 미가엘 천사장이 "네 이름이 무엇이냐?" 물었을 때 예전의 야곱이라면 그가 왜 이름을 묻는지 또한 어떻게 대답해야 자기에게 유리할지 먼저 생각했을 것입니다. 그런데 자기가 철저히 깨어지고 난 후의 야곱은 마치 어린아이처럼 생각을 동원하지 않고 순순히 "야곱이니이다" 대답합니다. 이에 미가엘 천사장으로부터 확실한 응답과 축복의 언약을 받을 수 있었습니다.

6. 네 이름을 이스라엘이라 부를 것이니

"그 사람이 가로되 네 이름을 다시는 야곱이라 부를 것이 아니요 이스라엘이라 부를 것이니 이는 네가 하나님과 사람으로 더불어 겨루어 이기었음이니라 야곱이 청하여 가로되 당신의 이름을 고하소서 그 사람이 가로되 어찌 내 이름을 묻느냐 하고 거기서 야곱에게 축복한지라 그러므로 야곱이 그곳 이름을 브니엘이라 하였으니 그가 이르기를 내가 하나님과 대면하여 보았으나 내 생명이 보전되었다 함이더라 그가 브니엘을 지날 때에 해가 돋았고 그 환도뼈로 인하여 절었더라 그 사람이 야곱의 환도뼈 큰 힘줄을 친고로 이스라엘 사람들이 지금까지 환도뼈 큰 힘줄을 먹지 아니하더라"(32:28~32)

하나님께서는 야곱의 이름을 '이스라엘'로 새롭게 바꾸어 주셨습니다. '이스라엘'은 '하나님과 겨루어 이긴 자'라는 뜻입니다. 이는 곧 이삭을 통해 야곱에게 빌어 주었던 장자의 축복을 이루시겠다는 의미입니다. 야곱이 철저히 깨어지니 비로소 장자의 축복을 보장받은 것입니다.

곧 "만민이 너를 섬기고 열국이 네게 굴복하리니 네가 형제들의 주가 되고 네 어미의 아들들이 네게 굴복하며 네게 저주하는 자는 저주를 받고 네게 축복하는 자는 복을 받기를 원하노라" 했던 이삭의 축복 기도가 그대로 이루어진다는 의미입니다.

이러한 축복이 임하면 에서가 야곱을 해할 수 없고, 야곱은 이후로도 계속해서 축복의 길로 인도받게 되는 것입니다. 이는 하나님께서 야곱 앞에 닥친 위기 상황을 면케 해 주신다는 뜻이 됩니다. 야곱으로서는 당장 눈앞의 문제에 대한 응답뿐만 아니라 다시 한 번 자신을 통해 이루실 섭리에 대한 보장을 받는 언약의 말씀이었습니다.

미가엘 천사장은 야곱에게 이스라엘이라는 새로운 이름을 주면서 "이는 네가 하나님과 사람으로 더불어 겨루어 이기었음이니라" 말합니다. 야곱이 씨름한 상대는 미가엘 천사장인데 마치 야곱이 하나님과 겨루어 이긴 것처럼 표현합니다.

이는 미가엘 천사장이 하나님을 대신해 하나님의 이름으로 야곱에게 응답을 주기 위해 온 사자였기 때문입니다. 야곱이 응답을 받기 위해

미가엘 천사장에게 끝까지 매달린 것 역시 하나님 앞에 매어달린 것과 같습니다. 한편 야곱이 '하나님과 겨루어 이겼다.' 한 것은 야곱의 중심이 하나님으로부터 응답받기에 합당했다는 의미도 담겨 있습니다. 하나님께서 선민 이스라엘을 세우기 위해 합당한 중심을 가진 야곱을 택해 그를 사용하신다는 의미도 담겨 있지요.

야곱은 이스라엘이라는 새 이름을 받은 후에야 미가엘 천사장에게 "당신의 이름을 고하소서" 하고 요청합니다. 이는 지금 자신에게 이루어지는 모든 일이 하나님 이름으로 주어지는 것임을 다시 한 번 확인하려는 의도였습니다.

야곱의 질문에 미가엘 천사장은 "어찌 내 이름을 묻느냐" 합니다. 이 역시 자신의 이름을 묻는 야곱의 의도를 알고자 한 것이 아니라 '어찌 하나님께서 이루시는 일에 한 치의 오차가 있겠으며, 약속하신 바를 이루지 않으시겠느냐.'는 의미가 담겨 있습니다.

미가엘 천사장은 지체하지 않고 곧바로 야곱에게 축복합니다. 야곱은 천사와 씨름하고 복 받은 곳을 '브니엘'이라고 이름하였습니다. 브니엘은 '하나님의 얼굴'이라는 뜻입니다.

하나님을 온전히 닮은 사람 외에는 하나님과 대면할 수 없습니다. 죄 있는 사람이 하나님 얼굴을 보면 죽을 수밖에 없지요. 그런데 야곱은 자신이 밤새 씨름했던 상대가 하나님께서 보내신 천사장임을 알았기에 마치 하나님의 얼굴을 대면한 것처럼 감격하지 않을 수 없었습니다.

여기서 "내가 하나님과 대면하여 보았으나 내 생명이 보전되었다" 함은 하나님을 대신한 천사장을 대면하여 자신의 간구가 응답되었다는 의미입니다. 이렇게 하나님의 응답을 받은 야곱은 위골된 환도뼈로 인해 절어야 했습니다. 이는 자기 의와 틀 등 자아가 살아 있어서 머리를 꼿꼿이 들고 있던 예전 모습이 아님을 나타냅니다.

환도뼈가 위골되어 절 수밖에 없고, 그래서 자연히 머리를 숙일 수밖에 없는 야곱, 즉 철저히 깨어지고 낮아진 야곱의 모습입니다. 미가엘 천사장과 밤새 '죽으면 죽으리라.'는 각오로 씨름을 하고 그 와중에 환도뼈까지 위골된 야곱은 이미 지쳐 있는 상태였습니다. 손가락 하나 까딱하기도 쉽지 않을 만큼 모든 기가 소진되었습니다.

이런 상황에서 더 이상 무엇을 주장하겠습니까? "나는 아무것도 아닙니다. 하나님 뜻대로 해 주십시오." 하는 심정으로 오직 "예."만 하게 되었습니다. 이런 상태가 되면 하나님의 보장과 축복을 받습니다. 자기가 하려고 할 때는 아무리 발버둥 쳐도 안 되던 것이 온전히 하나님께 맡기고 의뢰할 때는 형통한 길로 인도받는 것입니다(잠 3:5~6, 16:3).

그러기 위해서는 먼저 야곱처럼 자기를 철저히 깨뜨리고 변화되는 역사가 따라야 합니다. 입술로만 "하나님께 맡깁니다." 하는 것이 아니라 정녕 자기가 온전히 깨어져서 마음 중심에서부터 하나님만을 의지하고 하나님 앞에 오직 예와 아멘만 할 수 있어야 하지요. 자기가 깨어졌다는 증거가 바로 순종을 통해 나오기 때문입니다.

비록 야곱이 온전한 차원에 들어온 것은 아니라 해도 철저히 자기를 깨뜨리고 나자 바로 하나님의 응답이 임했습니다. 보통 사람 같으면 중도에 포기할 상황인데도 야곱은 끝까지 연단을 이겨내고 마침내 승리할 수 있었습니다.

　이스라엘 사람들은 이 사건을 기념하여 수천 년이 지난 지금까지 짐승의 환도뼈 큰 힘줄은 먹지 않는다고 합니다. 야곱이 어떠한 중심과 심정으로 하나님 앞에서 축복을 이루어냈는지 잊지 않기 위함입니다. 또한 이스라엘 민족이 어떤 과정을 통해 태동되었는지를 되새기려는 것이기도 합니다.

　이것은 어느 민족에게서도 찾아볼 수 없는 그들만의 특성과 중심이라 할 수 있습니다. 바로 야곱으로부터 시작된 이스라엘의 민족성이지요. 하나님께서는 이러한 민족을 얻고자 합당한 중심을 가진 야곱을 택하여 연단하시고 다듬어서 이스라엘 민족의 조상으로 세우셨습니다.

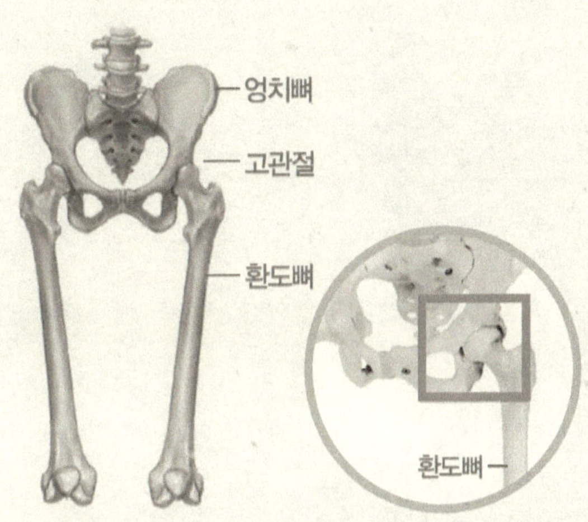

환도뼈는 허리의 아랫부분, 무릎 위쪽의 다리 곧 넓적다리뼈를 말한다. 우리 몸의 뼈 중 가장 단단하고 길 뿐만 아니라 몸을 지탱하는 데 매우 중요한 버팀목 역할을 한다.

영적으로 환도뼈는 모든 것에 곧은 것, 약속이 변치 않는다는 의미와 함께 하나님께서 모든 것을 인정하고 이루신다는 의미가 담겨 있다. 이 때문에 구약 시대에는 중요한 일을 앞두고 환도뼈 부위에 손을 얹고 맹세하기도 했다(창 24:2, 9 ; 47:29).

야곱은 얍복 강가에서 천사와 씨름하다 환도뼈가 위골되었는데, 이는 엉치뼈와 넓적다리뼈를 연결하는 고관절 부위에 문제가 생긴 것을 말한다.

영어 성경에는 천사가 야곱의 환도뼈를 친 장면을 "he touched the socket of Jacob's hip"이라 기록하였다. 'touch(터치)' 곧 가볍게 건드린 수준이다. 야곱은 환도뼈가 엉치뼈에서 어긋나니 자연히 다리를 절뚝거릴 수밖에 없었다. 이는 그가 하나님을 전적으로 의지할 수밖에 없게 되었음을 보여 준다.

"이와 같이 내 삶을 삶에 있어서
한 순간 한 순간 모든 것이 후회 없이 살았던 것은 아니었으되,
하나님의 소중한 간섭 속에
저를 이와 같이 변화시켜 주셨고 인도하셨으며
이제 이와 같이 많은 자손들을 이루게 함으로
그 자손들에게 하나님의 축복이 가게 하심에 감사를 드리나이다.

모두가 하나님의 구원 섭리 속에 있기를 원함이며
정녕 하나님의 뜻 속에서
온전한 그 길을 가기를 원함이나이다."

Part 2

나의 벗
아브라함의 자손아

참으로 너를 도와주리라

/ Part 2 /

하나님의 벗 아브라함의 자손
야곱은 마침내 자신을 깨뜨리고 변화되어
약속의 땅 가나안에 돌아와 장자의 축복을 받고
이스라엘의 조상이 됩니다.

열두 아들을 통해 이스라엘 열두 지파가 형성되고
장차 선민 이스라엘 유다 지파에서
다윗의 자손으로 예수님이 나심으로
하나님의 인간 구원의 섭리가 이루어집니다.

20년 연단 후
가나안 땅으로

담대함과 겸비함으로 에서를 만나다

하나님의 응답으로 화해하는 야곱과 에서

에서의 호의를 거절하고 숙곳에 이르다

마침내 약속의 땅 가나안에 이르다

1. 담대함과 겸비함으로 에서를 만나다

"야곱이 눈을 들어 보니 에서가 사백 인을 거느리고 오는지라 그 자식들을 나누어 레아와 라헬과 두 여종에게 맡기고 여종과 그 자식들은 앞에 두고 레아와 그 자식들은 다음에 두고 라헬과 요셉은 뒤에 두고 자기는 그들 앞에서 나아가되 몸을 일곱 번 땅에 굽히며 그 형 에서에게 가까이하니 에서가 달려와서 그를 맞아서 안고 목을 어긋맞기고 그와 입맞추고 피차 우니라"(33:1~4)

얍복 강가에서 변화된 야곱은 전날 밤 앞서 보냈던 가족들을 만나 함께 고향 땅으로 향합니다. 드디어 형 에서와 그가 이끌고 온 400명이 보였습니다. 야곱이 밤새 씨름하여 축복의 언약을 받았지만 눈앞에 펼쳐진 상황은 이전과 달라진 것이 없어 보입니다. 그러나 축복의 언약을 받은 후에 나타난 가장 큰 변화는 바로 야곱 자신에게 있었습니다.

하나님을 온전히 의지함으로 담대해진 야곱은 가족을 셋으로 나누었습니다. 여종과 그 자녀들을 제일 앞에 두고, 레아와 그 자녀들로 뒤를 잇게 하였으며, 라헬과 그녀의 소생인 요셉을 맨 뒤에 두었습니다.

이 모습만 보면 야곱이 예전처럼 자기 지혜와 방법을 동원해 대비책을 세우는 것처럼 보입니다. 불과 얼마 전에도 자기와 함께한 종자와 양과 소와 약대를 두 떼로 나누어서 에서가 한 떼를 치면 남은 한 떼는 피하려 했던 그였습니다. 하지만 이전과 다른 점이 있습니다. 자신이 선두에 선 것입니다.

만일 야곱이 자기 생각을 동원해 소유와 생명을 지키려고 했다면 자신이 맨 뒤에 있었을 것입니다. 그러나 이번에는 맨 앞에 나아감으로 가장 먼저 죽음을 맞을 각오였습니다. 모든 것을 하나님께 맡긴 채 죽음도 두려워하지 않는 모습입니다.

설령 자신이 죽고, 그다음으로 여종들과 그의 자녀들, 레아와 그의 자녀들이 죽더라도 어떻게든 라헬과 요셉만은 지키려는 마음인 것을 볼 수 있습니다. 야곱이 라헬과 요셉을 편애해서 이렇게 했을까요? 육으로 보면 편애했다고 말할 수 있지만 여기에는 더 깊은 의미가 있습니다. 바로 영적인 질서 속에 하나님의 섭리를 이루기 위함입니다.

야곱은 처음부터 라헬을 사랑하여 아내로 얻고자 했고, 14년간 외삼촌 집에서 봉사한 것도 라헬을 아내로 얻기 위해서였습니다. 만일 외삼촌 라반이 꾀를 써서 야곱에게 레아를 먼저 주지 않았다면 첫 번째 부인은 라헬이었을 것입니다. 그러면 라헬이 낳은 요셉이 당연히 야곱의 정통성을 잇는 장자의 자격을 얻게 됩니다.

육적인 질서로는 레아가 낳은 르우벤이 장자이지만 영적으로는 라헬이 낳은 요셉이 장자입니다. 그래서 훗날 요셉을 통해 이스라엘 족속이 애굽으로 들어가 큰 민족으로 성장하는 길이 열린 것입니다.

하나님은 영적인 질서를 더 중히 여기시기에 야곱의 열두 아들 중에 요셉을 선택하여 사용하셨습니다. 비록 야곱이 이러한 영적인 섭리나 질서를 밝히 알았던 것은 아니지만 하나님의 섭리 가운데 주관을 받았던 것입니다. 육적으로 볼 때도 야곱은 곧은 중심이어서 처음 라헬을 사랑했던 그 마음이 변하지 않았습니다.

그러니 사랑하는 라헬로부터 얻은 요셉을 가장 아끼고 사랑하는 것은 당연한 이치입니다. 생사의 갈림길에서 라헬과 요셉을 가장 뒤에 두어 지키려고 한 것도 이 때문입니다. 그래야 사랑하는 아내와 아들을 통해 자신의 정통성이 이어질 것이라 생각했던 것입니다.

얍복 강가에서 자기가 철저히 깨어진 야곱에게는 많은 변화가 나타납니다. 그중 하나가 어떻게든 살려는 것이 아니라 죽어지려는 마음이 된 것입니다. 가족들의 선두에 나선 야곱은 형을 보자마자 몸을 일곱 번 굽혀 정중하게 절을 했습니다. 에서 앞에서 생명을 잃을 각오를 했을 뿐 아니라 자기를 철저히 낮춘 것입니다.

몸을 일곱 번 땅에 굽혔다는 것은 자신을 온전히 낮춘다는 의미와 더불어 과거에 자신이 행한 일에 대한 철저한 회개와 돌이킴의 의미도 담겨 있습니다. 이미 하나님 앞에 철저히 깨어진 야곱은 이제 에서 앞에서 더 이상 자존심을 내세우지 않았습니다. 자신의 부요함이나 위치도 상관없었지요.

변화된 야곱은 이제 상대의 입장을 먼저 생각하는 사람이 되었습니다. '예전에 내 행동으로 인해 형이 얼마나 상처를 받았을까? 나도 그 입장이었다면 화가 많이 났겠지…' 이렇게 형의 입장과 심정을 헤아리게 된 것입니다. 구차히 변명하거나 여전히 자기가 옳다 생각하지 않고 형의 마음과 입장이 되어 이해하게 되었습니다.

이때 에서는 어떤 마음이었을까요? 20년 전 야곱에게 장자의 축복을 빼앗긴 에서는 분을 이기지 못해 그를 죽이고자 했습니다. 그런데 세월이 지나면서 상황이 좀 달라졌습니다. 야곱이 떠난 뒤 아버지 이삭 곁에서 집안의 실질적인 장자 역할을 한 것은 에서 자신이었습니다. 이로 인해 그동안 쌓였던 분이 누그러지기 시작했습니다.

그런데 어느 날 갑자기 야곱의 귀향 소식을 듣습니다. 그동안 누그러진 듯했던 감정이 다시 고개를 들었지만 그렇다 하여 당장 해하려는 마음은 아니었습니다. 예전 일을 생각하면 괘씸하고 화도 났지만 야곱을 만나면 일단은 "그때 왜 그랬냐?"고 물어봐야겠다 생각했습니다. 무조건 동생을 해하려 한 것이 아니라 자초지종을 들어보고자 했던 것입니다.

그러던 중에 야곱이 보낸 종과 예물을 보자 다시 한 번 마음이 누그러집니다. 예물을 보면서 잘못을 뉘우치고 형을 섬기려는 야곱의 마음이 느껴진 것입니다.

이러한 상황에서 자기 앞에 일곱 번이나 몸을 굽혀 인사하는 야곱을 보자 그동안 쌓였던 감정들이 눈 녹듯 녹아내립니다. 에서는 한달음에 달려가 야곱을 끌어안고 울며 입맞췄습니다.

어떻게 에서의 마음이 이처럼 신속히 변할 수 있었을까요? 이는 물론 하나님께서 주관하신 것입니다. 하지만 하나님께서 역사하실 수 있었던 이유는 바로 야곱 자신이 변화되었기 때문입니다.

이미 야곱은 죽음을 각오했을 뿐만 아니라 지난날 자신의 행동을 마음 중심에서 회개하고 있었습니다. 설령 형이 자신을 해하려 한다 해도 그에 대한 원망이나 미운 감정이 전혀 없었습니다. 형의 입장을 이해하니 사랑하는 마음까지 생겼습니다.

야곱이 형을 두려워하지 않고 그 앞에 나갈 수 있었던 것은 모든 것을 하나님 손에 맡겼기 때문이며, 한편 형에 대한 사랑이 있었기에 가능했습니다.

요한일서 4장 18절에 "사랑 안에 두려움이 없고 온전한 사랑이 두려움을 내어 쫓나니" 말씀한 대로 온전한 사랑 안에는 두려움이 없지요. 또한 하나님 앞에서 철저히 깨어졌기에 에서 앞에서도 그동안 가지고 있던 교만함이나 자존심, 간교한 속성 등을 다 내려놓았습니다. 그 결과 마음에서 우러나오는 겸비함으로 몸을 굽힐 수 있었습니다.

이처럼 야곱이 마음 중심에서 자신을 낮추자 에서도 감동을 받았습니다. 야곱의 진심 앞에 에서는 그동안 쌓인 감정과 분한 마음을 다 잊은 채 오히려 동생에 대한 애틋하고 측은한 마음이 들었습니다. '오랜 세월 부모와 고향을 떠나 얼마나 고생했을까?' 생각하니 안쓰러운 마음이 밀려온 것입니다.

에서가 이런 마음을 가질 수 있었던 것은 하나님께서 그 마음을 주관하셨기 때문입니다. 잠언 16장 7절에 "사람의 행위가 여호와를 기쁘시게 하면 그 사람의 원수라도 그로 더불어 화목하게 하시느니라" 말씀한 대로 야곱이 철저히 깨어지고 변화되니 하나님께서 그의 기도를 들으시고 에서의 마음을 주관하여 화목할 수 있도록 역사하신 것입니다.

2. 하나님의 응답으로 화해하는 야곱과 에서

"에서가 눈을 들어 여인과 자식들을 보고 묻되 너와 함께한 이들은 누구냐 야곱이 가로되 하나님이 주의 종에게 은혜로 주신 자식이니이다 때에 여종들이 그 자식으로 더불어 나아와 절하고 레아도 그 자식으로 더불어 나아와 절하고 그 후에 요셉이 라헬로 더불어 나아와 절하니 에서가 또 가로되 나의 만난 바 이 모든 떼는 무슨 까닭이냐

야곱이 가로되 내 주께 은혜를 입으려 함이니이다 에서가 가로되 내 동생아 내게 있는 것이 족하니 네 소유는 네게 두라 야곱이 가로되 그렇지 아니하니이다 형님께 은혜를 얻었사오면 청컨대 내 손에서 이 예물을 받으소서 내가 형님의 얼굴을 뵈온즉 하나님의 얼굴을 본 것 같사오며 형님도 나를 기뻐하심이니이다 하나님이 내게 은혜를 베푸셨고 나의 소유도 족하오니 청컨대 내가 형님께 드리는 예물을 받으소서 하고 그에게 강권하매 받으니라"(33:5~11)

야곱과의 재회로 감격의 눈물을 흘리던 에서는 야곱의 뒤편에 서 있는 여인들과 아이들을 보았습니다. 그들이 야곱의 아내와 자녀들일 것이라 짐작하면서도 기쁜 마음에 "너와 함께한 이들은 누구냐"고 묻습니다. 이때 야곱의 대답이 참으로 지혜로웠습니다. "하나님이 주의 종에게 은혜로 주신 자식이니이다" 했지요.

이 말이 에서의 마음을 흡족하게 했습니다. 사실 지금 당장은 에서가 좋은 마음으로 야곱을 맞았다 해도 그는 여전히 육의 사람입니다. 육의 사람은 하나님의 은혜가 충만할 때와 그렇지 않을 때의 차이가 아주 큽니다. 은혜가 충만할 때는 누구라도 이해하고 용서할 것처럼 말하

고 행동하지만 은혜가 떨어지면 조그만 일에도 성을 내고 감정을 품지요. 마찬가지로 지금은 에서가 기분이 좋은 상태라 해도 야곱의 말 한마디에 따라 얼마든지 상황이 바뀔 수도 있습니다.

만약 야곱이 조금이라도 에서의 감정을 자극할 만한 대답을 했다면 어떻게 되었을까요? 예를 들어, 자신이 하나님으로부터 얼마나 많은 축복을 받고 또 많은 자녀를 두었는지 자랑하듯 말했다면 이내 에서의 마음이 상했을 것입니다.

비록 장자권은 빼앗겼어도 지금까지 실질적인 장자로서 풍족한 삶을 살았다고 생각했는데, 막상 엄청난 축복을 받고 돌아온 동생을 대하면 빼앗긴 장자권이 생각날 수 있습니다. 자신이 받아야 할 축복을 야곱이 가로챘다는 마음이 들면서 이내 눌러놓았던 감정이 폭발할 수도 있지요.

그런데 야곱은 형 앞에 자신을 '주의 종'이라 낮추며 모든 축복이 하나님의 은혜라 고백합니다. 자신을 아랫사람으로 철저히 낮추며 드러내거나 자랑하려 하지 않았습니다. 형이 자극받지 않도록 지극히 겸비한 말로 대답했지요.

야곱이 대답을 마치자 실바와 빌하가 아들들을 데리고 나아와 에서에게 절을 했습니다. 그 뒤를 이어 레아와 그 자녀들이 인사를 올리고, 마지막으로 라헬과 요셉이 나아와 에서에게 절을 했습니다.

이때도 야곱은 라헬과 요셉을 마지막에 인사시킴으로써 그들의 입지를 다시 한 번 확인해 주고 있습니다. 영적으로는 라헬이 첫 번째 부인이기에 그녀와 그녀가 낳은 요셉을 가장 윗사람처럼 대우해 준 것입니다.

야곱은 말로만 자신을 낮추며 형 앞에 절한 것이 아닙니다. 이미 정성을 다한 예물로 그의 마음을 내보였지요. 에서는 야곱이 선물로 보낸 짐승 떼를 보며 그 이유를 묻습니다. 또다시 야곱은 공손히 "내 주께 은혜를 입으려 함이니이다"라고 대답합니다. 야곱이 형으로부터 은혜를 입기 원한다는 것은 지난날의 잘못을 철저히 회개한다는 의미입니다. 즉 회개에 합당한 열매를 정성된 예물로 내보였던 것입니다. 이미 동생의 마음을 받은 에서는 선물을 받지 않으려 합니다.

그동안 에서는 충분히 누리면서 장자와 같은 삶을 살았습니다. 아버지께 받은 유산도 있으니 굳이 동생이 보내온 예물까지 받을 필요가 없었습니다. 게다가 동생이 철저히 낮아진 것을 보았기에 윗사람으로서 아량을 베풀고 있는 것입니다. 이때 야곱은 어떻게 했을까요?

'내 마음을 충분히 표현했고 형도 받지 않겠다 하니 도로 가져도 되겠지.' 하며 예물을 거둬들였을까요? 그렇지 않습니다. 진심으로 형에게 주고 싶었고, 한번 정한 것이기에 다시 거둘 마음이 없었습니다.

만약 야곱이 물질에 대한 욕심이 있거나 형에 대한 태도가 형식적이었다면 이쯤에서 예물을 거두었을 것입니다. 그러나 야곱은 결코 변개하지 않았으며 진실한 마음을 끝까지 표현했습니다.

또한 예물을 심음으로써 자신이 형으로부터 은혜를 입었다는 사실을 확실히 하려는 의도도 있었습니다. 영적인 법칙을 정확히 아는 야곱으로서는 이후에 시시비비가 없도록 이번 기회에 형 에서와의 관계를 깨끗이 정리해 놓고자 했던 것입니다.

야곱은 나아가 "형님의 얼굴을 보니 하나님의 얼굴을 본 것 같다"고
고백합니다. 이는 아첨의 말이 아니었습니다. 예전의 간교한 야곱이었다
면 형의 마음을 녹이기 위해 얼마든지 아첨할 수도 있었을 것입니다.

그러나 지금은 예전의 야곱이 아닙니다. 이 말은 정말 마음 중심에서
우러나온 고백이었습니다. '하나님의 얼굴을 뵌 것 같다.' 한 것은 모든
응답이 하나님께로부터 왔음을 고백하는 것입니다. 야곱은 하나님께서
은혜를 베풀어 주셔서 소유가 풍족해졌으니 부디 자기의 선물을 거절하
지 말아달라고 간청하였습니다.

결국 에서는 야곱의 진실한 마음을 뿌리치지 못하고 선물을 받았습
니다. 이로써 20년간의 원한과 분노는 눈 녹듯 사라지고 에서와 야곱은
화목을 이루었습니다.

3. 에서의 호의를 거절하고 숙곳에 이르다

"에서가 가로되 우리가 떠나가자 내가 너의 앞잡이가 되리라 야곱이 그에
게 이르되 내 주도 아시거니와 자식들은 유약하고 내게 있는 양 떼와 소가 새
끼를 데렸은즉 하루만 과히 몰면 모든 떼가 죽으리니 청컨대 내 주는 종보다
앞서 가소서 나는 앞에 가는 짐승과 자식의 행보대로 천천히 인도하여 세일로
가서 내 주께 나아가리이다

에서가 가로되 내가 내 종자 수인을 네게 머물리라 야곱이 가로되 어찌하
여 그리하리이까 나로 내 주께 은혜를 얻게 하소서 하매 이날에 에서는 세일
로 회정하고 야곱은 숙곳에 이르러 자기를 위하여 집을 짓고 짐승을 위하여
우릿간을 지은 고로 그 땅 이름을 숙곳이라 부르더라"(33:12~17)

20년 만에 야곱과 화해한 에서는 야곱에게 같이 집으로 가자고 합니다. 그런데 야곱은 이 제안을 아주 조심스럽게 거절합니다. 아직 자녀들도 어리고, 어린 가축들도 많아 길을 재촉하기 어렵다는 이유로 정중히 사양한 것입니다.

하지만 이는 표면적인 이유입니다. 야곱이 에서 일행과 동행하지 않은 것은 육의 사람의 속성을 알았기 때문입니다. 물론 현재 에서는 진심에서 동생을 위해 말한 것이지만 그 마음이 변하지 않는다고 장담 못합니다. 언제라도 심기를 건드리는 일이 생기면 마음이 변할 수 있습니다. 이러한 육의 속성을 잘 알기에 야곱으로서는 함께하지 않는 것이 서로에게 좋다고 여겨 그 제안을 거절한 것입니다.

야곱에게는 많은 가축 떼가 있고 에서에게도 적지 않은 가축들이 있습니다. 따라서 둘이 함께 지낸다면 가축에게 먹일 풀과 물이 부족한 상황이 발생할 수 있습니다. 그렇게 되면 어차피 나뉘어야 하며, 자칫 두 사람의 사이가 벌어질 수도 있습니다.

물론 아브라함이 롯에게 그랬던 것처럼 "형이 좌하면 내가 우하고 형이 우하면 내가 좌하겠다." 하면 되겠지요. 그러나 여전히 문제의 소지는 있습니다. 만약 형이 자기 좋은 대로 선택해 갔다가 나중에 동생이 선택한 지역이 더 좋아 보이면 마음이 변해 트집을 잡을 수도 있습니다.

이처럼 육의 사람은 지금은 좋은 의도라 해도 얼마든지 자기 유익에 따라 변할 수 있습니다. 야곱은 이런 일로 또다시 연단을 자초하고 싶지 않았습니다. 외삼촌이 품삯을 열 번이나 바꾸면서 자신을 어떻게 대했는지 뼈저리게 체험했기 때문입니다. 야곱이 형의 제안을 거절한 것은 자기 유익을 구하기 위한 간교한 계산에서 나온 것이 아닙니다. 오히려 서로를 위한 길이었지요.

야곱의 말에 일리가 있었기에 에서는 수긍합니다. 하란으로부터 먼 길을 무리해 왔기에 이미 야곱의 자녀들과 가축 떼는 많이 지쳐 있었습니다. 이 상황에서 계속 무리하게 몰면 약한 가축들이 자칫 죽을 수 있지요. 그러니 에서도 야곱의 제안을 타당하다 여기고 받아들입니다.

에서는 자기가 이끌고 온 사람 중 몇을 남겨 호위해 주겠다며 다시 한 번 호의를 베풉니다. 하지만 이번에도 야곱은 정중하게 거절했습니다. 왜 그런 것일까요?

에서가 남겨놓으려는 이들은 에서의 사람들입니다. 잘못하면 이들이 야곱과 에서 사이를 이간하는 존재가 될 수도 있습니다. 야곱은 외삼촌의 집에서 이러한 일을 이미 체험했습니다. 외삼촌 라반의 아들들이 야곱을 시기 질투하여 한 말이 라반의 심기를 건드려 도망할 수밖에 없는 단초를 제공했습니다.

마찬가지로 에서의 수하들이 전하는 말에 따라 어렵게 회복한 두 사람의 관계가 일시에 무너질 수도 있습니다. 이러한 사람의 마음을 알기에 또다시 에서의 호의를 사양할 수밖에 없었습니다.

야곱은 에서에게 잠시 후 그를 뒤따라 갈 것처럼 말했지만 실제로는 그렇게 하지 않았습니다. 여기에도 이유가 있습니다. 하나님 뜻에 따라 이삭의 뒤를 잇는 장자의 축복을 받은 것은 야곱입니다. 따라서 야곱과 에서가 함께 거한다 해도 결국 야곱에게 더 큰 축복이 돌아갈 것입니다. 야곱이 축복받는 모습을 곁에서 지켜보는 에서는 어떤 생각을 하게 될까요? 아마도 빼앗긴 장자권이 다시 떠오를 것입니다. 자연히 야곱에게 좋지 않은 감정을 품을 수 있지요.

또한 장자의 축복을 받은 야곱이 에서의 밑에 들어갈 수도 없습니다. 육적인 질서로는 야곱이 형 에서를 섬길 수 있지만 영적인 질서로는 야곱이 위이기 때문에 에서 밑에 있을 수 없는 것입니다. 육적인 질서도 존중해야 하지만 눈에 보이지 않는 영적인 질서가 더욱 중요합니다.

형 에서의 호의를 번번이 거절하는 야곱의 모습이 언뜻 보기에는 형과 함께하지 않으려고 교묘한 꾀를 쓰는 것처럼 보일 수 있습니다. 그러나 예전과는 달리 지금 야곱은 하나님의 은혜 가운데 선한 지혜를 받아 형통한 길로 인도받고 있는 것입니다.

하나님의 사람이라면 당연히 세상 사람들보다 더 뛰어나고 지혜로워야 합니다. 지식이나 능력이 뛰어나서가 아니라 성령의 음성을 듣고 주관을 받을 수 있기 때문입니다. 전에 야곱이 자신의 지혜를 의지할 때는 불통이었습니다. 그런데 자기를 내려놓고 오직 하나님께서 주관해 주시는 대로 순종하니 형통할 수 있었습니다.

예전의 야곱이라면 이런 상황에서 당연히 자기 지혜와 경험을 동원했을 것입니다. '어떻게 하면 나에게 유익이 될까? 어떻게 하면 어려움을 피해 볼까?' 하는 마음이 앞섰겠지요. 하지만 지금은 똑같이 지혜와 경험을 동원하더라도 근본 마음이 달라졌습니다.

자기 유익을 구하거나 당장 눈앞의 어려움을 피하려는 마음이 아님니다. 모든 것을 하나님의 주관하심 가운데 인도받기 원하는 마음입니다. 이처럼 자기를 깨뜨리고 사심과 욕심을 버리니 똑같이 지혜와 경험을 동원한다 해도 하나님의 주관하심 가운데 인도받아 가는 것을 볼 수 있습니다.

그날 에서는 세일로 돌아갔습니다. 에서와 헤어진 야곱은 가족들과 가축 떼를 이끌고 떠나 숙곳에 이르렀습니다. 숙곳은 얍복 강 하구 아담에서 북쪽으로 12km 떨어진 지점으로, 야곱은 그곳에 집과 가축의 우릿간을 짓고 정착합니다. '작은 집'이라는 뜻의 숙곳의 지명은 야곱이 그곳에 장막을 쳤다는 데서 유래되었습니다.

4. 마침내 약속의 땅 가나안에 이르다

"야곱이 밧단아람에서부터 평안히 가나안 땅 세겜 성에 이르러 성 앞에 그 장막을 치고 그 장막 친 밭을 세겜의 아비 하몰의 아들들의 손에서 은 일백 개로 사고 거기 단을 쌓고 그 이름을 엘엘로헤이스라엘이라 하였더라"(33:18~20)

밧단아람을 떠나 가나안 땅에 이르기까지 야곱의 여정이 순탄치는 않았지만 하나님께서 함께하고 보호하시니 마침내 그곳으로 돌아올 수 있었습니다. 숙곳을 떠나 세겜에 이른 야곱은 성 앞에 장막을 쳤습니다.

세겜은 에발 산과 그리심 산 사이에 있는 성읍으로, 예루살렘에서 북쪽으로 수십 킬로미터 떨어진 곳에 위치합니다. 훗날 야곱의 영적인 장자 요셉의 후손들이 기업으로 받은 지역으로, 이곳에 요셉의 유골이 장사됩니다(수 24:32).

야곱은 히위 족속의 족장이자 세겜의 아비였던 하몰의 아들들에게 은 일백 개를 주고 세겜 성 앞의 밭을 샀습니다. 야곱은 그곳에 정착하기 위해 땅을 샀지만 이로 인해 장차 큰 우환이 발생합니다(창 34장).

야곱은 땅을 산 후 할아버지 아브라함이 처음 가나안에 왔을 때 세겜 땅 모레 상수리나무 수풀에서 "내가 이 땅을 네 자손에게 주리라"(창 12:7)는 하나님의 언약을 받고 단을 쌓은 것처럼 먼저 하나님 앞에 단을 쌓았습니다. 자신이 아브라함의 후손임을 다시 한 번 확인한 것입니다.

그리고 그 단의 이름을 '엘엘로헤이스라엘'이라고 했습니다. 이는 '하나님은 이스라엘의 하나님'이라는 뜻입니다. 브니엘에서 야곱이 새롭게 받은 이름 '이스라엘'(창 32:28)을 제단의 이름에 붙여 그 이름을 주신 하나님을 기념하였습니다.

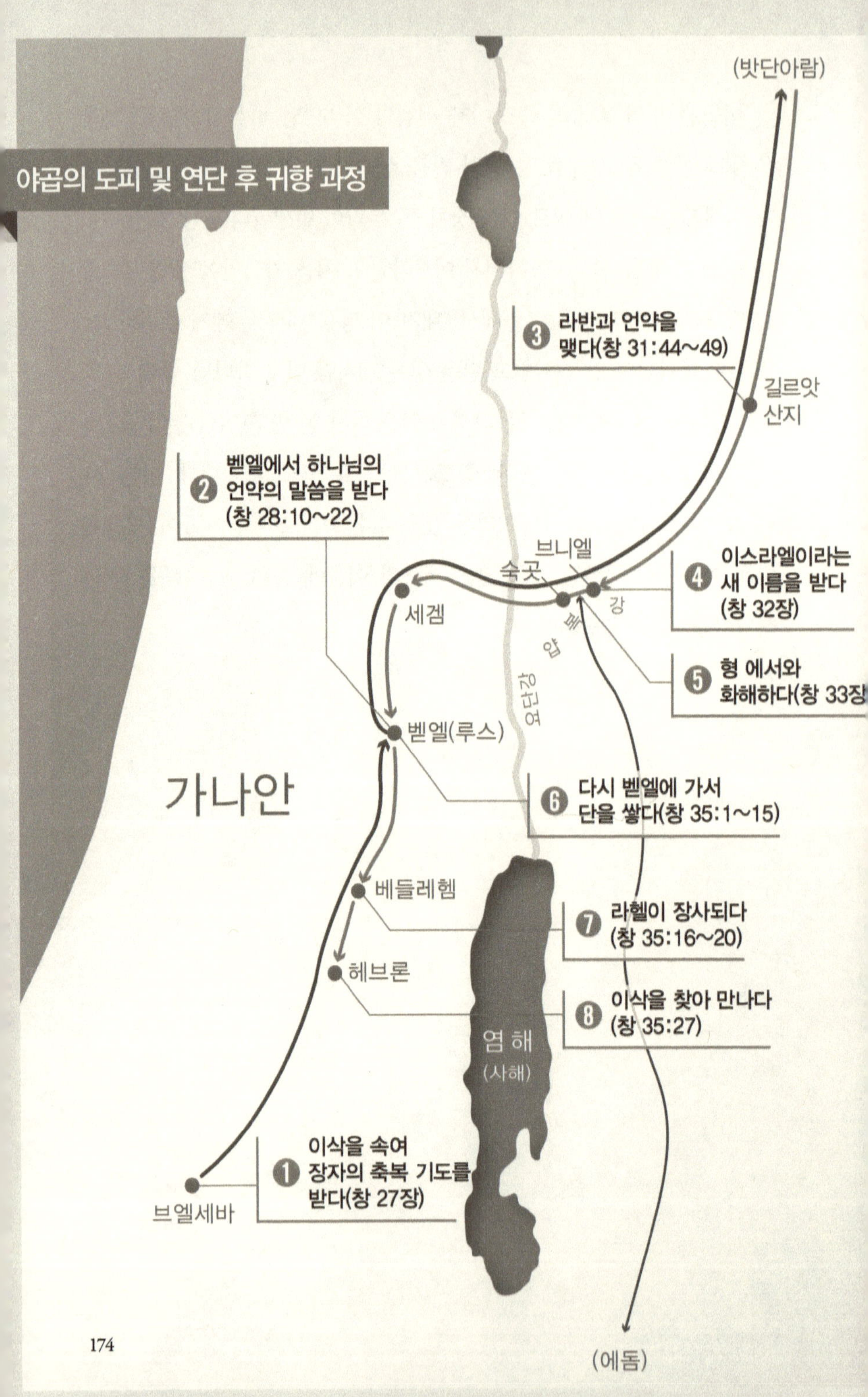

야곱의 도피 및 연단 후 귀향 과정
(밧단아람)
❸ 라반과 언약을 맺다(창 31:44~49)
길르앗 산지
❷ 벧엘에서 하나님의 언약의 말씀을 받다 (창 28:10~22)
브니엘
숙곳
❹ 이스라엘이라는 새 이름을 받다 (창 32장)
세겜
얍복 강
❺ 형 에서와 화해하다(창 33장)
벧엘(루스)
여울단 강
가나안
❻ 다시 벧엘에 가서 단을 쌓다(창 35:1~15)
베들레헴
❼ 라헬이 장사되다 (창 35:16~20)
헤브론
염 해 (사해)
❽ 이삭을 찾아 만나다 (창 35:27)
❶ 이삭을 속여 장자의 축복 기도를 받다(창 27장)
브엘세바
(에돔)

세겜 성에서
시므온과 레위의 범죄

야곱의 딸 디나가 부끄러운 일을 당하다

디나와의 혼사를 제의하는 하몰과 세겜

야곱의 아들들이 할례를 요구하다

악을 악으로 갚은 야곱의 아들들

1. 야곱의 딸 디나가 부끄러운 일을 당하다

"레아가 야곱에게 낳은 딸 디나가 그 땅 여자를 보러 나갔더니 히위 족속 중 하몰의 아들 그 땅 추장 세겜이 그를 보고 끌어들여 강간하여 욕되게 하고 그 마음이 깊이 야곱의 딸 디나에게 연련하며 그 소녀를 사랑하여 그의 마음을 말로 위로하고 그 아비 하몰에게 청하여 가로되 이 소녀를 내 아내로 얻게 하여 주소서 하였더라

야곱이 그 딸 디나를 그가 더럽혔다 함을 들었으나 자기 아들들이 들에서 목축하므로 그들의 돌아오기까지 잠잠하였고 세겜의 아비 하몰은 야곱에게 말하러 왔으며 야곱의 아들들은 들에서 이를 듣고 돌아와서 사람 사람이 근심하고 심히 노하였으니 이는 세겜이 야곱의 딸을 강간하여 이스라엘에게 부끄러운 일 곧 행치 못할 일을 행하였음이더라"(34:1~7)

지금까지 야곱의 삶은 평탄하지 않았습니다. 오히려 거칠고 험한 삶이었습니다. 부모 곁을 떠나 하란에서 20년간 외삼촌을 위해 봉사했고 가나안 땅으로 돌아오는 동안에는 죽을 위기에 처하기도 했습니다.

그런데 야곱의 가정에 또 한 차례 불행한 일이 발생하였습니다. 야곱의 가족이 가나안 땅 세겜 성 앞에 머물고 있을 때, 딸 디나가 그 지역의 여자를 보러 나갔다가 강간을 당하고 만 것입니다. 디나를 강간한 사람은 히위 족속 하몰의 아들로, 그 땅 추장인 세겜이었습니다.

히위 족속은 함의 후손으로(창 10:17) 이방 신을 섬기는 가나안 원주민 중의 하나입니다. 세겜은 디나를 욕보였지만 그녀에게 마음이 끌렸습니다. 그래서 그는 디나의 마음을 위로하며 아버지 하몰에게 그녀를 아내로 삼게 해 달라고 청했습니다.

우리는 이 사건을 통해 중요한 교훈을 얻을 수 있습니다. 디나는 왜 하나님의 보호를 받지 못하고 수치스러운 일을 당한 것일까요?

당시 가나안 원주민들 사이에 거주했던 야곱은 사랑하는 자녀들에게 그곳에서 지켜야 할 여러 가지 일들을 경계하고 또 경계했을 것입니다. 그들의 풍속을 좇지 말 것, 그들이 섬기는 우상을 가까이하지 말 것, 그들과 결혼해서는 안 된다는 것 등입니다. 특별히 아내들과 딸에게는 이방인들과의 접촉을 금하고 그들에게 노출되지 않도록 각별한 주의를 기울였을 것입니다.

그러나 디나는 세상에 대한 호기심과 동경, 미련이 있었기에 아버지 야곱의 말을 어기고 말았습니다. 그녀는 세상을 동경하는 마음을 담아 두는 데 그치지 않고 행함으로까지 옮겼기에 돌이킬 수 없는 수치를 당하고 말았지요.

롯의 아내도 멸망하는 소돔 성에서 나오기는 했지만 끝내 소돔 성에 대한 미련을 버리지 못해 뒤를 돌아보았다가 소금 기둥이 되고 말았습니다. 디나 역시 세상에 대한 호기심을 버리지 못하고 외출했다가 자신뿐만 아니라 가족 전체에게 커다란 고통을 안겨 주고 맙니다.

골로새서 2장 21절에 보면 세상 것을 "붙잡지도 말고 맛보지도 말고 만지지도 말라" 말씀하셨습니다. 그런데 신앙생활을 하면서도 한편으로는 여전히 세상 것을 취하는 사람들이 있습니다. 이런 사람은 영적으로 제자리걸음하는 것과 같습니다. '나는 열심히 죄를 버리기 위해 힘쓰는 것 같은데 왜 이렇게 변화가 더딘가.' 하는 생각이 든다면 혹여 세상 것을 바라보거나 취하고 있지 않은지 돌아보아야 합니다.

야곱이 얍복 강에서 철저히 깨어지고 변화된 증거는 딸 디나 사건을 통해서도 잘 나타납니다. 야곱은 아들들이 들에서 가축 떼를 치고 있을 때, 세겜이 자기 딸을 더럽혔다는 소식을 들었습니다. 아버지로서 가슴이 무너지는 일이지만 야곱은 아들들이 돌아올 때까지 잠잠하였습니다.

그는 아들들이 이 소식을 들으면 어떤 반응이 나오리라는 것을 짐작했습니다. 그래서 그들이 돌아오면 설득하여 사람의 방법이 아닌 하나님의 방법대로 맡기려고 했습니다.

예상한 대로 아들들은 동생 디나가 더럽힘을 당했다는 이야기를 들에서 듣고 근심하며 심히 분노했습니다. 같은 상황과 문제 앞에서 아버지 야곱과 다른 반응을 했던 것입니다.

예전의 야곱이라면 어찌했을까요? 분을 이기지 못하고 당장 어떻게 해 보려고 했을 것입니다. 들에 나간 아들들을 기다리지 못하고 급히 사람을 보내어 불러들였겠지요. 그러나 야곱은 그러지 않았습니다.

딸이 큰 수치를 당했는데도 악을 악으로 갚으려는 마음이 없었습니다. 예전의 그라면 분명 어떻게든 보복하려 했겠지만, 이제는 주변 상황이나 사리를 분별하지 못한 채 당장의 기분이나 감정에 이끌리지 않았습니다.

지난 20년간 연단의 세월을 지내며 야곱은 자신의 행동이 어떤 결과를 가져올지, 앞으로 어떤 일이 닥칠지 신중하게 생각하고 행동하는 사람이 되었습니다. 더욱이 야곱은 가족과 종들과 많은 재산을 책임지는 가장의 위치에 있습니다. 자기만의 기분이나 감정으로 쉽게 결정을 내릴 수 있는 입장이 아닙니다.

육의 사람들은 순간의 기분이나 감정에 이끌리기 쉽습니다. 또한 자신의 행동으로 인해 생길 문제나 주변 사람들이 겪게 될 고통을 미처 생각하지 못합니다. 무엇보다도 육의 사람은 당한 만큼 갚아 주려고 합니다. 그러나 이는 또 다른 악을 부를 뿐입니다.

로마서 12장 21절에는 "악에게 지지 말고 선으로 악을 이기라" 말씀합니다. 상대의 악을 선으로 갚아 주는 것이 진정한 승리입니다. 예수님께서도 자신에게 악을 행하며 온갖 멸시 천대를 하는 사람들에 대해 오직 선으로 대하셨습니다. 믿음의 선진들도 한결같이 선으로 악을 이기는 삶을 살았습니다.

한편, 세겜의 모습에서도 육의 사람의 마음을 알 수 있습니다. 디나를 강간하여 욕보인 세겜은 아버지 하몰에게 디나와 결혼할 수 있도록 도와달라고 합니다. 이 모습만 보면 세겜이 정말 디나를 사랑하여 아내로 삼으려는 것처럼 보일 수 있습니다. 물론 그가 디나를 욕보인 후에 버리지 않고 아내로 맞이하려는 것은 그나마 최소한의 양심은 있다고 할 수 있습니다.

그렇다 하여 세겜의 행동이 정당화될 수는 없습니다. 너무나 사랑해서 어쩔 수 없었다는 이유로 그런 행동이 정당화된다면 이 세상이 어찌 되겠습니까? 세겜이 정말 디나를 사랑하여 아내로 얻기 원했다면 상대를 욕보이고 수치를 주는 행동은 하지 말았어야 합니다. 오히려 순결을 지켜 주고 결혼이라는 정식 절차를 거쳐 아내로 얻기까지 기다려 주었어야 합니다.

이는 다른 분야에서도 마찬가지입니다. 실컷 상대에게 상처와 고통을 준 뒤 보상해 주었다 해서 이전의 잘못이 용납되는 것은 아닙니다. 정말 상대를 아끼고 사랑하면 애초에 상처와 고통을 주는 일을 하지 말아야 합니다. 만일 그러한 일이 생겼다면 마음 중심에서 철저히 잘못을 회개하고 용서를 구하는 것이 먼저입니다.

그런데 세겜과 그의 아비 하몰은 그렇지 않았습니다. 디나와의 혼담을 위해 야곱을 찾아왔을 때 세겜의 잘못에 대해서는 사과 한마디 없었습니다. 오히려 '이왕 일이 이렇게 되었으니 당신의 딸을 세겜의 아내로 달라.'는 식이었습니다.

이처럼 육의 사람은 상대에게 상처와 고통을 주고도 정말 미안해하는 것이 아니라 그럴 수도 있는 일이라고 자신의 행동을 정당화하며, 다른 것으로 보상해 주면 그만이라고 여깁니다.

2. 디나와의 혼사를 제의하는 하몰과 세겜

"하몰이 그들에게 이르되 내 아들 세겜이 마음으로 너희 딸을 연련하여 하니 원컨대 그를 세겜에게 주어 아내를 삼게 하라 너희가 우리와 통혼하여 너희 딸을 우리에게 주며 우리 딸을 너희가 취하고 너희가 우리와 함께 거하되 땅이 너희 앞에 있으니 여기 머물러 매매하며 여기서 기업을 얻으라 하고 세겜도 디나의 아비와 남형들에게 이르되 나로 너희에게 은혜를 입게 하라 너희가 내게 청구하는 것은 내가 수응하리니 이 소녀만 내게 주어 아내가 되게 하라 아무리 큰 빙물과 예물을 청구할지라도 너희가 내게 말한 대로 수응하리라" (34:8~12)

하몰은 야곱의 아들들에게 "내 아들 세겜이 디나를 애틋하게 사랑하고 있으니 결혼하게 해 달라."고 말합니다. 그리고 세겜과 디나의 결혼을 허락하면 야곱의 가족에게 그 땅에서 기업을 얻게 해 주겠다고 제안합니다.

당시 가나안 원주민들은 농사를 지으며 안정된 정착생활을 하고 있었습니다. 하몰과 세겜 성 거민들도 예외는 아닙니다. 반면에 야곱의 가족은 목축업을 했기에 일정한 거처 없이 옮겨 다녔습니다. 이 같은 사정을 잘 아는 하몰은 야곱이 제안을 수락하면 상권도 주고 세겜 성에서 안정된 생활을 할 수 있도록 돕겠다 한 것입니다.

세겜도 디나와 결혼만 허락해 주면 아무리 큰 혼수와 예물이라도 원하는 대로 주겠다고 말합니다. 이 모습만 보아서는 세겜이 디나를 순수하게 사랑하는 것처럼 보입니다. 하지만 육의 사람은 결국 자기 유익과 입장을 먼저 생각하기 마련입니다.

겉으로는 상대를 위해 주는 것 같지만 마음에는 또 다른 속셈이 있는 것입니다. 세겜의 경우 디나를 아내로 삼고 나아가 야곱의 집안과 자기 성 사람들이 통혼하게 되면 결국에는 야곱의 소유가 자신들의 것이 되리라는 속셈을 가지고 있었지요.

세겜은 큰 대가를 지불하고서라도 디나를 아내로 데려오기만 하면 된다고 생각했습니다. 이런 마음이라면 누군가에게 은혜를 입었을 경우에도 도리를 다하지 못합니다. 받은 것과 동일한 수준 혹은 그보다 좀 더 큰 것으로 돌려주면 은혜를 갚았다고 여기지요. 심지어 '이렇게 갚는 것만도 고마운 것 아니냐.'는 식으로 생각합니다. 이것이 육의 사람의 마음입니다.

그러나 선한 사람은 상대를 마음 아프게 한 일이 있다면 다음에 한 번 잘해 주는 것으로 끝나지 않습니다. 상대의 마음이 풀어지기까지 진심으로 용서를 구하며 이후로 다시는 그러한 아픔을 주지 않습니다. 또한 누군가에게 은혜를 입으면 한두 번 갚는 것으로 그치지 않고 변함없이 감사해 하며 은혜를 갚아 나갑니다. 하나님 앞에서나 사람 앞에서 이와 같은 모습이 되어야 합니다.

3. 야곱의 아들들이 할례를 요구하다

"야곱의 아들들이 세겜과 그 아비 하몰에게 속여 대답하였으니 이는 세겜이 그 누이 디나를 더럽혔음이라 야곱의 아들들이 그들에게 말하되 우리는 그리하지 못하겠노라 할례받지 아니한 사람에게 우리 누이를 줄 수 없노니 이는 우리의 수욕이 됨이니라 그런즉 이같이 하면 너희에게 허락하리라 만일 너희 중 남자가 다 할례를 받고 우리같이 되면 우리 딸을 너희에게 주며 너희 딸을 우리가 취하며 너희와 함께 거하여 한 민족이 되려니와 너희가 만일 우리를 듣지 아니하고 할례를 받지 아니하면 우리는 곧 우리 딸을 데리고 가리라

그들의 말을 하몰과 그 아들 세겜이 좋게 여기므로 이 소년이 그 일 행하기를 지체치 아니하였으니 그가 야곱의 딸을 사랑함이며 그는 그 아비 집에 가장 존귀함일러라 하몰과 그 아들 세겜이 성문에 이르러 그 고을 사람에게 말하여 가로되 이 사람들은 우리와 친목하고 이 땅은 넓어 그들을 용납할 만하니 그들로 여기서 거주하며 매매하게 하고 우리가 그들의 딸들을 아내로 취하고 우리 딸들도 그들에게 주자 그러나 우리 중에 모든 남자가 그들의 할례를 받음같이 할례를 받아야 그 사람들이 우리와 함께 거하여 한 민족 되기를 허락할 것이라 그리하면 그들의 생축과 재산과 그 모든 짐승이 우리의 소유가 되지 않겠느냐 다만 그 말대로 하자 그리하면 그들이 우리와 함께 거하리라"
(34:13~23)

야곱의 아들들은 청혼하러 온 세겜과 그의 아비 하몰에게 한 가지 제안을 합니다. 할례하지 않은 사람에게는 이스라엘 여인을 아내로 줄 수 없으니 세겜 성의 모든 남자가 할례를 받아야 한다는 것입니다.

'할례'란 남자의 생식기 끝의 포피(包皮) 또는 양피(陽皮)를 잘라내는 의식입니다. 하나님께서 아브라함 때에 명하신 이후 그의 자손들, 곧 이삭과 야곱, 그의 아들들도 생후 팔 일 만에 할례를 받았습니다. 이는 하나님의 언약 안에 있다는 상징이었습니다.

야곱의 아들들은 자신들처럼 세겜 성의 모든 남자가 할례를 받으면 그들과 통혼하며 한 민족이 되겠다고 말합니다. 반대로 그들이 할례를 받지 않는다면 디나를 줄 수 없다고 했습니다. 이 제안은 야곱의 아들들의 속임수였습니다.

여기에는 세겜뿐만 아니라 세겜 성에 거하는 모든 남자를 쳐서 보복하려는 목적이 숨어 있었습니다. 그들은 세겜이 디나와의 결혼을 위해 세겜 성 남자들을 설득하여 할례를 받게 할 것이라고 예상했습니다. 세겜 성의 모든 남자가 할례를 받고 통증으로 인해 거동이 불편할 때를 노려 일시에 진멸할 계획을 세웠습니다.

그들의 속셈을 모르는 세겜과 하몰은 그 제안을 좋게 여깁니다. 세겜은 지체하지 않고 성안 사람들을 설득하고 나섭니다. 세겜은 하몰 집안에서 가장 존귀한 자이며 세겜 성의 추장이었으므로 그의 말은 그곳 거민들에게 영향력이 매우 컸습니다.

하몰과 그 아들 세겜은 많은 사람이 왕래하는 성문에서 세겜 성 사람들의 구미를 끌 만한 말로 그들을 설득합니다. 즉 자신들이 할례를 받으면 야곱의 집안과 통혼할 수 있고 이로써 자연스럽게 한 민족을 이루어 야곱의 소유도 자신들의 소유가 될 수 있다고 했습니다.

이는 세겜 성 사람들을 설득하려는 의도였지만, 그 안에는 세겜과 하몰의 숨은 속셈도 담겨 있었습니다. 순수하게 디나를 사랑하여 아내로 삼으려는 것이 아니라 결국에는 야곱의 소유까지 차지하려는 의도가 숨어 있었던 것입니다.

이것이 바로 육의 사람들의 모습입니다. 겉으로는 순수하게 상대를 위해 주는 것처럼 보여도 결국 자신의 유익과 욕심을 채우려는 목적이 숨어 있는 것입니다.

4. 악을 악으로 갚은 야곱의 아들들

"성문으로 출입하는 모든 자가 하몰과 그 아들 세겜의 말을 듣고 성문으로 출입하는 그 모든 남자가 할례를 받으니라 제 삼 일에 미쳐 그들이 고통할 때에 야곱의 두 아들 디나의 오라비 시므온과 레위가 각기 칼을 가지고 가서 부지중에 성을 엄습하여 그 모든 남자를 죽이고 칼로 하몰과 그 아들 세겜을 죽이고 디나를 세겜의 집에서 데려오고 야곱의 여러 아들이 그 시체 있는 성으로 가서 노략하였으니 이는 그들이 그 누이를 더럽힌 연고라 그들이 양과 소와 나귀와 그 성에 있는 것과 들에 있는 것과 그 모든 재물을 빼앗으며 그 자녀와 아내들을 사로잡고 집 속의 물건을 다 노략한지라

야곱이 시므온과 레위에게 이르되 너희가 내게 화를 끼쳐 나로 이 땅 사람 곧 가나안 족속과 브리스 족속에게 냄새를 내게 하였도다 나는 수가 적은즉 그들이 모여 나를 치고 나를 죽이리니 그리하면 나와 내 집이 멸망하리라 그들이 가로되 그가 우리 누이를 창녀같이 대우함이 가하니이까"(34:24~31)

여러 가지 이해관계를 생각한 세겜 성 남자들은 세겜과 하몰의 제안을 받아들여 모두 할례를 받았습니다. 그 후 사흘째 되던 날 세겜 남자들이 가장 고통이 심할 때 일이 터졌습니다.

디나의 동복(同腹) 오라비인 시므온과 레위가 사람들을 이끌고 부지

중에 성을 기습한 것입니다. 시므온과 레위는 디나를 욕보인 세겜과 그의 아비 하몰은 물론 성안의 모든 남자를 죽입니다. 보복은 여기서 그치지 않습니다.

야곱의 여러 아들들이 합류하여 닥치는 대로 가축과 재산을 빼앗으며 아녀자들을 사로잡고 가재도구까지 노략해 왔습니다. 누이가 당한 수치를 복수한다는 명목이었지만 한 성의 남자들을 모조리 죽이고 노략질한 것은 너무나 큰 악입니다.

구약 시대는 '눈에는 눈, 이에는 이'로 갚는 것을 당연히 여겼습니다. 그러나 하나님께서 율법으로 그렇게 명시한 이유는 자칫 악을 방관하여 백성 가운데 악이 퍼지는 것을 경계하시려는 것이었습니다. 결코 자신이 해를 입은 만큼 되돌려 주고 복수해도 된다는 의미가 아닙니다.

레위기 19장 18절에 보면 오히려 하나님께서는 "원수를 갚지 말며 동포를 원망하지 말며 이웃 사랑하기를 네 몸과 같이 하라" 하셨습니다. 물론 야곱이 살던 시대는 율법이 주어지기 이전입니다. 그러나 정녕 하나님과 교통하며 하나님의 마음과 뜻을 아는 사람이라면 율법이 주어지기 이전에도 선한 양심대로 행했습니다.

하나님께서 보실 때 악이라면 친히 공의 가운데 심판하십니다. 로마서 12장 19절에 "원수 갚는 것이 내게 있으니 내가 갚으리라" 말씀한 대로입니다. 정녕 선과 진리를 좇는 사람이라면 어떠한 악한 일을 당하더라도 악으로 갚는 것이 아니라 마음 중심에서 상대를 이해하고 용서하며 선으로 이깁니다. 기도함으로 하나님의 인도하심을 받으며 공의 가운데 역사하시는 하나님께 모든 것을 맡깁니다.

이처럼 오직 선 가운데 역사하시는 하나님께 의뢰하며 선을 행하는 것이 형통하고 축복받는 지름길입니다(시 37:3). 그런데 야곱의 아들들이 세겜 성 남자들을 속여 죽이고 복수한 것은 또다시 그곳 사람들에게 복수의 빌미를 제공한 셈입니다.

다행히 하나님께서 야곱을 생각하여 주변 고을들로 하여금 크게 두려워하게 함으로 더 이상 피의 보복은 없도록 하셨습니다. 이는 공의에 맞기 때문에 가능한 일입니다. 곧 세겜의 잘못이 먼저였기에 주변 사람들의 마음을 주관하여 야곱 일가를 해치지 못하게 하신 것입니다.

만약 하나님께서 역사해 주지 않으셨다면 수적으로 열세인 야곱 일가는 생명을 부지하기 어려웠을 것입니다. 비록 디나가 당한 일은 씻기 어려운 수치였지만 야곱의 아들들이 정말 선했다면 악을 악으로 갚는 것이 아니라 하나님의 뜻과 방법을 따랐어야 했습니다.

세겜 성 남자들을 죽이는 데 앞장선 것은 시므온과 레위였지만 나중에 세겜 성을 노략할 때 몇몇 형제도 그들을 도왔습니다. 이들 중에는 정말 당한 것만큼 갚아 주려는 분한 마음에 함께한 사람도 있었지만 당시의 분위기와 흐름에 휩쓸려 함께한 사람도 있었습니다.

이처럼 분위기나 흐름에 휩쓸렸던 사람에게 "왜 그러한 일에 가담했느냐?"고 묻는다면 뭐라 답할까요? "그럴 마음이 없었는데, 어쩌다 보니 따라가게 되었다."라고 대답할 것입니다.

하지만 이것은 어디까지나 핑계입니다. 정말 그런 마음이 없다면 동조할 리가 없습니다. 더욱이 직접 가담했다는 것은 자기 안에도 그들과 똑같은 마음이 있다는 증거입니다.

　이 사건으로 인해 야곱은 큰 근심에 싸였습니다. 아들들이 행한 일을 인근에 사는 가나안과 브리스 족속 사람들이 듣고 공격해 오면 가족 전체가 몰살당할 수 있기 때문입니다.

　야곱 일가에 불어닥친 불미스러운 사건들과 그로 인한 두려움은 결국 야곱으로 하여금 벧엘로 올라가서 자신의 신앙을 점검하고, 하나님께 약속했던 서원을 이행하게 하는 계기가 되었습니다(창 35장).

Jacob
Chapter 10

하나님의 축복받을
그릇을 준비하다

벧엘로 올라가서 단을 쌓으라

가정의 신앙 개혁을 단행한 야곱

온 가족이 벧엘에 이르러 단을 쌓다

많은 국민이 네게서 나고 왕들이 네 허리에서 나오리라

벧엘의 하나님과 언약의 증표를 세우다

아들 베냐민의 탄생과 라헬의 죽음

레아의 큰아들 르우벤과 서모 빌하

마침내 이삭과 재회한 야곱

1. 벧엘로 올라가서 단을 쌓으라

"하나님이 야곱에게 이르시되 일어나 벧엘로 올라가서 거기 거하며 네가
네 형 에서의 낯을 피하여 도망하던 때에 네게 나타났던 하나님께 거기서 단
을 쌓으라 하신지라"(35:1)

야곱의 가족은 세겜 성 거민의 살육과 약탈 사건으로 인해 신변에
위협을 느꼈습니다. 이때 하나님께서는 야곱에게 벧엘로 올라가서 단을
쌓으라고 지시하십니다. 벧엘은 야곱이 에서를 피해 하란으로 도망할 때
하나님께서 나타나 언약의 말씀을 주신 곳입니다(창 28:10~22).

당시 야곱은 어디 한 곳 의지할 데 없는 상황에서 외삼촌 라반의 집
으로 도망하고 있었습니다. 한 치 앞의 일도 확신할 수 없고 가진 것 하
나 없는 야곱에게 하나님께서는 놀라운 언약의 말씀을 주셨습니다.

"네 자손이 땅의 티끌같이 되어서 동서남북에 편만할지며 땅의 모든
족속이 너와 네 자손을 인하여 복을 얻으리라 내가 너와 함께 있어 네

가 어디로 가든지 너를 지키며 너를 이끌어 이 땅으로 돌아오게 할지라"
(창 28:14~15)

그로부터 오랜 세월이 지나 하나님의 언약은 야곱을 통해 이루어지고 있었습니다. 하나님께서는 야곱이 어디로 가든지 지키셨고 결국 약속한 땅으로 인도하셨습니다. 이러한 시점에서 하나님은 지난 일들을 상기시킴으로 지금의 모든 축복이 누구로부터 온 것인지 분명히 인식하게 하십니다.

물론 야곱 편에서도 지난 세월 동안 하나님의 언약을 잊어 본 적이 없습니다. 지금의 자신이 있기까지 모든 것이 하나님의 은혜임을 잊지 않았지요. 그럼에도 하나님께서는 야곱이 처음 하나님을 만나 언약을 받은 곳으로 인도해 단을 쌓게 하십니다. 이는 다시 한 번 그에게 언약을 굳게 정하며 축복 주시기 위해서였습니다.

예전에 언약의 말씀을 주며 축복하신 것과, 지금 다시 언약의 말씀을 주며 축복하시는 것은 차원이 다릅니다.

예전에 언약의 말씀을 주실 때는 야곱이 변화되기 전이었지만 지금은 철저히 깨어지고 변화되었습니다. 같은 언약의 말씀이라도 어느 시점에 주시느냐가 매우 중요합니다. 예전에 주신 말씀은 장차 야곱에게 일어날 일을 알고 미리 주신 것입니다.

하나님께서는 그 언약의 말씀이 이루어지도록 하란에서 20년간 야곱을 연단하셨습니다. 이제 야곱이 철저히 깨어지고 변화되어 축복받을 그릇이 되었기에 다시 한 번 그를 벧엘로 불러 축복하시려는 것입니다.

2. 가정의 신앙 개혁을 단행한 야곱

"야곱이 이에 자기 집 사람과 자기와 함께한 모든 자에게 이르되 너희 중의 이방 신상을 버리고 자신을 정결케 하고 의복을 바꾸라 우리가 일어나 벧엘로 올라가자 나의 환난 날에 내게 응답하시며 나의 가는 길에서 나와 함께하신 하나님께 내가 거기서 단을 쌓으려 하노라 하매 그들이 자기 손에 있는 모든 이방 신상과 자기 귀에 있는 고리를 야곱에게 주는지라 야곱이 그것들을 세겜 근처 상수리나무 아래 묻고 그들이 발행하였으나 하나님이 그 사면 고을들로 크게 두려워하게 하신 고로 야곱의 아들들을 추격하는 자가 없었더라"
(35:2~5)

야곱은 하나님께서 지시하신 벧엘로 가기에 앞서 자신은 물론 가족과 종들에 이르기까지 신앙을 점검합니다. 즉 이방 신상을 버리고 각각 자신을 정결케 하며 의복을 바꿔 입도록 했습니다. 가정 안에 신앙 개혁을 단행함으로 우상을 제거한 것입니다. 또한 자기와 함께한 사람들에게 한 흐름을 타도록 요구한 것이지요.

하나님께서 야곱에게 주신 언약의 말씀은 그 혼자의 힘으로 이룰 수 있는 것이 아닙니다. 개인적으로야 얼마든지 하나님께 축복받고 지킴 받을 수 있지만 야곱을 통해 이스라엘 민족이라는 선민이 탄생하기 위해서는 가족 모두 야곱과 한 흐름 가운데 있어야 합니다.

가족 중 누군가 하나님의 뜻을 거스르고 하나님 앞에 불의하다면 그만큼 축복이 막히기 때문입니다. 이러한 사실을 잘 아는 야곱은 하나님께 나아가 제단을 쌓기 전, 몇 가지를 점검합니다.

첫째로, "너희 중의 이방 신상을 버리라" 했습니다.

이는 '세상을 끊으라'는 뜻입니다. 곧 하나님보다 더 사랑하는 것, 설령 하나님보다 덜 사랑한다 해도 하나님께 쏟아야 할 마음을 빼앗는 것이 있다면 끊어 버리라는 것입니다.

요한일서 2장 15절에 "이 세상이나 세상에 있는 것들을 사랑치 말라 누구든지 세상을 사랑하면 아버지의 사랑이 그 속에 있지 아니하니" 말씀합니다. '세상'은 빛이신 하나님과 반대 되는 것의 총칭으로, 세상 것을 사랑하면 어느 순간 죄가 들어오고, 거듭 죄를 지어 나가면 결국 죄의 삯인 사망에 이릅니다(롬 6:23).

그러므로 하나님께서는 우리의 마음과 생각 속에, 눈과 귀와 몸에 배어 있는 세상 것을 버리라 하십니다. 세상 것을 철저히 끊어 버리면 하나님의 은혜가 임하고 마음에 담대함이 생기니 믿음으로 구하는 것마다 응답받을 수 있습니다.

둘째로, "자신을 정결케 하고 의복을 바꾸라" 했습니다.

'자신을 정결케 하라'는 것은 겉으로 보이는 행위적인 면을 의미합니다. 성령이 오시기 전인 구약 시대는 행위적인 신앙의 시대였기에 하나님 앞에 나아갈 때는 당연히 행위적인 모습이 정결해야 했습니다. 그런데 이보다 중요한 것은 마음의 성결입니다. 그래서 야곱은 "의복을 바꾸라" 한 것입니다.

의복은 영적으로 마음을 뜻합니다. 이전에 입었던 옷, 즉 더럽고 추하고 냄새나는 마음을 벗고 새 옷으로 갈아입어야 합니다. 거룩하고 아름다운 진리의 마음으로 바꿔 나가야 하지요(엡 4:22~24). 이처럼 의복을 바꿔 입고 하나님 앞에 나가면 반드시 응답과 축복으로 역사해 주십니다.

셋째로, 이방 신상과 귀고리를 상수리나무 아래에 묻었습니다.

야곱의 지시에 따라 집안 모든 사람은 자신들에게 있는 이방 신상과 귀고리를 가져다 그에게 주었습니다. 이방 신상은 '옛사람으로서 가지고 있던 온갖 구습과 죄악된 모습'을 의미합니다. 또한 귀고리는 영적으로 누군가에게 예속되었다는 종의 표식입니다(신 15:16~17).

당시 이방인들 사이에서 하던 귀고리는 단순한 장식이 아닌 우상 숭배와 연관이 있었습니다. 귀고리에 여러 형상이 새겨져 있어 자연스럽게 우상으로 자리 잡았고 나아가 그 귀고리에 신비스러운 마력이 있다고 여기기도 했습니다. 따라서 귀고리를 버린다는 것은 우상 숭배에서 떠남과 동시에 원수 마귀 사단의 종으로 매인 상태에서 놓임 받는다는 의미가 내포되어 있습니다.

야곱이 이방 신상과 귀고리를 상수리나무 아래에 묻은 것은 사람들이 다시 찾지 못하도록 완전히 제거했다는 뜻입니다. 이는 어둠에서 나와 오직 빛이신 하나님만 바라보고 가는 것을 의미합니다. 이것이 바로 하나님 앞에 나아가는 사람의 마음가짐입니다.

한편, 상수리나무는 믿음을 뜻합니다. 따라서 상수리나무 아래 묻었다는 것은 믿음으로 묻었다는 뜻입니다. 아브라함도 하나님 앞에 제단을 쌓을 때에 상수리 수풀에서 쌓았습니다. 그가 상수리나무 밑에서 제사를 드린 것은 알알이 맺힌 상수리 열매를 바라보며 믿음으로 하나님 말씀에 의지하여 나왔다는 의미입니다.

야곱은 단을 쌓기 위한 준비를 마친 후에야 벧엘로 출발합니다. 이 때 야곱에게 한 가지 염려가 밀려왔습니다. 아들들이 세겜 성 사람들에게 행한 일로 가나안 족속과 브리스 족속이 보복하지 않을까 하는 염려였습니다. 먼저 악을 행한 것은 세겜이었지만, 이를 아들들이 악으로 갚았기 때문에 내심 염려가 된 것입니다.

다행히 하나님의 도우심으로 야곱 일가가 해를 입는 일은 없었습니다. 이 또한 공의에 맞았기에 가능한 일이었습니다. 비록 딸 디나가 큰 수치를 겪었다 해도 야곱은 악을 악으로 갚지 않고 하나님께 맡기려 했습니다. 더욱이 그는 아들들이 세겜 성을 공격할 계획을 전혀 몰랐지요. 아들들의 독자적인 행동이었기에 사단이 야곱까지 송사할 수는 없었습니다.

하나님께서 그 땅 주변에 있는 이방인 고을들로 크게 두려워하게 하시니 벧엘로 향하는 야곱과 그의 아들들을 추격하는 자가 없었습니다. 이는 하나님께서 야곱을 보고 주신 은혜이지요. 하지만 야곱의 아들들이 행한 악에 대한 보응은 훗날 자신들에게 임하게 됩니다.

3. 온 가족이 벧엘에 이르러 단을 쌓다

"야곱과 그와 함께한 모든 사람이 가나안 땅 루스 곧 벧엘에 이르고 그가 거기서 단을 쌓고 그곳을 엘벧엘이라 불렀으니 이는 그 형의 낯을 피할 때에 하나님이 그에게 거기서 나타나셨음이더라 리브가의 유모 드보라가 죽으매 그를 벧엘 아래 상수리나무 밑에 장사하고 그 나무 이름을 알론바굿이라 불렀더라"(35:6~8)

야곱 일행은 무사히 벧엘에 도착했습니다. 그곳에서 단을 쌓고 하나님과의 약속을 이행한 야곱은 그곳을 '엘벧엘'이라고 이름 지었습니다. 엘벧엘은 '벧엘의 하나님'이라는 뜻입니다. 여기서 우리는 두 가지 사실을 깨달을 수 있습니다.

첫째는, 야곱과 함께한 사람이 다 같이 벧엘로 나아갔다는 것입니다. 그들은 야곱이 이방 신상을 버리고 정결케 하도록 지시했을 때 모두 순종했습니다. 그 결과 한 사람도 낙오 없이 하나님 앞에 단을 쌓는 자리에 동참할 수 있었습니다.

둘째는, 하나님이 원하시는 목적에 맞추어 단을 쌓았다는 점입니다. 하나님께서 야곱을 벧엘로 다시 부르신 이유는, 예전에 야곱이 형 에서를 피해 도망하던 때에 그에게 나타나 언약하고 축복하신 하나님을 기억하고 기념하여 감사로 단을 쌓게 하시려는 것입니다. 야곱은 하나님께서 왜 단을 쌓으라고 하시는지 그 의미를 정확히 깨달아 말씀대로 순종했습니다.

오늘날 하나님께 예배를 드리거나 교회 안에서 행사를 진행할 때 본래의 목적과 취지에서 벗어나는 경우가 있습니다. 예배는 물론 모든 행사나 모임의 목적은 오직 하나님께 영광 돌리기 위함입니다.

그런데 이러한 취지나 목적이 변질되어 자기만족이나 즐거움, 심지어 자기 유익을 위해 행사나 모임을 갖기도 합니다. 각종 예배를 비롯하여 모든 행사와 모임을 그 근본 취지와 목적에 맞게 드릴 때 하나님께서 기뻐 받으십니다.

야곱 일행 중에는 그의 모친인 리브가의 유모 드보라도 있었습니다. 그녀는 리브가가 이삭과 결혼하기 위해 밧단아람을 떠나온 이래(창 24:59) 줄곧 리브가와 함께하였고, 리브가가 죽은 후에는 야곱의 집에서 함께 살았습니다. 그녀가 이제 임종을 맞이합니다.

야곱은 드보라를 벧엘 아래 상수리나무 밑에 장사합니다. 그리고 그곳을 '알론바굿'이라 불렀습니다. 이는 '통곡의 상수리나무'라는 뜻으로서 드보라를 잃은 야곱의 슬픔이 얼마나 컸는지 알 수 있습니다.

드보라의 죽음은 영적으로 큰 의미가 있는 사건은 아닙니다. 하지만 이에 대한 기록은 당시 유모를 두는 풍습이나 죽은 사람을 나무 밑에 장사하는 풍습 등 시대 상황을 알 수 있게 해 줍니다. 또한 그냥 나무 아래 묻었다고 한 것이 아니라 구체적인 지명과 나무의 이름까지 기록함으로써 성경이 사실임을 확실히 뒷받침하고 있습니다.

4. 많은 국민이 네게서 나고 왕들이 네 허리에서 나오리라

"야곱이 밧단아람에서 돌아오매 하나님이 다시 야곱에게 나타나사 그에게 복을 주시고 그에게 이르시되 네 이름이 야곱이다마는 네 이름을 다시는 야곱이라 부르지 않겠고 이스라엘이 네 이름이 되리라 하시고 그가 그의 이름을 이스라엘이라 부르시고 그에게 이르시되 나는 전능한 하나님이니라 생육하며 번성하라 국민과 많은 국민이 네게서 나고 왕들이 네 허리에서 나오리라 내가 아브라함과 이삭에게 준 땅을 네게 주고 내가 네 후손에게도 그 땅을 주리라 하시고 하나님이 그와 말씀하시던 곳에서 그를 떠나 올라가시는지라"(35:9~13)

하나님께서는 단을 쌓고 기도하는 야곱에게 복을 주고 그의 이름을
다시금 이스라엘이라 확인해 주셨습니다. 이미 브니엘에서 야곱에게 이
스라엘이라는 새 이름을 주셨는데(창 32:28), 벧엘에서 다시 한 번 확인
해 주신 것입니다.

야곱의 이름을 이스라엘이라 하신 것은 그를 이스라엘 민족의 시조
로 세우고 약속한 말씀을 이루어 주시기 위함입니다. 이렇게 중요한 의
미를 가지는 사건이기에 '하나님이 다시 야곱에게 나타나 그에게 복을
주셨다.' 말씀하고 있습니다.

야곱에게 축복의 말씀을 주신 후 하나님께서는 그를 떠나 올라가셨
습니다. 이 말씀만 보면 하나님께서 야곱 앞에 친히 나타나 말씀하시고
다시 하늘로 올라가신 것처럼 보입니다.

앞서 하나님께서 야곱에게 벧엘로 가서 단을 쌓으라고 하실 때도
"하나님이 야곱에게 이르시되"라고 했는데(창 35:1), 이때도 직접 나타나
말씀하신 것처럼 여겨지지요. 하지만 두 경우 모두 하나님이 직접 야곱
앞에 나타나신 것은 아닙니다. 아무나 하나님과 대면하여 말할 수는 없
기 때문입니다.

성경을 보면 하나님을 직접 뵙는 일은 모세와 같이 온유함이 승하
고 온 집에 충성한 사람에게 특별한 섭리 가운데 허락되었습니다(민
12:3~8). 그런데 야곱은 하나님과 친히 대면하여 말할 만큼 온전한 것
도, 하나님 형상을 볼 만한 자격을 갖춘 것도 아닙니다. 그러니 그가 하
나님과 직접 대면하여 말하거나 하나님 형상을 볼 수는 없습니다.

그럼에도 하나님께서 친히 야곱에게 나타나 말씀하신 것으로 기록되어 있는데, 이는 야곱의 마음을 움직여서 그의 마음으로부터 음성을 듣게 하신 것입니다.

오늘날 성령 시대로 말하면 성령의 음성을 들려주신 것과 같습니다. 구약 시대에는 성령이 사람들의 마음 안에 내주하시지는 않았지만 이런 저런 형태로 사역하셨습니다. 이를 성신의 역사로 표현했지요.

예를 들어, 역대상 28장 12절에는 "성신의 가르치신 모든 식양 곧 여호와의 전의 뜰과 사면의 모든 방과 하나님의 전 곳간과 성물 곳간의 식양을 주고" 했습니다. 솔로몬 성전을 건축할 때 그 모든 식양을 성신께서 감동함 가운데 알려 주셨다는 말입니다.

야곱도 변화된 뒤 마음으로부터 들려오는 하나님의 음성을 들을 수 있었습니다. 이렇게 마음으로부터 들은 것이라도 하나님께로부터 온 것이기에 '하나님께서 야곱에게 말씀하셨다.' 한 것입니다.

5. 벧엘의 하나님과 언약의 증표를 세우다

"야곱이 하나님의 자기와 말씀하시던 곳에 기둥 곧 돌기둥을 세우고 그 위에 전제물을 붓고 또 그 위에 기름을 붓고 하나님이 자기와 말씀하시던 곳의 이름을 벧엘이라 불렀더라"(35:14~15)

야곱은 하나님께서 말씀하시던 그 자리에 돌기둥을 세우고 그 위에 전제물을 부었습니다. 전제물은 포도주와 같은 액체로 된 제물을 가리킵니다. 야곱은 전제물을 부은 다음 그 위에 기름을 붓고 그곳을 벧엘이라고 불렀습니다. 이는 야곱이 하나님께 받은 약속을 온전한 언약의 증표로 세우려는 것입니다.

돌기둥을 세웠다는 것은 하나님 말씀은 변함이 없기에 말씀하신 대로 야곱 자신을 통해 이스라엘의 기초를 세우신다는 의미입니다. 그 위에 전제물과 기름을 부은 것은 자신에게 주신 약속을 번복할 수 없다는 의미입니다. 아직 하나님 말씀이 성취되기 전입니다. 그럼에도 야곱은 하나님 말씀이 온전히 이루어질 것을 조금도 의심치 않았기에 믿음의 행함으로써 하나님과의 언약을 굳게 했습니다.

물론 하나님의 약속은 신실하여 반드시 이루어집니다. 그러나 야곱은 돌기둥을 세우고 전제물과 기름을 부음으로 하나님과의 신뢰 관계를 더욱 굳게 하였습니다. 야곱의 믿음의 행함 앞에 하나님께서는 그와의 약속을 온전히 이행하실 수밖에 없지요.

사람과의 관계에서도 내 편에서 상대와의 약속을 반드시 지킬 마음이라 해도 상대가 나에게 신뢰할 만한 증거를 보여 주는 것과 그렇지 않은 것은 차이가 있습니다. 하나님과의 관계에 있어서도 우리 편에서 믿음의 행함을 먼저 내보이는 것과 그렇지 않은 것은 큰 차이가 납니다.

6. 아들 베냐민의 탄생과 라헬의 죽음

"그들이 벧엘에서 발행하여 에브랏에 이르기까지 얼마 길을 격한 곳에서 라헬이 임산하여 심히 신고하더니 그가 난산할 즈음에 산파가 그에게 이르되 두려워 말라 지금 그대가 또 득남하느니라 하매 그가 죽기에 임하여 그 혼이 떠나려 할 때에 아들의 이름은 베노니라 불렀으나 그 아비가 그를 베냐민이라 불렀더라 라헬이 죽으매 에브랏 곧 베들레헴 길에 장사되었고 야곱이 라헬의 묘에 비를 세웠더니 지금까지 라헬의 묘비라 일컫더라"(35:16~20)

벧엘에서 언약의 증표를 세운 야곱 일행은 다시 그곳에서 출발하여 에브랏 근처에 이릅니다. 이때 야곱에게 또다시 애통할 사건이 일어납니다. 해산할 때가 되어 진통을 시작한 라헬이 난산 끝에 죽음을 맞은 것입니다. 태어난 아이는 라헬에게는 둘째 아들이자 야곱에게는 막내아들이 되고 말았습니다.

그녀는 자신의 죽음을 예감한 듯 숨을 거두기 전 아이를 '내 슬픔의 아들'이라는 뜻의 '베노니'로 불렀습니다. 라헬을 잃고 슬픔에 잠긴 야곱은 차마 아이를 그렇게 부를 수 없어 '오른손의 아들'이라는 뜻의 '베냐민'으로 이름 지었습니다.

야곱의 인생에 라헬은 커다란 부분을 차지했습니다. 라헬 외에도 세 명의 아내가 있었지만 야곱이 진정 원해서 얻은 아내는 라헬뿐이었고 오랜 세월 그 사랑이 변함없었습니다. 비록 라헬의 시기 질투로 고통을 받고 여러 문제가 생겼지만 야곱의 사랑은 한결같았지요.

누군가를 사랑하다가 어느 순간 상대가 자기 생각에 맞지 않고 힘들게 한다고 사랑이 식는다면 이는 참사랑이라 할 수 없습니다. 어떠한 상황에서도 이해하고 품으며 변함없는 마음을 주어야 참된 사랑입니다. 그런 의미에서 야곱은 라헬을 진정 사랑했고 그녀는 야곱에게 있어 큰 위로가 되는 존재였습니다.

그러니 라헬을 잃은 야곱의 슬픔은 참으로 클 수밖에 없었습니다. 그녀의 죽음이 단순히 의학이 발달하지 않았던 시대 탓만은 아닙니다. 하나님께서 지켜 주셨다면 얼마든지 순산할 수 있었습니다. 그렇다면 라헬은 왜 단명할 수밖에 없었을까요?

앞서 살펴본 것처럼 라헬은 시기 질투가 매우 심했습니다. 그녀가 오랫동안 잉태하지 못했던 것도 이 때문입니다. 세월이 한참 지난 후에 아들 요셉을 낳긴 했지만 이는 하나님께서 야곱을 생각하여 그녀에게 은혜를 베푸신 것입니다.

그럼에도 라헬은 자족하지 못한 채 시기 질투가 여전했습니다. 아들의 이름을 "여호와는 다시 다른 아들을 내게 더하시기를 원하노라" 하여 '더한다'는 의미를 가진 요셉이라 지은 것만 보아도 알 수 있지요. 남편의 사랑을 가장 많이 받으면서도 자신을 변화시키기보다는 시기 질투와 욕심을 더 쌓아만 갔습니다. 결국 쌓은 악으로 인해 라헬은 하나님으로부터 지킴 받지 못한 채 단명하고 말았던 것입니다.

이렇게 악으로 인해 일찍 죽을 수밖에 없었던 라헬은 과연 구원받았을까요? 라헬이 비록 마음의 할례를 하거나 마음에서부터 하나님을 잘 섬겼다고 말할 수는 없지만 그래도 남편 야곱이 하나님을 섬기는 자리에 늘 있었습니다.

때를 좇아 야곱이 하나님 앞에 단을 쌓을 때 라헬도 함께 하나님을 경배했고, 야곱을 따라 규례를 지켰지요. 비록 자신의 의지 가운데 하나님을 믿고 섬긴 것은 아니라 해도 하나님의 규례를 따르는 사람이었던 것입니다.

따라서 오늘날과 달리 행위로 구원의 여부가 결정되는 구약 시대였던 점을 생각한다면 라헬은 최소한 구원은 받을 수 있는 신앙이었다고 말할 수 있습니다. 야곱은 에브랏이라는 곳에서 라헬을 장사하고 그곳에 묘비를 세운 후에 길을 떠납니다.

사랑하는 라헬을 장사한 야곱의 슬픔은 참으로 컸습니다. 더구나 태어나자마자 엄마를 잃은 젖먹이 베냐민과 아직 어린 요셉을 볼 때 안타까움이 얼마나 컸겠습니까. 이러한 마음이 요셉에 대한 애틋함과 편애로 이어지면서 훗날 형제간에 시기 질투를 일으키는 원인이 됩니다.

7. 레아의 큰아들 르우벤과 서모 빌하

"이스라엘이 다시 발행하여 에델 망대를 지나 장막을 쳤더라 이스라엘이 그 땅에 유할 때에 르우벤이 가서 그 서모 빌하와 통간하매 이스라엘이 이를 들었더라 야곱의 아들은 열둘이라 레아의 소생은 야곱의 장자 르우벤과 그다음 시므온과 레위와 유다와 잇사갈과 스불론이요 라헬의 소생은 요셉과 베냐민이며 라헬의 여종 빌하의 소생은 단과 납달리요 레아의 여종 실바의 소생은 갓과 아셀이니 이들은 야곱의 아들들이요 밧단아람에서 그에게 낳은 자더라"
(35:21~26)

야곱 일행이 헤브론으로 돌아오던 중 에델 망대를 지나 장막을 쳤을 때의 일입니다. 라헬을 잃은 슬픔에서 채 벗어나기도 전에 야곱은 차마 입에 담기 힘든 충격적인 소식을 듣습니다. 레아가 낳은 장자 르우벤이 서모 빌하와 통간을 했다는 것입니다.

빌하는 라헬의 여종이었다가 야곱의 아내가 된 여인이지요. 그들의 소행은 사형이라는 중징계를 내려도 마땅합니다. 하지만 야곱은 이 소식을 듣고도 분노하거나 사람들 앞에 드러내지 않았습니다. 잠잠히 참고 인내하며 그들 스스로가 문제를 해결하도록 기회를 주었습니다.

야곱이 변화되기 이전이라면 그들의 범죄를 드러내어 벌을 내렸을 것입니다. 그러나 야곱은 그렇게 하지 않았습니다. 자신이 나서기보다 모든 것을 하나님께 맡기고 그 뜻대로 되기를 바랐던 것입니다.

이처럼 야곱은 오랜 연단의 세월을 거치면서 도저히 있을 수 없는 상황에서도 평정심을 잃지 않고 온유한 마음으로 허물을 덮어 주고 기다려 줄 수 있는 선과 사랑을 이루었습니다. 물론 공의대로라면 당연히 르우벤과 빌하에 대해 엄정한 조치를 취해야 합니다. 하지만 그렇게 했다면 어떤 결과가 나왔을까요?

예를 들어, 그들에게 큰 벌을 내리거나 둘 중에 하나를 내어쫓으면 더 이상의 범죄는 일어나지 않을 것입니다. 하지만 그들이 진정 죄를 회개하여 뉘우치지 않는다면 벌은 벌로써 끝나고 맙니다. 주변 사람들에게 본보기가 되어 더 이상의 범죄는 막을 수 있겠지만 그들은 회개할 기회조차 얻지 못한 채 사망으로 갈 수 있습니다.

그러면 그들을 불러서 엄히 꾸짖는다면 어떠할까요? 그들이 진정 회개하고 돌이키면 좋지만 당장의 위기를 모면하려는 마음으로 회개하는 척한다면 이 역시 소용 없습니다. 또다시 범죄할 수 있지요.

야곱은 그들이 마음 중심에서 돌이켜 회개하기 원했습니다. 그래서 그들의 범죄를 드러내 벌하거나 책망하지 않았습니다. 그들이 알아들을 수 있도록 깨우쳐 주면서 스스로 돌이키기를 기다렸습니다. 이것이 바로 공의를 뛰어넘는 사랑입니다. 야곱의 이러한 모습은 그가 연단을 통해 얼마나 하나님의 마음을 닮게 되었는지 보여 줍니다.

이 사건을 통해 야곱은 인생이 얼마나 덧없고 허무한지 다시 한 번 마음 깊이 새겼습니다. 또 하나님께 모든 것을 맡길 수 있는 마음으로 더 굳히는 계기가 되었지요. 비록 통탄하고 분개할 일이지만 선으로 통과하니 영적으로는 축복의 계기가 되었던 것입니다.

야곱은 레아가 낳은 여섯 아들과 라헬이 낳은 요셉과 베냐민, 그리고 두 명의 첩이 낳은 네 아들이 있었습니다. 이 열두 아들 중 베냐민을 제외한 열한 명의 아들을 모두 밧단아람에서 낳았습니다. 이제 야곱의 시대가 지나고 그 아들들의 시대가 서서히 열리고 있었습니다.

8. 마침내 이삭과 재회한 야곱

"야곱이 기럇아르바의 마므레로 가서 그 아비 이삭에게 이르렀으니 기럇아르바는 곧 아브라함과 이삭의 우거하던 헤브론이더라 이삭의 나이 일백팔십세라 이삭이 나이 많고 늙어 기운이 진하매 죽어 자기 열조에게로 돌아가니 그 아들 에서와 야곱이 그를 장사하였더라"(35:27~29)

하란에서 라반을 떠나 가나안 땅으로 돌아온 야곱의 행보를 보면 한 가지 의아한 점이 있습니다. 에서와 화해한 후에도 곧장 아버지 이삭을 만나러 가지 않았다는 점입니다.

야곱 입장에서는 하루라도 빨리 아버지 이삭을 만나러 가는 것이 자녀 된 도리입니다. 이삭 편에서도 야곱이 돌아온다는 소식을 들었을 테니 얼마나 그를 기다렸겠습니까? 하지만 야곱은 세겜 땅에 정착하여 오랜 시간 머물렀습니다.

다나 사건 이후에야 벧엘을 지나 기럇아르바 곧 헤브론에 이르러 아버지 이삭을 만났습니다. 여기에는 그만한 이유가 있었습니다. 당시 에서의 마음이 풀려 야곱을 환대하긴 했지만 장자권이라는 문제의 불씨는 여전히 남아 있었습니다.

예를 들어, 야곱이 형과 화해한 후 곧장 아버지를 만나러 갔다면 어땠을까요? 마치 잃은 자식을 다시 찾은 것처럼 이삭은 크게 잔치를 벌여 야곱의 귀향을 축하해 주었을 것입니다.

막상 이러한 모습을 본다면 에서의 마음이 요동했을 것입니다. 아버지가 생각한 것보다 훨씬 더 야곱을 환대한다고 느끼면 얼마든지 마음이 바뀔 수 있지요. 그러기에 야곱은 아버지를 지척에 두고도 형과의 화평을 깨지 않기 위해 일부러 때를 늦추며 기다렸습니다.

연단을 마친 야곱은 자기가 원하는 대로 때를 정하는 것이 아니라 하나님 편에서 정하신 때를 마음에 주관받아 행했습니다. 20년 동안 뵙지 못한 아버지가 그립고, 자신의 성공을 보여 드리며 그동안의 불효를 조금이나마 씻고 싶어도 인내하며 때가 오기를 기다렸던 것입니다.

야곱이 이렇게 시간을 보내는 동안 그를 경계하던 에서의 마음은 더욱 풀어졌습니다. 충분한 시간이 지나면서 더는 야곱이 자신의 장자권을 위협하는 존재로 여겨지지 않았습니다.

그제야 비로소 야곱은 하나님의 주관하심을 따라 이삭에게 나아갑니다. 여기서 알아야 할 것은 모든 일이 정확한 때를 맞춰 이뤄졌다는 사실입니다. 하나님께서 모든 때를 주관해 주시니 야곱과 이삭이 다시 만나고 가족이 화평을 이룬 가운데 이삭은 평안히 임종을 맞을 수 있었습니다.

만약 야곱이 좀 더 늦어 이삭이 임종한 후에야 헤브론에 이르렀다면 평생 얼마나 후회가 되었겠습니까? 아버지께 근심만 끼쳐 드렸는데 이처럼 자신이 성공한 모습도 보여 드리지 못하고 더욱이 아버지의 임종마저 지켜보지 못했다면 그의 마음이 편할 수가 없겠지요. 이삭의 입장에서도 야곱을 끝내 만나지 못했다면 편히 눈을 감을 수가 없었을 것입니다.

그러나 하나님께서 주관하시는 대로 행하니 어떠한 후회나 상처 없이 모든 것이 아름답게 마무리되었습니다. 하나님께서 화평함 가운데 합력하여 선을 이루신 것입니다. 마침내 이삭은 180세의 나이로 기운이 진하여 삶을 마감했습니다. 에서와 야곱은 아버지 이삭의 시신을 마므레 앞 막벨라 굴에 장사했습니다(창 49:29~31).

막벨라 밭은 아브라함이 헷 족속 에브론에게서 은 400세겔을 지불하고 산 땅입니다. 이는 하나님께서 아브라함에게 "너와 네 자손에게 주리라"(창 13:15, 17:8) 약속하신 가나안 땅 중 처음으로 소유한 땅으로서, 장차 주어질 모든 가나안 땅을 대표하는 상징이 됩니다.

아브라함에게 주신 약속이 성취되기까지 막벨라 굴은 가나안 땅이 하나님께서 약속하신 땅임을 상기시키는 역할을 했고, 후손들의 삶에 구심점이 되었습니다. 그곳에 아브라함, 사라, 리브가가 매장되었고 이제 이삭도 죽어 장사됩니다. 또 후일 레아, 야곱이 장사되어 막벨라 굴은 아브라함과 그 일가의 가족 무덤이 되었습니다(창 25:10, 49:29~33).

가나안 땅을 떠난
에서 가족

에서 가족이 세일 산에 거하다

에돔의 자손과 족장들의 계보

에돔 왕들과 그 뒤를 이은 족장들의 계보

1. 에서 가족이 세일 산에 거하다

"에서 곧 에돔의 대략이 이러하니라 에서가 가나안 여인 중 헷 족속 중 엘론의 딸 아다와 히위 족속 중 시브온의 딸 아나의 소생 오홀리바마를 자기 아내로 취하고 또 이스마엘의 딸 느바욧의 누이 바스맛을 취하였더니 아다는 엘리바스를 에서에게 낳았고 바스맛은 르우엘을 낳았고 오홀리바마는 여우스와 얄람과 고라를 낳았으니 이들은 에서의 아들이요 가나안 땅에서 그에게 낳은 자더라 에서가 자기 아내들과 자기 자녀들과 자기 집의 모든 사람과 자기의 가축과 자기 모든 짐승과 자기가 가나안 땅에서 얻은 모든 재물을 이끌고 그 동생 야곱을 떠나 타처로 갔으니 두 사람의 소유가 풍부하여 함께 거할 수 없음이러라 그들의 우거한 땅이 그들의 가축으로 인하여 그들을 용납할 수 없었더라 이에 에서 곧 에돔이 세일 산에 거하니라"(36:1~8)

에서는 장자의 축복을 귀하게 여기지 않았습니다. 장자로서 하나님 말씀을 명심하지도 않았지요. 그러니 팥죽 한 그릇에 장자권을 팔겠다고 쉽게 말을 내었고 이방 여인을 아내로 맞았던 것입니다.

자신이 장자라는 의식이 있었다면 마땅히 자기 민족 중에서 아내를 찾아 혈통을 계승했어야 합니다. 그런데 그가 아내로 맞이한 헷 족속 엘론의 딸 아다와, 히위 족속 아나의 딸 오홀리바마는 우상 숭배가 만연한 가나안 부족 여인들이었습니다.

뒤늦게야 에서는 이방 여인을 아내로 맞은 것이 장자권 승계에 위협이 될 수 있음을 알고 아브라함의 혈통인 이스마엘의 딸 바스맛과 결혼합니다. 이렇게 해서 에서는 세 아내로부터 다섯 아들을 두었습니다.

에서는 또다시 하나님의 축복을 소중히 여기지 않고 명심하지 못하는 모습을 보입니다. 그는 하나님께서 아브라함에게 약속하신 땅, 곧 아버지 이삭과 함께 거하던 땅을 떠나 자기 보기에 좋은 곳으로 이주했습니다. 스스로 누릴 수 있는 권리를 포기하고 타처로 간 것입니다.

이는 에서와 야곱, 두 사람의 소유가 풍부하여 한곳에 살 수 없으므로 에서가 야곱에게 그 땅을 양보했다고 생각할 수도 있습니다. 그런데 이것이 결과적으로 야곱에게는 정당하게 약속의 땅을 상속하는 축복이 되었지만, 에서에게는 장자권에 담긴 의미와 책임, 권리를 깨닫지 못했다는 증거가 됩니다.

명목뿐인 장자권은 중요치 않습니다. 실질적으로 장자가 되려면 하나님의 약속하신 땅을 지키며 하나님의 인도하심을 받아야 합니다. 에서는 이 사실을 놓치고 있었던 것입니다. 에서는 스스로 모든 가족과 재산을 이끌고 세일 산으로 이주했습니다. 세일은 사해 남방의 산악 지대입니다. 원래 이 땅에는 호리 족속이 살고 있었습니다(신 2:12).

2. 에돔의 자손과 족장들의 계보

"세일 산에 거한 에돔 족속의 조상 에서의 대략이 이러하고 그 자손의 이름은 이러하니라 에서의 아내 아다의 아들은 엘리바스요 에서의 아내 바스맛의 아들은 르우엘이며 엘리바스의 아들들은 데만과 오말과 스보와 가담과 그나스요 에서의 아들 엘리바스의 첩 딤나는 아말렉을 엘리바스에게 낳았으니 이들은 에서의 아내 아다의 자손이며 르우엘의 아들들은 나핫과 세라와 삼마와 미사니 이들은 에서의 아내 바스맛의 자손이며 시브온의 손녀 아나의 딸 에서의 아내 오홀리바마의 아들들은 이러하니 그가 여우스와 얄람과 고라를 에서에게 낳았더라

에서 자손 중 족장은 이러하니라 에서의 장자 엘리바스의 자손에는 데만 족장, 오말 족장, 스보 족장, 그나스 족장과 고라 족장, 가담 족장, 아말렉 족장이니 이들은 에돔 땅에 있는 엘리바스로 말미암아 나온 족장들이요 이들은 아다의 자손이며 에서의 아들 르우엘의 자손에는 나핫 족장, 세라 족장, 삼마 족장, 미사 족장이니 이들은 에돔 땅에 있는 르우엘로 말미암아 나온 족장들이요 이들은 에서의 아내 바스맛의 자손이며 에서의 아내 오홀리바마의 아들들은 여우스 족장, 얄람 족장, 고라 족장이니 이들은 아나의 딸이요 에서의 아내인 오홀리바마로 말미암아 나온 족장들이라 에서 곧 에돔의 자손으로서 족장 된 자들이 이러하였더라"(36:9~19)

에서의 후손들은 원주민 호리 족속을 멸하고 세일 산에 정착하여 '에돔'이라는 큰 민족을 이루었습니다. 에돔은 '붉은'이라는 뜻으로 피부가 붉은 에서의 별명이자 그의 후손을 가리키는 말입니다(창 25:30).

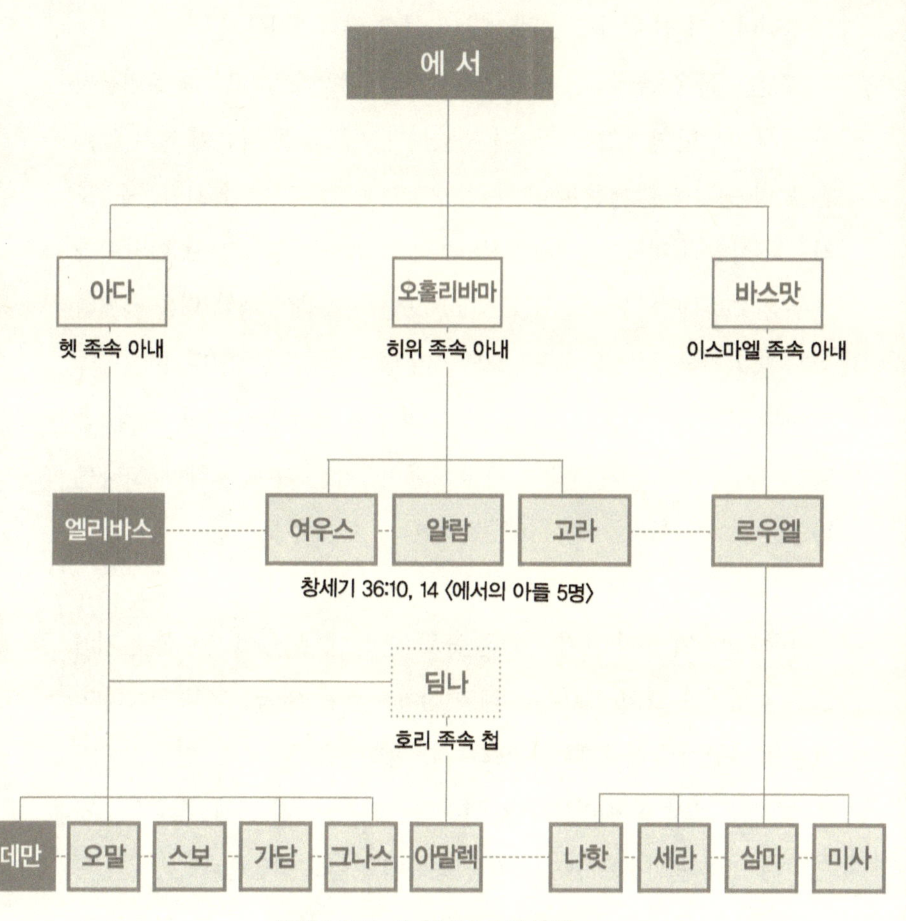
에 서
아다
헷 족속 아내
오홀리바마
히위 족속 아내
바스맛
이스마엘 족속 아내
엘리바스
여우스
얄람
고라
르우엘
창세기 36:10, 14 〈에서의 아들 5명〉
딤나
호리 족속 첩
데만
오말
스보
가담
그나스
아말렉
나핫
세라
삼마
미사
창세기 36:11~13 〈에서의 손자 10명〉
정통계보
비정통계보

에서의 헷 족속 아내 아다가 낳은 엘리바스는 장자로서 데만, 오말, 스보, 가담, 그나스 외에도 호리 족속 첩 딤나를 통해 아말렉을 낳았는데 이들은 모두 족장이 되었습니다. 에서의 자손 중 주목할 만한 인물은 엘리바스가 첩 딤나를 통해 낳은 아들 '아말렉'입니다.

훗날 이들은 출애굽한 이스라엘 자손들이 광야를 지날 때 르비딤에서 몹시 비열한 방법으로 공격해 왔습니다. 이스라엘 자손이 지쳐 있는 틈을 타 공격을 감행한 데다 무리의 후미에 떨어진 약한 사람들을 표적으로 삼았던 것입니다. 이에 진노하신 하나님께서는 대대로 아말렉과 싸우겠다고 선언하셨습니다(출 17:16). 또한 아말렉이 행한 일을 영원히 잊지 말고 천하에서 그 이름을 도말하라 명하십니다(신 25:17~19).

에서의 이스마엘 족속 아내 바스맛의 아들 르우엘은 나핫, 세라, 삼마, 미사를 낳았고, 히위 족속 아내 오홀리바마는 여우스, 얄람, 고라를 낳았는데 이들 역시 족장이 되었습니다.

비록 에서가 자기 보기에 좋은 곳을 찾아 이방인들이 거주하는 지역으로 떠났지만 그의 계보는 대대로 이어져 에돔 왕국을 이루었습니다. 이는 하나님께서 아브라함을 생각하여 이스마엘 후손들도 번성하게 하신 것처럼, 에서 역시 아브라함과 이삭의 후손이기에 은혜를 베푸신 것입니다. 그러나 이것은 단지 육적인 축복에 그치고 말았습니다.

에서의 후손, 곧 에돔 족속은 세일 산의 원주민들과 통혼하면서 하나님과 상관없는 이방 족속이 되고 맙니다. 하나님의 역사의 중심에 서는 선민이 아닌, 선민 이스라엘의 주변 족속으로서 인간 경작을 위한 하나의 도구로 쓰임을 받습니다.

이것은 어디까지나 자신들의 선택이었습니다. 비록 장자의 축복은 야곱에게 돌아갔고 선민으로서의 섭리는 이스라엘 족속에게 있었지만, 에서와 그 후손들이 하나님을 떠나지 않았다면 하나님의 은총도 그들에게서 떠나지 않았을 것입니다. 선민 이스라엘과 더불어 하나님을 섬기는 형제 나라로서 축복을 누렸겠지요.

그러나 그들은 하나님을 떠나 육으로 빠졌기에 결국 하나님과 상관없는 족속이 되고 맙니다. 이처럼 에서를 비롯해 그 후손들은 스스로 하나님으로부터 떨어져 나감으로 축복을 저버렸습니다. 그러니 사람의 중심과 앞일을 다 아시는 하나님께서는 처음부터 에서가 아닌 야곱을 선민 이스라엘의 조상으로 택할 수밖에 없으셨던 것입니다.

하나님의 축복을 정녕 사모한다면 육적인 축복이 우선되어서는 안 됩니다. 무엇보다 중요한 것은 구원의 축복이며 하나님의 자녀로서 받아 누리는 영적인 축복입니다. 영적인 축복을 받아 영혼이 잘되면 자연히 가정, 일터, 사업터의 축복은 따라오는 것입니다.

어떤 사람들은 영적인 축복의 중요함을 생각하지 못하고 육적인 축복을 먼저 구합니다. 마음을 거룩하게 변화시켜 하나님을 더 사랑하고 사랑받는 데 관심을 두기보다 당장 욕심에 이끌려 물질이나 명예 등 육적인 것을 구하는 데 급급합니다.

그러면서 자기 생각과 계획 가운데 이런저런 일을 해 보다가 축복이 오지 않으면 하나님을 떠나는 것도 봅니다. 이런 사람은 정말 중요한 것이 무엇인지 모르는 사람입니다. 팥죽 한 그릇에 장자권을 판 에서와 같은 사람이지요(히 12:16).

또 어떤 사람은 하나님의 은혜로 육적인 축복을 받은 후에 오히려 심령이 부유해져 영적으로 나태해지기도 합니다. 따라서 참된 복을 받으려면 영적인 어린아이가 되어 순전하고 신령한 젖을 늘 사모해야 합니다(벧전 2:2). 그럴 때라야 영육 간에 참된 축복을 받을 수 있습니다.

3. 에돔 왕들과 그 뒤를 이은 족장들의 계보

"그 땅의 원거인 호리 족속 세일의 자손은 로단과 소발과 시브온과 아나와 디손과 에셀과 디산이니 이들은 에돔 땅에 있는 세일의 자손 중 호리 족속으로 말미암아 나온 족장들이요 로단의 자녀는 호리와 헤맘과 로단의 누이 딤나요 소발의 자녀는 알완과 마나핫과 에발과 스보와 오남이요 시브온의 자녀는 아야와 아나며 이 아나는 그 아비 시브온의 나귀를 칠 때에 광야에서 온천을 발견하였고 아나의 자녀는 디손과 오홀리바마니 오홀리바마는 아나의 딸이며 디손의 자녀는 헴단과 에스반과 이드란과 그란이요 에셀의 자녀는 빌한과 사아완과 아간이요 디산의 자녀는 우스와 아란이니 호리 족속의 족장들은 곧 로단 족장, 소발 족장, 시브온 족장, 아나 족장, 디손 족장, 에셀 족장, 디산 족장이라 이들은 그 구역을 따라 세일 땅에 있는 호리 족속으로 말미암아 나온 족장들이었더라

이스라엘 자손을 다스리는 왕이 있기 전에 에돔 땅을 다스리는 왕이 이러하니라 브올의 아들 벨라가 에돔의 왕이 되었으니 그 도성의 이름은 딘하바며 벨라가 죽고 보스라 사람 세라의 아들 요밥이 그를 대신하여 왕이 되고 요밥이 죽고 데만 족속의 땅의 후삼이 그를 대신하여 왕이 되고 후삼이 죽고 브닷의 아들 곧 모압 들에서 미디안 족속을 친 하닷이 그를 대신하여 왕이 되니

그 도성 이름은 아윗이며 하닷이 죽고 마스레가의 삼라가 그를 대신하여 왕이 되고 삼라가 죽고 유브라데 하숫가 르호봇의 사울이 그를 대신하여 왕이 되고 사울이 죽고 악볼의 아들 바알하난이 그를 대신하여 왕이 되고 악볼의 아들 바알하난이 죽고 하달이 그를 대신하여 왕이 되니 그 도성 이름은 바우며 그 처의 이름은 므헤다벨이니 마드렛의 딸이요 메사합의 손녀더라

에서에게서 나온 족장들의 이름은 그 종족과 거처와 이름대로 이러하니 딤나 족장, 알와 족장, 여뎃 족장, 오홀리바마 족장, 엘라 족장, 비논 족장, 그나스 족장, 데만 족장, 밉살 족장, 막디엘 족장, 이람 족장이라 이들은 그 구역과 거처를 따른 에돔 족장들이며 에돔 족속의 조상은 에서더라”(36:20~43)

에돔 땅의 원주민인 호리 족속은 사해 서남쪽에 있는 세일 산 주변에 사는 족속이었습니다. 그들은 아브라함 시대에 엘람 왕 그돌라오멜에 의하여 1차 정복을 당했고(창 14:5~6), 훗날 에서의 자손에 의해 멸망하거나 추방당했지요(신 2:12, 22).

호리 족속 세일의 자손은 로단, 소발, 시브온, 아나, 디손, 에셀, 디산입니다. 이들 일곱 명은 에돔 땅에서 호리 사람들의 족장이 되었습니다. 로단은 호리와 헤맘과 딤나를, 소발은 알완과 마나핫과 에발과 스보와 오남을, 시브온은 아야와 아나를 낳았습니다.

세일의 아들 아나는 디손과 오홀리바마를, 디손은 헴단과 에스반과 이드란과 그란을, 에셀은 빌한과 사아완과 아간을, 디산은 우스와 아란을 낳았습니다. 이들 호리 족장들은 에서의 후손들에게 정복당하기 전까지 여러 개로 분할된 각자의 구역을 통치하며 사해 지역에서 살았습니다.

호리 족속을 정복하고 세일 산 주변을 차지한 에서의 후손들은 야곱의 후손들보다 그 수가 더 많아졌으며, 정치적으로 왕정을 택하여 번영과 풍요를 누렸습니다. 야곱의 후손인 이스라엘 민족에게 왕이 있기 전에 이미 에돔은 왕정 체제를 갖추고 있었던 것입니다.

31절 이하를 보면 에서의 후손 중 여덟 명이 차례로 에돔 왕국의 왕이 됩니다. 먼저 브올의 아들 벨라가 에돔의 왕이 되었고, 그 뒤를 이어 요밥, 후삼이 왕이 되었습니다. 후삼이 죽자 브닷의 아들 하닷이 왕이 되는데, 그는 모압 땅에서 미디안을 물리친 전적이 있습니다. 하닷을 이어 삼라, 사울, 바알하난, 하달이 왕위를 계승하였습니다.

40절 이하에 나오는 에서 자손의 족장들을 종족과 지역에 따라 나누면 딤나, 알와, 여뎃, 오홀리바마, 엘라, 비논, 그나스, 데만, 밉살, 막디엘, 이람입니다. 이들은 에돔 땅의 족장이었고 이 종족들의 이름은 그들이 살던 지역의 이름이었습니다.

이들은 산악 지대인 세일을 배경으로 각각의 독립된 지역에서 독자적인 주권을 소유하고 있었습니다. 그러나 이렇게 번영했던 에돔 족속은 결국 이스라엘 백성이 출애굽하여 가나안에 정착할 때 그곳에서 쫓겨나고 말았습니다.

요셉이 애굽에 노예로 팔려간 섭리

요셉이 형들의 미움을 받다

요셉의 꿈을 마음에 둔 야곱

양 치는 형들을 찾아 나선 요셉

요셉을 죽이려는 형제들과 말리는 르우벤

유다의 제안으로 애굽에 팔려간 요셉

요셉이 죽은 것인 양 야곱을 속인 아들들

1. 요셉이 형들의 미움을 받다

"야곱이 가나안 땅 곧 그 아비의 우거하던 땅에 거하였으니 야곱의 약전이 이러하니라 요셉이 십칠 세의 소년으로서 그 형제와 함께 양을 칠 때에 그 아비의 첩 빌하와 실바의 아들들로 더불어 함께하였더니 그가 그들의 과실을 아비에게 고하더라 요셉은 노년에 얻은 아들이므로 이스라엘이 여러 아들보다 그를 깊이 사랑하여 위하여 채색옷을 지었더니 그 형들이 아비가 형제들보다 그를 사랑함을 보고 그를 미워하여 그에게 언사가 불평하였더라"(37:1~4)

하나님께서는 야곱을 연단하여 그릇을 만드신 후에 비로소 약속하신 땅으로 돌아오게 하여 그를 통해 이루고자 하는 섭리를 펼쳐나가십니다. 바로 선민 이스라엘 민족을 이루는 일입니다. 그런데 하나님께서는 이 과정에 있어 결정적인 역할을 해야 하는 한 인물이 필요함을 아셨습니다.

장차 야곱과 그의 자손들이 애굽에 들어가 큰 민족을 이루는 데 필요한 환경과 조건을 만들어 놓을 사람입니다. 하나님께서는 그 인물로 야곱의 열한 번째 아들인 요셉을 택하십니다. 영적으로는 요셉이 야곱의 장자일 뿐 아니라 열두 아들 중에 그의 중심이 가장 합당했기 때문입니다.

하란에서 출생하여 어린 나이에 가나안 땅으로 이주한 요셉은 일찍 어머니 라헬을 잃었습니다. 그가 어느덧 열일곱 살 소년이 되었습니다. 아버지 야곱을 닮아 지혜롭고 용모도 준수했으며, 하나님에 대한 신앙도 깊었습니다. 또 아버지의 가르침을 명심해 그대로 행해 나가려고 노력하였습니다.

야곱은 열두 아들 중에 특별히 요셉을 더 사랑하였습니다. 노년에 얻은 아들일 뿐만 아니라 가장 사랑하는 아내 라헬을 통해 얻은 첫 아들이었기에 늘 곁에 두고 가르치며 다른 아들들과 달리 채색옷을 지어 입힐 정도로 각별한 사랑을 주었습니다.

야곱의 입장에서는 요셉을 사랑해서 한 일이지만 이것이 요셉에게는 오히려 화가 되었습니다. '형들이 그를 미워하여 그에게 언사가 불평하였더라.' 한 대로 형들로 하여금 요셉을 시기 질투하게 만드는 원인이 되었기 때문입니다.

비록 야곱이 연단을 통해 철저히 깨어지고 변화되기는 했지만 아직 온전한 선을 이루지 못하여 이와 같이 편벽된 모습이 나왔습니다. 물론 야곱은 자신이 편벽되이 행한다고 여기지 않았을 것입니다. 그러나 넓은 마음으로 주변을 두루 살피지 못했고, 다른 아들들의 마음을 헤아리지 못한 것이 결국은 편벽된 행동으로 나왔지요. 선의 지혜 곧 위로부터 난 하나님의 지혜가 부족했던 것입니다(약 3:17~18).

이러한 상황에서 요셉마저 형들로부터 미움을 살 만한 행동을 합니다. 때마다 형들의 잘못을 아버지께 알린 것입니다. 형들 편에서 보면 얄밉게 고자질을 했던 것이지요. 그러나 요셉이 악한 마음으로 그런 것은 아닙니다.

아직 나이는 어리지만 요셉은 기본적으로 선한 마음을 가졌고 중심도 좋았습니다. 다만 그는 형들의 잘못을 아버지께 알려드리는 것이 옳은 일이라 생각했습니다. 아버지를 사랑하고 형들이 더 잘하기 원하여 나름대로 의로움 가운데 한 일이었습니다.

그러나 자신의 의가 앞서니 형들의 잘못을 덕과 사랑으로 덮어 주지는 못했습니다. 아버지께 배운 진리가 의와 틀이 되어 오히려 형제들을 찌르고 힘들게 하는 요인이 된 것입니다. 자신은 옳은 일을 했다고 생각하지만 실제로는 형제들을 불편하게 하고 아버지와 형제들 사이를 이간하는 결과를 낳고 말았습니다.

그렇다 해서 상대의 잘못을 보고도 무조건 덮어 주어야 한다는 말이 아닙니다. 사망의 길로 가는 사람을 보면 바른길로 인도할 수 있어야 하고, 누군가 하나님 영광을 가리는 행동을 한다면 하나님의 나라와 그 영혼을 위해서 바르게 가르쳐 주어야 합니다.

여기서 중요한 것은 마음입니다. 의를 행하는 것은 좋지만 의롭게 살지 못하는 사람을 판단하거나 즉각 드러내어 말하는 것은 사랑과 덕이 부족한 까닭입니다. 상대의 잘못을 드러내는 것이 목적이 아니라 정말 그가 변화되기를 간절히 바라는 사랑의 마음이어야 합니다.

이런 마음이라면 얼마든지 온유한 방법으로 깨우쳐 줄 수 있고 마음에 감동을 주어 상대를 변화시킬 수 있습니다. 그런데 자기 의 가운데 형들의 잘못을 전하니 형들이 요셉을 달가워할 리가 없습니다. 그렇지 않아도 아버지의 편애로 인해 좋지 않았던 형들의 감정을 더욱 악화시켰습니다.

2. 요셉의 꿈을 마음에 둔 야곱

"요셉이 꿈을 꾸고 자기 형들에게 고하매 그들이 그를 더욱 미워하였더라 요셉이 그들에게 이르되 청컨대 나의 꾼 꿈을 들으시오 우리가 밭에서 곡식을 묶더니 내 단은 일어서고 당신들의 단은 내 단을 둘러서서 절하더이다 그 형들이 그에게 이르되 네가 참으로 우리의 왕이 되겠느냐 참으로 우리를 다스리게 되겠느냐 하고 그 꿈과 그 말을 인하여 그를 더욱 미워하더니 요셉이 다시 꿈을 꾸고 그 형들에게 고하여 가로되 내가 또 꿈을 꾼즉 해와 달과 열한 별이 내게 절하더이다 하니라 그가 그 꿈으로 부형에게 고하매 아비가 그를 꾸짖고 그에게 이르되 너의 꾼 꿈이 무엇이냐 나와 네 모와 네 형제들이 참으로 가서 땅에 엎드려 네게 절하겠느냐 그 형들은 시기하되 그 아비는 그 말을 마음에 두었더라"(37:5~11)

아직 온전하지 못한 가운데 자기 의가 앞섰던 요셉에게는 자신을 드러내고자 하는 마음과 아버지의 사랑을 독차지하려는 마음도 있었습니다. 그것이 결정적으로 드러난 것이 형들에게 자신이 꾼 꿈 이야기를 자랑하듯 말하는 사건입니다.

요셉이 형들에게 "나의 꾼 꿈을 들으시오"라고 명령조로 하는 말투부터가 그의 높아진 마음을 느낄 수 있게 합니다. 강한 자부심과 형들을 무시하는 마음이 말 속에 담겨 있지요.

예사롭지 않은 꿈을 꾼 요셉은 그 꿈이 무엇을 의미하는지 알 수 있었을 것입니다. 형들에게 말했을 때 어떤 반응이 나올지도 짐작할 수 있었겠지요. 그러나 자랑하고 들레려는 마음이 앞서다 보니 절제하지 못하고 자신이 꾼 꿈을 이야기합니다.

그 내용은 요셉이 형들과 밭에서 곡식을 묶는데 형들의 곡식단이 자기 단에게 절을 했다는 것입니다. 이렇게 꿈 내용을 설명하면서 그는 형들을 가리켜 '당신들'이라고 무시하는 듯한 말투를 냅니다. 꿈의 내용도 그렇지만 요셉의 말투와 태도에 형들의 마음은 더 상할 수밖에 없었습니다.

자연히 형들의 말이 곱게 나올 리 없습니다. 그들은 "네가 참으로 우리의 왕이 되겠느냐 참으로 우리를 다스리게 되겠느냐" 하며 요셉을 더욱 미워하였습니다. 꿈 이야기를 했을 때 형들의 반응이 아니다 싶으면 다음에는 하지 말아야 합니다. 그런데 요셉은 주변 상황이나 형들의 마음을 헤아리지 못한 채 또다시 다른 꿈 이야기를 합니다.

이번에는 "해와 달과 열한 별이 내게 절하더이다" 했지요. 누가 들어도 열한 명의 형제들뿐만 아니라 부모까지도 자기 앞에 절한다는 내용임을 알 수 있습니다. 더더욱 형들의 귀에 달갑게 들리지 않았지요.

요셉은 형들의 반응에 아랑곳하지 않고 아버지에게까지 꿈 이야기를 하였습니다. 아버지에게 자기편이 되어 달라는 의미입니다. 이처럼 요셉의 마음에는 자신을 드러내고자 하며 남들이 자기를 알아주기 원하는 마음이 있었습니다.

그런데 요셉의 이야기를 들은 야곱은 그를 꾸짖습니다. "너의 꾼 꿈이 무엇이냐 나와 네 모와 네 형제들이 참으로 가서 땅에 엎드려 네게 절하겠느냐"고 질책했지요. 요셉의 입장에서는 아버지가 자기편이 되어 줄 것으로 생각했는데 오히려 꾸지람을 들은 것입니다.

야곱이 요셉을 꾸짖은 이유는 무엇일까요? 꿈의 내용 때문이 아니라 자랑하듯 말하는 요셉의 태도 때문이었습니다. 야곱이 생각할 때도 좀 도가 지나치다 싶었던 것입니다.

얼마든지 아버지에게 조용히 찾아와 말할 수 있는데도 경솔하게 드러내어 형들로부터 미움을 사게 된 것에 대해 깨우쳐 주려 했습니다. 또 지나치게 자신을 드러내려는 마음과 형들을 무시하는 모습도 깨우쳐 주려는 의도였습니다.

야곱은 요셉을 꾸짖으면서도 그 꿈을 마음에 두었습니다. 다만 요셉의 행동이 자칫 형들로부터 큰 미움을 살 수 있기 때문에 조금이나마 형들의 감정을 잠재워 볼까 꾸짖었던 것입니다.

그러나 때는 늦었습니다. 오랜 세월 아버지의 편애로 형들의 마음에는 요셉에 대한 미운 감정이 자리 잡고 있었습니다. 거기다 요셉의 꿈 이야기까지 듣자 감정의 골은 더욱 깊어졌답니다. 요셉을 꾸짖는 아버지의 몇 마디 말로 쌓인 감정이 풀어질 상황이 아니었습니다.

요셉의 꿈대로 이루어진다면 야곱도 요셉 앞에 무릎을 꿇어야 합니다. 그러나 야곱은 설령 요셉 앞에 무릎을 꿇는다 해도 조금도 불편함이 없었습니다. 사랑하기 때문입니다. 사랑하면 상대가 잘되는 것을 시기하는 것이 아니라 함께 기뻐하지요.

그렇지만 형들은 다릅니다. 아버지의 편애로 인해 쌓인 감정도 있었지만 나이 어린 동생이 자신들의 머리가 된다는 것은 도저히 용납할 수가 없었습니다.

3. 양 치는 형들을 찾아 나선 요셉

"그 형들이 세겜에 가서 아비의 양 떼를 칠 때에 이스라엘이 요셉에게 이르되 네 형들이 세겜에서 양을 치지 아니하느냐 너를 그들에게로 보내리라 요셉이 아비에게 대답하되 내가 그리하겠나이다 이스라엘이 그에게 이르되 가서 네 형들과 양 떼가 다 잘 있는 여부를 보고 돌아와 내게 고하라 하고 그를 헤브론 골짜기에서 보내매 이에 세겜으로 가니라

어떤 사람이 그를 만난즉 그가 들에서 방황하는지라 그 사람이 그에게 물어 가로되 네가 무엇을 찾느냐 그가 가로되 내가 나의 형들을 찾으오니 청컨대 그들의 양 치는 곳을 내게 가르치소서 그 사람이 가로되 그들이 여기서 떠났느니라 내가 그들의 말을 들으니 도단으로 가자 하더라 요셉이 그 형들의 뒤를 따라 가서 도단에서 그들을 만나니라"(37:12~17)

야곱이 요셉을 편애하는 모습이 다시 한 번 나옵니다. 형들이 세겜

에 가서 아버지의 양 떼를 치고 있을 때도 요셉은 아버지 곁에 있었음을 알 수 있습니다. 힘들고 험한 일에서 제외되었던 것입니다. 그러니 그에 대한 형들의 감정은 더 나빠질 수밖에 없었습니다.

이런 상황에서 어느 날 야곱은 요셉에게 형들과 양 떼가 잘 있는지 살펴보고 오라고 합니다. 이 일을 시킨 데에는 야곱 나름대로 의중이 있었습니다. 물론 형들의 동정을 살펴보라는 의미도 있지만 집에서 멀리 떠나 양 떼를 돌보고 있는 아들들의 수고를 위로하려는 마음이었습니다. 동시에 이 기회를 통해 요셉과 형들 사이를 좋게 만들어 보려는 의도도 있었지요.

야곱도 다른 아들들이 요셉에 대해 안 좋은 감정을 가지고 있음을 알았습니다. 그러니 자신 대신 요셉을 보내어 형들을 위로하게 하면 마음이 좀 풀리지 않을까 생각했던 것입니다. 그런데 아버지의 명을 따르는 요셉의 마음은 좀 달랐습니다.

아버지가 형들과 양 떼를 살펴보고 오라 한 일로 마음이 더 우쭐해졌습니다. 나서기 좋아하는 사람들은 자신이 어떤 특별한 사명을 맡았다고 생각하면 더 들레기 마련입니다. 요셉 역시 그렇지 않아도 들레려는 마음에 특별한 사명이 주어지자 뿌듯함까지 느꼈지요.

요셉은 아버지의 말씀에 따라 세겜을 향해 떠납니다. 그런데 형들을 쉽게 찾을 수 없었습니다. 양을 치기 위해서는 풀과 물이 있는 곳을 찾아 늘 이동해야 했기 때문입니다.

형들을 찾지 못하여 헤매던 요셉은 다행히 들에서 한 사람을 만나도움을 얻을 수 있었습니다. 친절하게도 먼저 "무엇을 찾느냐" 묻는 그에게 요셉은 형들이 양 치는 곳을 가르쳐 달라고 합니다. 이 두 사람의 대화를 살펴보면 둘 다 뭔가 알고 대화를 나누는 것처럼 보입니다.

들에서 만난 사람은 요셉에게 "여기서 왜 방황하고 있느냐?"라고 물은 것이 아니라, 마치 요셉이 지금 뭔가를 찾고 있다는 것을 아는 듯이 "무엇을 찾느냐?"고 물었습니다.

요셉 역시 그 사람이 형들을 알 리도 없고, 형들이 있는 곳을 안다는 보장이 없는데도 너무 자연스럽게 형들이 있는 곳을 알려 달라고 합니다. 그러자 그는 기다렸다는 듯이 형들이 도단으로 갔다고 알려 줍니다. 모든 일들이 짜 맞춘 듯이 돌아가고 있습니다.

만약 이때 요셉이 그 사람을 만나지 못했다면 어땠을까요? 아마도 들에서 헤매다가 결국 형들을 만나지 못한 채 집으로 돌아갔을 것입니다. 그러면 형들에 의해 애굽에 노예로 팔리는 일도 없었겠지요. 애굽에서의 13년간 연단도 없었을 것입니다.

물론 이후 또 다른 사건을 통해 요셉의 연단이 시작될 수도 있습니다. 하지만 하나님의 계획 속에서는 지금이 바로 그 '때'였습니다. 그러니 요셉은 지금 반드시 형들을 만나야 합니다. 하나님께서는 요셉이 그냥 들을 헤매다가 집으로 돌아가도록 놔두지 않으십니다. 그래서 요셉을 형들이 있는 곳으로 안내할 사람을 보내신 것입니다.

그는 바로 하나님의 명을 받은 천사였습니다. 물론 요셉의 눈에는 사람으로 보였지만 하나님의 능력으로는 천사라 해도 사람의 모습으로 나타내실 수 있습니다. 하나님께서 천사를 보내어 요셉이 형들을 찾아갈 수 있도록 돕게 하신 것입니다. 그래야 요셉이 연단의 길로 접어들 수 있고 그것이 결국은 하나님의 섭리를 이루는 길이었기 때문입니다.

이런 것이 하나님 손에 의해 친히 받는 연단입니다. 꿈을 통해 원대한 비전을 받은 요셉은 이후 연단의 과정을 거쳐 자기 의나 상대를 무시하는 마음, 자랑하는 마음 등을 다 버리고 깊은 선의 차원에 이르렀습니다. 이처럼 변화될 것을 아시기에 하나님께서는 요셉을 연단하신 것입니다. 따라서 그에게는 연단이 축복이요 형통함을 받는 길이었습니다.

4. 요셉을 죽이려는 형제들과 말리는 르우벤

"요셉이 그들에게 가까이 오기 전에 그들이 요셉을 멀리서 보고 죽이기를 꾀하여 서로 이르되 꿈꾸는 자가 오는도다 자, 그를 죽여 한 구덩이에 던지고 우리가 말하기를 악한 짐승이 그를 잡아먹었다 하자 그 꿈이 어떻게 되는 것을 우리가 볼 것이니라 하는지라

르우벤이 듣고 요셉을 그들의 손에서 구원하려 하여 가로되 우리가 그 생명은 상하지 말자 르우벤이 또 그들에게 이르되 피를 흘리지 말라 그를 광야 그 구덩이에 던지고 손을 그에게 대지 말라 하니 이는 그가 요셉을 그들의 손에서 구원하여 그 아비에게로 돌리려 함이었더라 요셉이 형들에게 이르매 그 형들이 요셉의 옷 곧 그 입은 채색옷을 벗기고 그를 잡아 구덩이에 던지니 그 구덩이는 빈 것이라 그 속에 물이 없었더라"(37:18~24)

마침내 요셉이 형들이 있는 도단에 도착하면서 사건은 시작됩니다. 요셉이 가까이 오기 전에 형들이 먼저 그를 알아보았습니다. 그들은 서로 말하기를 "꿈꾸는 자가 오는도다 자, 그를 죽여 한 구덩이에 던지고 우리가 말하기를 악한 짐승이 그를 잡아먹었다 하자 그 꿈이 어떻게 되는 것을 우리가 볼 것이니라" 했습니다.

이를 통해 형들이 이미 전부터 요셉을 해치려는 마음을 품고 있었음을 알 수 있습니다. 요셉이 어떤 목적으로 왔고 형들을 어떻게 대하는지 알아보지도 않은 채 죽일 계획부터 세우고 있으니 말입니다. 일단 요셉을 죽여 구덩이에 던진 뒤 그가 악한 짐승에게 잡아먹혔다고 하자는 데 의견을 모았습니다.

형들이 요셉을 보고 비꼬듯이 '꿈꾸는 자'라 표현한 것은 요셉을 죽이려 했던 가장 큰 원인이 그의 꿈에 있음을 알려 줍니다. 다시 말해 자신들과 심지어 아버지까지 요셉 앞에 절하게 된다는 꿈의 내용이 얼마나 그들의 마음을 상하게 했는지 알 수 있습니다.

이처럼 요셉을 죽일 계획을 꾸미면서도 형들은 자신들의 입장과 행동을 정당화하려 했습니다. 요셉이 형들은 물론 아버지까지도 무시하며 자기를 들렌 것에 대한 마땅한 대가라고 생각한 것입니다. 이제 요셉은 꼼짝없이 죽게 될 상황입니다.

이때 큰형 르우벤이 나섭니다. 요셉의 생명만큼은 건드리지 말자며 "피를 흘리지 말라 그를 광야 그 구덩이에 던지고 손을 그에게 대지 말라"고 했지요. 르우벤 역시 요셉에 대한 감정이 좋은 것은 아닙니다. 그럼에도 요셉의 생명만은 구하려 했던 이유는 무엇일까요?

전에 르우벤은 아버지의 첩이자 자신의 서모였던 빌하와 통간을 했습니다. 이때 야곱은 잘못을 드러내어 벌하지 않고 두 사람이 스스로 회개하고 돌이키기를 바라며 잠잠히 참았습니다(창 35:22). 이러한 사실을 르우벤도 알고 있었습니다.

야곱으로부터 큰 은혜를 입은 르우벤은 요셉이 죽을 경우 아버지가 겪게 될 고통을 생각하니 도저히 그냥 두고 볼 수 없었습니다. 그렇다고 무조건 요셉을 죽이지 말자고 설득할 수 없음을 알기에 생명은 해치지 말고 다만 구덩이에 던져 넣자고 타협안을 내놓은 것입니다.

이 제안이 형제들에게 그럴 듯하게 들렸습니다. 르우벤의 제안대로 요셉을 구덩이에 던져두기만 해도 자신들의 목적은 달성될 수 있습니다. 굳이 손에 피를 묻히지 않아도 얼마 후면 죽게 될 것이기 때문입니다. 구덩이에는 가끔 물이 들어있는 경우도 있고, 거기다가 옷까지 벗겨 던져 넣으면 광야의 기후 특성상 오래 버틸 수가 없습니다.

이에 형제들은 요셉을 잡아 채색옷을 벗기고 산 채로 구덩이에 던져 넣었습니다. 다행히 물이 없는 빈 구덩이였습니다. 이 또한 하나님께서 요셉의 목숨을 보전시키려고 간섭하신 증거입니다. 생사화복을 주관하시는 하나님이 허락지 않으시면 결코 그 생명에 손을 댈 수 없습니다.

5. 유다의 제안으로 애굽에 팔려간 요셉

"그들이 앉아 음식을 먹다가 눈을 들어 본즉 한 떼 이스마엘 족속이 길르앗에서 오는데 그 약대들에 향품과 유향과 몰약을 싣고 애굽으로 내려가는지라 유다가 자기 형제에게 이르되 우리가 우리 동생을 죽이고 그의 피를 은익한들 무엇이 유익할까 자 그를 이스마엘 사람에게 팔고 우리 손을 그에게 대지 말자 그는 우리의 동생이요 우리의 골육이니라 하매 형제들이 청종하였더라 때에 미디안 사람 상고들이 지나는지라 그들이 요셉을 구덩이에서 끌어올리고 은 이십 개에 그를 이스마엘 사람들에게 팔매 그 상고들이 요셉을 데리고 애굽으로 갔더라"(37:25~28)

하나님께서는 요셉이 장차 애굽의 총리가 되기 위해서는 어떤 연단 과정을 거쳐야 하는지 아시기에 그에 필요한 상황을 하나하나 이끌어 가십니다.

도단까지 찾아온 요셉을 구덩이에 던져 넣고 잠시 음식을 나누어 먹던 형제들의 눈에 마침 애굽으로 내려가는 이스마엘 상인들이 눈에 들어왔습니다. 하나님께서 정확한 때를 맞추어 이스마엘 상인들이 그곳을 지나도록 하신 것입니다.

상인들은 향품과 유향과 몰약을 낙타에 싣고 애굽으로 가던 길이었습니다. 이런 고가의 물품들은 흔히 거래할 수 있는 것이 아닙니다. 이로써 그들이 격이 있는 장사꾼임을 알 수 있습니다. 이러한 상인들이었기에 요셉을 애굽 고위층인 시위대장의 집에 팔 수 있었던 것입니다.

요셉이 일반 노예와는 달리 시위대장의 집에 팔려감으로써 훗날 애굽의 총리가 되는 길로 접어들게 된 것이지요. 겉으로 볼 때는 한낱 노예로 팔려간 것이지만 그것이 결국 요셉으로 하여금 애굽의 총리에 오르게 하는 발판이 됩니다. 이러한 과정 하나하나가 하나님의 섭리 가운데 한 치의 오차도 없이 진행되었습니다.

이때 요셉을 이스마엘 상인들에게 팔아넘기는 데 결정적인 역할을 한 사람이 유다입니다. 유다는 동생을 죽이고 그 사실을 숨긴들 무슨 유익이 있겠느냐며 그를 이스마엘 상인들에게 팔고 손을 대지 말자고 제안합니다. 또 요셉은 자신들의 동생이요 골육임을 상기시키지요. 유다의 말을 들은 형제들은 그 말에 수긍하며 따랐습니다. 이로써 요셉은 목숨을 건질 수 있었습니다. 이스마엘 사람들은 은 이십 개에 요셉을 사서 애굽으로 데리고 갔습니다.

야곱의 열두 아들을 통해 형성된 이스라엘이 하나의 민족으로서 토대를 마련하기까지는 애굽이라는 안전한 울타리가 필요했습니다. 이러한 하나님의 섭리를 이루기 위한 선한 도구로 쓰임 받은 사람이 요셉입니다. 반대로 요셉이 애굽으로 가는 데 있어 그의 이복형들은 악한 도구로 쓰임 받습니다. 그나마 르우벤과 유다는 요셉의 생명을 보전케 함으로 덜 악한 도구로 쓰임 받았지요.

하나님께서 임의로 누구는 선한 도구로, 누구는 악한 도구로 정하여 사용하시는 것이 아닙니다. 사람의 마음 중심과 그릇됨을 아시기에 그에 맞춰 사용하실 뿐 모든 선택은 자신에게 달려 있습니다. 곧 자신이 쌓은 선과 악에 따라 그릇대로 쓰임 받는 것입니다.

6. 요셉이 죽은 것인 양 야곱을 속인 아들들

"르우벤이 돌아와서 구덩이에 이르러 본즉 거기 요셉이 없는지라 옷을 찢고 아우들에게로 와서 가로되 아이가 없도다 나는 나는 어디로 갈까 그들이 요셉의 옷을 취하고 숫염소를 죽여 그 옷을 피에 적시고 그 채색옷을 보내어 그 아비에게로 가져다가 이르기를 우리가 이것을 얻었으니 아버지의 아들의 옷인가 아닌가 보소서 하매 아비가 그것을 알아보고 가로되 내 아들의 옷이라 악한 짐승이 그를 먹었도다 요셉이 정녕 찢겼도다 하고 자기 옷을 찢고 굵은 베로 허리를 묶고 오래도록 그 아들을 위하여 애통하니 그 모든 자녀가 위로 하되 그가 그 위로를 받지 아니하여 가로되 내가 슬퍼하며 음부에 내려 아들 에게로 가리라 하고 그 아비가 그를 위하여 울었더라 미디안 사람이 애굽에서 바로의 신하 시위대장 보디발에게 요셉을 팔았더라”(37:29~36)

유다가 다른 형제들을 설득하여 요셉을 이스마엘 상인들의 손에 넘길 때에 마침 르우벤은 그 자리에 없었습니다. 르우벤이 돌아와 요셉이 없는 것을 발견했을 때 얼마나 놀랐겠습니까?

르우벤은 옷을 찢으며 괴로워합니다. 장자로서 그 일을 어떻게 수습해야 할지 막막했습니다. 어떻게든 요셉을 살려 보려 했는데 그가 없어졌으니 어찌해야 할지 난감했던 것입니다. 하지만 이미 돌이킬 수 없는 상황이 되고 말았습니다.

이제 선택은 둘 중 하나입니다. 아버지 야곱에게 자초지종을 솔직히 말하거나 아니면 속이는 것입니다. 형제들은 아버지를 속이는 쪽을 택합니다. 그들은 숫염소를 죽여 그 피를 요셉의 옷에 적셔 아버지에게 가져갔습니다. 그리고 그 옷이 혹 아들의 옷이 아닌지 살펴보시라고 말합니다. 동생을 죽이려다 노예로 판 것도 모자라 아버지까지 속였으니 죄에 죄를 더한 것입니다.

야곱은 아들들이 가져온 피 묻은 채색옷이 요셉의 것임을 단번에 알아보았습니다. 큰 충격을 받은 야곱은 그 자리에서 옷을 찢고 굵은 베로 허리를 묶고 오래도록 애통해 했습니다.

만약 야곱이 감정을 절제하고 조금만 침착하게 정황을 살폈다면 그리 쉽게 속지는 않았을 것입니다. 열 명이나 되는 아들들이 똑같이 말을 맞추기는 어려울 테니 좀 더 침착하게 정황을 물었다면 어렵지 않게 거짓말을 눈치챌 수 있었을 것입니다.

그러나 야곱은 사랑하는 요셉을 잃었다는 슬픔에 빠져 이성적인 판단을 할 만한 능력이 없었습니다. 피 묻은 요셉의 옷만 보고 그가 죽었다고 스스로 단정 지은 채 비통에 빠졌습니다. 다른 아들들의 위로조차 받지 않은 채 말입니다.

이처럼 끝까지 아버지가 요셉을 편애하는 모습을 본 아들들은 자신들이 행한 일에 대해 양심의 가책을 느끼기보다는 오히려 잘했다는 생각마저 하게 됩니다.

이때 아무리 요셉의 죽음이 슬퍼서라고는 하지만 야곱은 믿음 있는 자로서 해서는 안 될 말까지 했습니다. "내가 슬퍼하며 음부에 내려 아들에게로 가리라" 한 것입니다. 이는 다시 말해 '나도 따라 죽겠다.'는 말입니다.

물론 사랑하는 라헬을 잃고 그 사랑을 대신 쏟아부은 요셉마저 잃었다고 생각하니 그 슬픔이 이루 말할 수 없었을 것입니다. 하지만 아무리 그렇다 해도 영적으로 볼 때 너무나 믿음이 없는 고백이었습니다.

하나님께서 야곱에게 주신 꿈과 비전은 실로 크고 놀라운 것이었지요. 장차 이스라엘 민족의 기초를 다지는 중요한 사명이었습니다. 그런데 야곱은 아들을 잃은 슬픔으로 인해 그와 같은 사명을 뒤로한 채 "나도 따라 죽겠다." 하고 있으니 하나님 앞에 합당치 않은 모습입니다.

야곱이 얍복 강에서 철저히 깨어진 후 많은 변화가 있었지만 슬픔으로 견디기 어려운 상황이 되자 이처럼 그 신앙이 드러납니다. 그의 할아버지 아브라함의 신앙과 비교되는 모습입니다.

아브라함은 하나님의 일과 개인의 일을 확실히 구분했고 그러면서 늘 하나님의 일이 우선이었습니다. 그는 이삭을 낳기 전 이미 사라의 여종 하갈을 통해 이스마엘이라는 아들을 얻었습니다.

아브라함은 이스마엘과 이삭에게 차별 없이 사랑을 주었습니다. 하지만 하나님 섭리를 이루기 위해서는 이스마엘이 이삭 곁을 떠나야 한다는 것을 알고 즉시 하갈과 이스마엘을 떠나보냅니다. 육적인 정에 얽매이지 않고 단호히 하나님 뜻에 따랐던 것입니다.

하나님께서 이삭을 번제로 드리라 하셨을 때도 아브라함은 육적인 정이나 사사로운 감정에 치우치지 않았습니다. 정이 없거나 가족을 사랑하지 않아서가 아닙니다. 누구보다도 사랑이 많았지만 그것과 하나님의 뜻을 이루는 것은 전혀 별개였다는 말입니다. 이는 그가 육적인 정과 욕심을 철저히 끊어 버렸기 때문입니다(갈 5:24).

하나님의 일에는 어떤 경우에도 사심이나 육적인 감정이 개입되어서는 안 됩니다. 믿음이 있고 하나님을 사랑하는 사람은 내 가족, 나와 친한 사람보다 믿음의 형제 자매를 먼저 생각합니다.

그렇다 하여 육의 가족을 소홀히 해도 된다는 의미가 아닙니다. 가족이라 해서 육으로 치우치거나 우선되어서는 안 된다는 말입니다.

성경을 보면 아브라함은 어떤 상황에서도 자신의 짐이 무겁다 하여 내려놓겠다는 마음을 갖지 않았습니다. 그에게는 하나님께서 "내가 너로 큰 민족을 이루고 네게 복을 주어 네 이름을 창대케 하리니 너는 복의 근원이 될지라" 하신 말씀이 있었습니다. 이는 언약의 말씀임과 동시에 그가 보장하여 이루어 드려야 할 사명이었지요.

아브라함은 이를 위해 자신이 감당해야 할 과정들이 있음을 알았습니다. 육으로 생각하면 참으로 크고 무거운 짐이었지요. 만일 그러한 사명이 없었다면 아브라함은 굳이 이스마엘을 내어보내지 않아도 되었습니다. 이삭을 번제로 드리라는 시험을 통과해야 할 필요도 없습니다. 후처 그두라를 통해 낳은 여섯 아들들을 독립시켜 멀리 동방으로 떠나보낼 필요도 없었지요. 많은 자녀와 함께 말년을 오손도손 보낼 수도 있었을 것입니다.

그러나 아브라함은 주어진 사명과 이삭을 통해 이루어야 할 하나님 섭리를 위해 그 모든 것을 기꺼이 포기했습니다. 아브라함과 비교하여 보면 야곱의 고백과 행동은 너무나 부족한 모습이었습니다. 자신의 사명과 하나님의 일보다는 개인적인 슬픔과 감정이 앞섰던 것입니다.

한편, 미디안 사람들은 요셉을 애굽 왕 바로의 시위대장 보디발에게 팔았습니다. 아버지의 특별한 사랑을 받던 요셉이 하루아침에 타국의 노예로 전락한 것입니다. 그는 절망에 빠졌을까요? 그렇지 않습니다.

요셉은 하나님께서 주신 꿈을 마음 중심에서 믿었기에 연단의 세월 동안 조금도 흔들림이 없었습니다. 상황이 점점 나빠지는 것 같았지만 그러한 현실이 요셉의 믿음을 흔들 수는 없었던 것입니다.

아브라함의 정통계보, 유다와 베레스

야곱의 넷째 아들 유다의 신앙

유다의 자녀들에게 임한 저주

유다와 며느리 다말

유다의 아들 베레스와 세라

1. 야곱의 넷째 아들 유다의 신앙

"그 후에 유다가 자기 형제에게서 내려가서 아둘람 사람 히라에게로 나아가니라 유다가 거기서 가나안 사람 수아라 하는 자의 딸을 보고 그를 취하여 동침하니 그가 잉태하여 아들을 낳으매 유다가 그 이름을 엘이라 하니라 그가 다시 잉태하여 아들을 낳고 그 이름을 오난이라 하고 그가 또다시 아들을 낳고 그 이름을 셀라라 하니라 그가 셀라를 낳을 때에 유다는 거십에 있었더라"
(38:1~5)

꿈의 사람 요셉에 관한 내용이 한창 진행 중이다가 창세기 38장에서는 유다에 대한 내용이 불쑥 등장합니다. 여기에는 중요한 영적인 의미가 있습니다.

요셉이 애굽으로 팔려가는 사건은 장차 이스라엘 민족이 애굽에서 큰 민족을 이루며 하나님의 선민으로 성장하는 데 있어 매우 중요한 역할을 합니다. 동시에 이스라엘 민족이 장차 400년간 애굽에서 종살이하며 큰 민족으로 성장하는 토대를 만드는 시작점이기도 합니다.

이스라엘 민족이 애굽에서 종살이하다가 출애굽하여 약속의 땅 가나안으로 돌아오는 내용은 장차 메시아로 오실 예수님을 통해 이루어질 구원의 사역에 대한 예표입니다.

죄악 가운데 원수 마귀 사단의 종노릇하던 우리들이 예수 그리스도로 말미암아 죄 사함을 받고 어둠에서 나와 하나님 말씀인 빛 가운데 살아감으로 영원한 천국에 들어가는 과정과 같습니다.

그러므로 요셉이 애굽으로 팔려가는 것이 개인적으로는 온전한 그릇을 만들기 위한 연단의 시작이지만 영적으로는 앞으로 이루어질 하나님의 섭리에 대한 시작점이 됩니다.

이러한 시점에서 하나님께서는 갑자기 유다와 그의 자녀들에 대하여 언급하셨습니다. 창세기 38장에 나오는 내용은 한낱 개인의 불행한 과거사가 아닙니다. 장차 메시아로 오실 예수님에 대한 영적인 단서를 제공해 줍니다.

요한계시록 5장 5절에 "장로 중에 하나가 내게 말하되 울지 말라 유대 지파의 사자 다윗의 뿌리가 이기었으니 이 책과 그 일곱 인을 떼시리라" 말씀합니다. 이는 인류의 구세주가 되실 예수님께서 유대(유다) 지파 다윗의 후손으로 오셨음을 알려 줍니다.

미가서 5장 2절에도 "베들레헴 에브라다야 너는 유다 족속 중에 작을지라도 이스라엘을 다스릴 자가 네게서 내게로 나올 것이라 그의 근본은 상고에, 태초에니라" 하여 메시아가 유다 족속 중에서 나올 것을 예언하셨지요. 야곱의 열두 아들 중에 유다를 통해 예수님의 계보가 이어졌던 것입니다.

물론 성령으로 잉태되신 예수님께 육적인 혈통이 있을 수 없지만 예수님께서 육신을 입고 이 땅에 오시기 위해서는 육적인 계보가 필요했습니다. 예수님께서는 구약의 예언에 따라 유다 지파 중에서 나심으로 구약에 예언된 메시아이심을 확실히 증명했습니다.

야곱의 아들들은 아버지를 통해 하나님에 대해 들었습니다. 약속하신 바를 이루시는 신실하신 하나님, 행한 대로 갚아 주시는 하나님에 대해서도 들었습니다. 그러나 똑같이 가르침을 받았어도 각자의 마음이나 신앙은 달랐습니다.

요셉은 연단 중에도 늘 하나님을 경외하고, 신실하신 하나님을 믿었습니다. 어떤 상황에서도 하나님 앞에 죄를 범하지 않았고 하나님께서 주신 꿈을 잃지 않았지요. 하지만 요셉 형들의 신앙은 그렇지 못했습니다. 그들의 신앙을 알 수 있는 내용이 창세기 38장에 나옵니다. 이는 유다 한 사람에 대한 내용 같지만 결국은 다른 형제들의 신앙이 어떠했는지를 보여 줍니다.

유다는 하나님에 대해 듣고 배워 알기는 했지만 마음으로 받지는 못했습니다. 때를 좇아 하나님께 제사를 드리기도 했지만 형식적이었으며, 마음의 악을 버리지 않은 채 자기 생각에 맞춰 하나님을 섬겼습니다. 그러기에 가나안 사람 수아의 딸을 아내로 취하는 행동이 나온 것입니다.

아버지 야곱이나 할아버지 이삭이 아내를 얻기 위해 어떻게 했는지 유다가 모를 리 없습니다. 그럼에도 이방 여인을 아내로 맞은 것은 그의 신앙이 하나님 말씀대로 행할 수 있는 수준이 아니었음을 말해 줍니다.

결국 자기 보기에 좋을 대로 행한 것입니다. 그러니 유다가 이방 여인을 통해 얻은 아들들의 신앙이 어떠했겠습니까. 이방 풍속과 죄악에 빠져 신앙을 유지하기도 어려웠을 것입니다.

하나님께서는 이방 민족과의 통혼을 엄격히 금하셨습니다. 자칫 이방 민족이 섬기는 우상이나 그들의 잘못된 관습과 악행에 물들 수 있기 때문입니다. 더구나 결혼은 인륜지대사인데도 유다는 아버지 야곱과 한마디 상의도 하지 않았습니다. 만약 상의하여 이방 여인과 결혼하지 않았다면 집안에 비극적인 사건이 생기지 않을 수도 있었을 것입니다.

물론 유다가 야곱과 상의하지 않았다 해서 하나님 뜻을 몰랐던 것은 아닙니다. 알면서도 이방 여인을 아내로 맞았습니다. 이것이 머리로 아는 것과, 마음으로 믿고 순종하는 것의 차이입니다. 아무리 진리를 안다 해도 마음의 악을 버리지 못하면 자기 유익과 정욕 앞에서 진리를 저버립니다. 유다처럼 결국 자기 보기에 좋은 길을 택하고 마는 것입니다.

2. 유다의 자녀들에게 임한 저주

"유다가 장자 엘을 위하여 아내를 취하니 그 이름은 다말이더라 유다의 장자 엘이 여호와 목전에 악하므로 여호와께서 그를 죽이신지라 유다가 오난에게 이르되 네 형수에게로 들어가서 남편의 아우의 본분을 행하여 네 형을 위하여 씨가 있게 하라 오난이 그 씨가 자기 것이 되지 않을 줄 알므로 형수에게 들어갔을 때에 형에게 아들을 얻게 아니하려고 땅에 설정하매 그 일이 여호와 목전에 악하므로 여호와께서 그도 죽이시니 유다가 그 며느리 다말에게 이

르되 수절하고 네 아비 집에 있어서 내 아들 셀라가 장성하기를 기다리라 하니
셀라도 그 형들같이 죽을까 염려함이라 다말이 가서 그 아비 집에 있으니라"
(38:6~11)

유다는 하나님의 뜻과 다르게 가나안 여인과 결혼하여 세 아들 엘, 오난, 셀라를 낳았습니다. 세월이 흘러 맏아들 엘의 배필을 맞이하는 일에도 유다는 여전히 자기 보기에 좋을 대로 행합니다.

아브라함은 아들 이삭의 아내를 맞음에 있어 오직 하나님께 맡겼습니다. 그는 이방 여인이 아닌 자기 민족 가운데서 며느리를 맞기 위해 가장 믿고 신뢰하는 종을 하란으로 보냅니다. 그 종은 하나님 뜻 가운데 순적히 아브라함의 동생 나홀의 손녀인 리브가를 만났지요.

반면에 유다는 자기 뜻대로 며느리를 맞이합니다. 그 밖에 집안의 모든 일도 자기 뜻에 따라 간섭하고 결정해 나갔지요. 그런데 불행히도 가나안 여인 다말을 아내로 맞은 맏아들 엘이 자녀도 없이 젊은 나이에 죽고 맙니다. "엘이 여호와 목전에 악하므로 여호와께서 그를 죽이신지라" 말씀하신 대로 그의 행사가 악했기 때문입니다.

혹여 이 말씀을 오해해서 '하나님께서 직접 사람을 죽이기도 하시는구나!' 생각해서는 안 됩니다. 하나님이 엘을 죽이셨다는 것은, 베드로 사도에게 거짓말을 하여 성령을 속이려 했던 아나니아와 삽비라가 저주를 받아 그 자리에서 혼이 떠났던 경우와 같습니다.

베드로 사도를 속인 일로 목숨을 잃은 아나니아와 삽비라의 경우, 그들의 죄에 비해 '그 대가가 너무 큰 것 아닌가?' 생각하는 사람들이 있

습니다. 하지만 하나님의 사람을 한 번 속인 일로 그들이 목숨을 잃은 것이 아닙니다. 그들이 그동안 쌓아온 죄로 인해 결국 하나님의 저주가 임하니 사망에 이른 것입니다.

이는 특별한 경우이며, 대부분의 사람은 죄가 쌓여 어느 한계를 넘으면 공의 가운데 그에게 닥친 재앙이나 사고로부터 하나님이 지켜 주실 수 없으므로 어려움을 겪게 됩니다. 그러니 엘이 저주로 인해 순간에 죽임당했다는 것은 그가 평소 하나님 앞에 얼마나 악을 쌓았는지를 말해 줍니다.

유다의 맏아들 엘이 후사를 남기지 못하고 죽자 당시 풍습에 따라 동생 오난이 형수 다말을 취하게 됩니다. 이러한 풍습은 계대결혼(繼代結婚) 또는 형사취수(兄死娶嫂) 제도라 불립니다. '계대'란 대를 잇는다는 뜻이며, '형사취수'는 형이 죽으면 동생이 형수를 취한다는 뜻입니다.

이는 가문과 혈통의 존속을 중시했던 고대 사회에서 후사 없이 죽은 형제의 대를 잇기 위해 다른 형제가 죽은 형제의 부인과 결혼하여 아들을 낳아 주던 풍습입니다. 자식 없이 죽은 형제의 가문을 보존케 하려는 것이었지요.

죽은 사람의 형제들은 긍휼과 희생 그리고 형제애로써 이 의무를 준수해야 했습니다. 그런데 엘을 위해 후사를 이어야 하는 의무를 가진 오난은 이를 거부합니다. 형수를 통해 낳은 아들이 자신의 씨가 되지 않을 것을 알고 형수로 하여금 잉태치 못하게 속임수를 쓴 것입니다.

그 일이 하나님 보시기에 악하므로 오난도 하나님께 죽임을 당합니다. '오난의 행동이 그렇게까지 악한 것인가?' 생각할 수 있지만, 하나님께서 악하다 하신 것은 단순히 그의 행동 때문만이 아닙니다.

성경은 오난이 이렇게 행동한 것이 형에게 아들을 얻지 못하게 하려는 목적에서라고 말씀하고 있습니다. 형수가 아들을 낳을 경우 장자의 명분과 권한이 그 아들을 통해 이어질 것을 우려했기 때문입니다.

형에게 후사가 없으면 둘째인 자신이 장자의 명분과 권한을 가질 수 있는데 굳이 형수에게 아들을 낳게 해서 자신에게 돌아올 장자권을 넘겨줄 필요가 없다고 생각했습니다. 형제에 대한 긍휼과 희생의 마음은 없고 오직 장자권을 차지하려는 욕심만 있었던 것입니다.

더욱이 당시에는 가문의 대가 끊어지는 것을 가장 큰 저주 중의 하나로 여겼습니다. 그러니 오난의 행동은 형의 집안이 저주 가운데 빠지는 것을 보면서도 외면하는 처사였습니다. 이를 통해 그의 마음이 얼마나 선과는 거리가 멀었는지 알 수 있습니다.

오난은 그동안 하나님 앞에 많은 악을 쌓아 왔을 뿐만 아니라 형제에 대한 의무마저도 저버렸으므로 결국 악에 대한 보응으로 죽음이라는 대가를 치릅니다.

유다는 둘째 아들 오난에게 다말을 취하게 하는 과정에서도 자기 보기에 옳다고 생각하는 것을 관철시키려 합니다. 유다는 엘이 죽었을 때 둘째 아들 오난에게 형에 대한 도리를 다하도록 권면하거나 의사를 물어보지 않았습니다. 오난의 의사와는 상관없이 장자 엘의 대를 잇고자 하는 마음뿐이었습니다.

여기에는 그가 성장하면서 받은 피해의식과 장자에 대한 강한 집착이 깔려 있었습니다. 아버지 야곱이 다른 아들을 제쳐놓고 요셉을 편애하여 장자권까지 물려주려 했던 것에 대한 불만이 마음 깊이 박혀 있었던 것입니다. 이런 마음이 둘째 오난에게 독단적으로 억누르는 듯한 행동으로 나왔지요.

그러다 보니 오난도 아버지 뜻에 고분고분 순종하지 않았습니다. 반발심과 함께 자기 욕심과 악을 좇아 나가지요. 아버지 명령에 못 이겨 형수와 동침하기는 했지만 잉태하지 못하도록 속임수를 쓴 것입니다.

이처럼 두 아들을 잃은 유다는 셋째 아들 셀라에게 형의 후사를 잇도록 해야 했지만 망설여졌습니다. 혹여 두 아들의 갑작스런 죽음이 며느리 다말로 인한 것일 수도 있다는 생각이 들었지요. 다말로 인해 '셋째 아들마저도 죽지 않을까.' 염려되었던 것입니다.

그래서 유다는 셀라가 아직 어리다는 핑계로 다말을 친정으로 돌려보냅니다. 셀라가 장성하면 부르겠다 했지만 실상은 셀라를 줄 마음이 전혀 없었습니다.

유다가 진정 하나님의 사람이었다면 어떻게 했을까요? 집안에 우환이 계속될 때 하나님께 기도하거나 적어도 아버지 야곱에게 물어 하나님 뜻을 알고자 했을 것입니다. 그러나 유다는 여전히 자신의 생각과 계산 속에서 모든 일을 처리해 나갑니다. 며느리를 떠나보내려고만 할 뿐 그녀의 처지는 전혀 고려하지 않았습니다.

만일 셋째 아들을 줄 마음이 없다면 차라리 재가할 수 있도록 며느리에게 자유를 주어야 합니다. 그런데 유다는 적당히 그 상황만 모면하고자 마음에도 없는 거짓말을 해서 다말을 친정으로 보냈습니다. 그리고 셋째 아들이 장성하기까지 아무런 기별을 주지 않았습니다. 자녀 하나 없이 홀로 외롭게 살아가는 며느리 다말은 점차 유다의 기억에서 사라져 갔습니다.

성경을 보면 이와 비슷한 상황에서 유다와는 전혀 다르게 행한 사례가 나옵니다. 바로 룻의 시어머니 나오미입니다. 이스라엘 여인 나오미는 모압 땅에서 남편과 장성한 두 아들을 잃었습니다. 집안에는 자신과 모압에서 얻은 두 며느리만 남았습니다.

어느 날 나오미는 고향 이스라엘로 돌아가기로 결정하고 두 며느리에게는 각자의 집으로 돌아가라고 권합니다. 자신의 아들들이 다 죽고 대를 이을 소망이 없으니 더 이상 시어머니에 대한 의무감에 매이지 말고 재가하여 행복을 찾으라는 것입니다.

이때 나오미가 자기 입장만 생각했다면 이런 결정을 내리기가 쉽지 않지요. 홀로 노년을 보내는 것보다 두 며느리라도 곁에 있는 것이 훨씬 좋을 것입니다. 그러나 나오미는 자신의 안위보다 앞날이 창창한 며느리들을 먼저 생각했습니다.

시어머니의 말을 듣고 큰며느리 오르바는 마음 아파 울면서도 친정으로 돌아갔습니다. 하지만 작은며느리 룻은 끝내 나오미 곁을 떠나지 않고 이스라엘까지 따라와 사랑으로 섬깁니다. 이처럼 며느리 입장을 먼저 생각한 나오미와 달리 유다는 며느리 다말의 입장은 전혀 생각하지 않고 오직 자기 입장만 생각했습니다.

3. 유다와 며느리 다말

"얼마 후에 유다의 아내 수아의 딸이 죽은지라 유다가 위로를 받은 후에 그 친구 아둘람 사람 히라와 함께 딤나로 올라가서 자기 양털 깎는 자에게 이르렀더니 혹이 다말에게 고하되 네 시부가 자기 양털을 깎으려고 딤나에 올라왔다 한지라 그가 그 과부의 의복을 벗고 면박으로 얼굴을 가리고 몸을 휩싸고 딤나 길 곁 에나임 문에 앉으니 이는 셀라가 장성함을 보았어도 자기를 그의 아내로 주지 않음을 인함이라

그가 얼굴을 가리웠으므로 유다가 그를 보고 창녀로 여겨 길 곁으로 그에게 나아가 가로되 청컨대 나로 네게 들어가게 하라 하니 그 자부인 줄 알지 못하였음이라 그가 가로되 당신이 무엇을 주고 내게 들어오려느냐 유다가 가로되 내가 내 떼에서 염소 새끼를 주리라 그가 가로되 당신이 그것을 줄 때까지 약조물을 주겠느냐 유다가 가로되 무슨 약조물을 네게 주랴 그가 가로되 당신의 도장과 그 끈과 당신의 손에 있는 지팡이로 하라 유다가 그것들을 그에게 주고 그에게로 들어갔더니 그가 유다로 말미암아 잉태하였더라 그가 일어나 떠나가서 그 면박을 벗고 과부의 의복을 도로 입으니라"(38:12~19)

셀라가 장성했음에도 시아버지 유다로부터 아무런 연락이 없자 다말이 느낀 배신감은 참으로 컸습니다. 시아버지 말만 믿고 그동안 참고 기다렸던 세월이 억울했습니다.

그런데 다말도 그렇게 호락호락한 여인이 아니었습니다. 더 기다려 봤자 아무 소용이 없음을 깨달은 다말은 치밀한 계략을 세워 살 길을 찾습니다. 시아버지 유다를 속여 그를 통해 대를 잇고자 했지요.

그녀 역시 육신의 생각 가운데 자기 욕심과 유익을 구하는 모습입니다. 명목상으로는 집안의 대를 잇기 위해 어쩔 수 없는 일이라고 변명할 수 있지만 실제 그 속에는 기득권을 잃지 않으려는 마음과 시아버지에 대한 감정이 담겨 있었습니다. 다말은 유다 집안의 큰며느리로서 누릴 수 있는 권한을 바라고 지금까지 인내해 온 세월을 이제 와서 포기할 수 없었습니다. 어떻게 해서든 자신을 통해 집안의 대를 잇겠다는 일종의 오기도 생겼지요.

그래서 육으로 볼 때 참으로 수치스러울 수밖에 없는 일을 감행합니다. 어느 날, 양털을 깎기 위해 딤나로 올라온 시아버지 유다 앞에 창녀처럼 꾸미고 다가가 미혹했던 것입니다. 마침내 목적한 대로 그녀는 잉태하게 됩니다.

다말은 나름대로 육의 지혜가 있는 여인이었기에 그 일을 계획함에 있어 아주 치밀했습니다. 자신이 잉태하면 분명히 부정한 행동을 했다고 오해받을 것을 예견하고 조치를 취해 놓았습니다. 시아버지 유다를 미혹할 때 도장과 끈과 지팡이를 받아 놓음으로써 후일 유다가 자신의 행동을 부인하지 못하도록 만반의 준비를 했던 것입니다.

4. 유다의 아들 베레스와 세라

"유다가 그 친구 아둘람 사람의 손에 부탁하여 염소 새끼를 보내고 그 여인의 손에서 약조물을 찾으려 하였으나 그가 그 여인을 찾지 못한지라 그가 그곳 사람에게 물어 가로되 길 곁 에나임에 있던 창녀가 어디 있느냐 그들이 가로되 여기는 창녀가 없느니라 그가 유다에게로 돌아와 가로되 내가 그를 찾지

못하고 그곳 사람도 이르기를 여기는 창녀가 없다 하더라 유다가 가로되 그로

그것을 가지게 두라 우리가 부끄러움을 당할까 하노라 내가 이 염소 새끼를 보

내었으나 그대가 그를 찾지 못하였느니라

　　석 달쯤 후에 혹이 유다에게 고하여 가로되 네 며느리 다말이 행음하였고

그 행음함을 인하여 잉태하였느니라 유다가 가로되 그를 끌어내어 불사르라

여인이 끌려 나갈 때에 보내어 시부에게 이르되 이 물건 임자로 말미암아 잉태

하였나이다 청컨대 보소서 이 도장과 그 끈과 지팡이가 뉘 것이니이까 한지라

유다가 그것들을 알아보고 가로되 그는 나보다 옳도다 내가 그를 내 아들 셀

라에게 주지 아니하였음이로다 하고 다시는 그를 가까이하지 아니하였더라

　　임산하여 보니 쌍태라 해산할 때에 손이 나오는지라 산파가 가로되 이는

먼저 나온 자라 하고 홍사를 가져 그 손에 매었더니 그 손을 도로 들이며 그

형제가 나오는지라 산파가 가로되 네가 어찌하여 터치고 나오느냐 한 고로 그

이름을 베레스라 불렀고 그 형제 곧 손에 홍사 있는 자가 뒤에 나오니 그 이름

을 세라라 불렀더라"(38:20~30)

　　얼마 뒤 유다는 친구를 통해 창녀에게 약속한 염소 새끼를 주고 약

조물인 도장과 끈과 지팡이를 되찾으려 합니다. 하지만 어찌 된 일인지

여인을 찾지 못합니다. 더욱이 그 지역에는 창녀가 없다는 말을 전해 듣

고 깜짝 놀랄 수밖에 없었습니다. 유다는 더 이상 여인을 찾다가는 되레

부끄러움을 당할까 염려하여 찾기를 포기합니다.

　　그로부터 석 달쯤 후 유다는 며느리 다말이 잉태했다는 소식을 듣습

니다. 분노한 유다는 당장 다말을 끌어다 불태워 죽이라고 합니다. 다말

은 영락없이 행음한 여인으로 몰렸지요. 이때 다말은 사람을 보내어 자

신을 잉태시킨 남자의 것이라며 도장과 끈과 지팡이를 내놓습니다.

그제야 유다는 모든 정황을 깨닫고 "그는 나보다 옳도다 내가 그를 내 아들 셀라에게 주지 아니하였음이로다" 하며 자신의 잘못을 시인합니다. 유다가 약속대로 장성한 셀라를 다말에게 주었다면 이 같은 상황은 생기지 않았을 것입니다. 그의 거짓말이 이런 불행한 사건을 초래한 것이지요.

마침내 다말은 쌍둥이 아들을 낳았습니다. 그들의 이름은 베레스와 세라였으며 그중에 베레스를 통해 유다의 가문은 대를 잇습니다. 이렇게 해서 혈통으로는 유다의 자손으로 오신 예수님의 계보에 다말과 그가 낳은 아들 베레스의 이름이 오르게 됩니다(마 1:3).

그러면 하나님께서는 왜 유다를 야곱의 정통계보로 삼아 그 계보에서 예수님이 태어나게 하셨을까요? 영적으로 야곱의 장자이자 가장 선하고 중심이 좋은 요셉을 통해 계보를 이어야 할 것 같은데 왜 그러지 않으셨을까요?

같은 부모에게서 난 형제라도 마음과 중심, 그릇이 각기 다릅니다. 선한 사람도 있고 악한 사람도 있고, 하나님의 사랑을 받은 사람도 있고, 진노를 사서 저주받은 사람도 있습니다. 부모가 선하지만 자녀는 조상의 악한 기를 타고날 수도 있고, 악한 부모에게서 조상의 선한 기를 받고 태어난 자녀도 있지요.

또한 태어나서 자신을 어떻게 만들어 가느냐에 따라 결과가 달라지기도 합니다. 이렇게 선과 악이 공존하며 교차되는 가운데 하나님께서는 모든 것을 아시므로 그때그때마다 비교적 선하고 합당한 사람들을 선택하여 예수님의 계보를 이어가셨습니다.

물론 야곱의 아들 중 가장 선한 중심을 가진 사람은 요셉입니다. 그런데 그에게는 누구도 감당할 수 없는 큰 사명, 즉 애굽 총리가 되어 이스라엘 족속이 큰 민족을 이루기까지 길을 예비하는 사명이 있었습니다. 이는 야곱의 아들 중 오직 요셉의 선한 마음과 그릇됨을 통해서만 이룰 수 있는 사명이었습니다.

하나님께서는 예수님의 계보를 잇는 것은 유다를 통해 이루십니다. 유다는 아브라함이나 이삭, 야곱에 비하면 정통계보를 잇기에 부족함이 많았지만 야곱의 아들 중 요셉을 제외하고는 그나마 나은 마음을 가졌습니다. 형제들이 요셉을 죽이려 할 때 유다의 제안으로 요셉은 생명을 건질 수 있었습니다.

또한 다말의 일로 자신의 허물이 드러났을 때에도 숨기거나 모면하려 하지 않았지요(창 38:26). 모든 것이 자신의 잘못에서 비롯되었음을 솔직히 시인합니다. 창세기 44장을 보면 동생 베냐민이 도둑의 누명을 쓰고 애굽의 종이 되어야 할 상황에서도 자신이 대신 종이 되겠다고 했습니다. 타고난 중심이나 그릇이 탁월하다 할 수 없고 마음에 악도 있었지만 나름대로 사람의 도리를 좇고자 하는 마음이 있었던 것입니다.

예수님께서는 성령으로 잉태되셨기에 조상의 기를 받고 태어나신 것은 아니지만 형식적인 계보를 이어감에 있어서도 하나님께서는 그나마 선한 사람들을 택하여 섭리를 이루신 것입니다.

한편 유다와 나오미의 행함에 차이가 있듯, 다말의 모습 역시 룻과 비교해 볼 때 선의 차이를 느낄 수 있습니다. 유다와 나오미의 마음씀이 너무 달랐기에 그들의 행동이 달랐다고 말할 수도 있지만 그보다는 근본 마음의 선이 달랐지요.

롯은 시어머니 나오미를 따라 낯선 이스라엘 땅으로 옵니다. 그곳에서 시어머니를 봉양하기 위해 전적으로 자신을 희생하며 헌신했습니다. 이스라엘의 토지 무르기 법칙에 따라 보아스를 만나 재가하는 과정에서도 자신의 유익이나 주장은 전혀 없었습니다. 오직 시어머니 나오미의 뜻을 따랐지요.

자신의 안위와 부귀를 생각한 것이 아니라 대가 끊긴 집안을 일으키기 위해서 시어머니의 뜻을 전적으로 따랐던 것입니다. 이렇게 선한 마음이니 모든 것이 합력해서 선을 이루었고 이방 여인으로서 예수님의 계보에 올랐던 것입니다. 그녀의 선한 행함이 성경 66권 중 한 권을 차지하였으며 그녀는 천국에서도 존귀한 자리에 들어갈 수 있었습니다.

다말은 그렇지 못했습니다. 대를 이어야 한다는 의무감과 시아버지 유다의 속임수 때문이라고 변명할 수 있겠지만, 그렇다 하여 그녀의 행동이 정당화될 수는 없습니다. 좀 더 선한 마음을 가졌다면 얼마든지 다른 방법을 통해서 대를 잇는 길이 열렸을 것입니다.

유다의 마음에 감동을 주어 셀라를 자신에게 줄 마음이 생기도록 할 수도 있었지요. 그러나 다말은 선의 지혜가 아닌 육의 지혜를 동원하였습니다. 물론 다말은 이를 통해 유다 가문을 잇고 예수님 계보에 이름이 올랐지만 그 행함으로 장차 천국에서 받을 상급이 있는 것은 아닙니다.

그러면 하나님께서는 왜 예수님이 유다 지파로 이 땅에 오실 것을 아시면서 다말 사건을 허락하신 것일까요? 수치스러운 일이 일어나지 않도록 얼마든지 지켜 주실 수 있었을 텐데 말입니다.

여기에는 선한 사람이든, 악한 사람이든 예수 그리스도 안에 들어온 사람은 누구나 죄 사함 받고 구원에 이를 수 있다는 뜻이 담겨 있습니다. 예수님께서는 선한 사람만이 아니라 악하고 추한 사람도 구원하고자 이 땅에 오셨습니다. "건강한 자에게는 의원이 쓸데없고 병든 자에게라야 쓸 데 있느니라 내가 의인을 부르러 온 것이 아니요 죄인을 부르러 왔노라"(막 2:17) 말씀하신 대로입니다.

또한 하나님께서는 처음부터 선한 사람만 택해 하나님의 섭리를 이루어 가시는 것이 아닙니다. 하나님 섭리 안에는 금그릇, 은그릇, 질그릇도 있으며 처음부터 깨끗한 그릇만 있는 것도 아닙니다. 주 안에 들어와 맑은 물로 씻어 깨끗해지는 만큼 존귀하게 쓰임 받는 것입니다.

그러니 유다 계보를 통해 예수님이 나신 것만 보아도 '나는 좋지 못한 환경에서 태어나서'라는 변명과 핑계를 댈 수 없습니다. 누구든지 말씀과 기도로 자신을 발견하고 변화시켜 나가면 하나님 섭리 안에 쓰임 받는 소중한 도구가 될 수 있습니다.

오랜 연단을 통해 선과 악에 따른 하나님의 공의와 사랑을 깨달은 야곱은
임종을 앞두고 이스라엘의 조상으로 세우신 하나님께 감사의 고백을 드린다.

"정녕 제가 어리석을 때에
아버지의 뜻을 거스르고자 함이 있었고
내 생각대로 이루고자 함이 있었고
내 지혜를 동원하여 이루고자 함이 있었으되
그러나 그 모든 것이 결국에는 아무것도 아님을 깨우쳤나이다.

내 하나님이시여,
정녕 내가 이와 같은 연단의 길 속에서 하나님을 만나며
하나님에 대해 진정 마음에 심게 됨과 같이,
저로부터 인하여서 나온 모든 자들도
하나님의 그 마음을 명심하며 기억하고
하나님의 일들을 이루어 나갈 수 있는 자가 되어지기를 원하나이다.

인생의 모든 삶에 있어서 폭발적인 삶과
모든 고난, 어려운 역경이 있었다 할지라도
내게 주신 은혜와 내게 주신 축복이 심히도 큼이나니
아버지여, 감사를 드리나이다.

정녕 나의 하나님,
또한 내 아버지의 하나님, 또 내 할아버지의 하나님,
내 사랑의 하나님, 저를 이와 같이 변화시켜 주시고
하나님 곁에 있게 하심에 감사드리나이다.

이제 저를 받아 주시되 내 하나님이시여,
하나님께서 계신 곳에 정녕 내가 있게 함으로
내 마음을 편안하게 하시며
이제 남은 자로 더불어 하나님의 뜻과 섭리를 이루시되
하나님의 약속하신 바를 온전히 이루실 줄 믿나이다.
저를 사랑하시어서
그 은혜 가운데 있게 하심에 감사드리나이다.

이제는 눈물도, 마음의 아픔도, 슬픔도,
사랑하는 이에 대한 이별도,
또한 내 마음에 묻었던 모든 것들도
하나님 안에서 온전한 편안함으로 임하여짐으로 인하여서
하나님 앞에 감사를 드리나이다.

이제 저의 이 모든 것을 인하여서
눈을 감는 순간까지라도 하나님의 섭리 가운데
모든 것을 보게 하시고 이루게 하심에 감사하나이다."

"유다 지파 중에 인 맞은 자가 일만 이천이요 르우벤 지파 중에 일만 이천이요 갓 지파 중에 일만 이천이요 아셀 지파 중에 일만 이천이요 납달리 지파 중에 일만 이천이요 므낫세 지파 중에 일만 이천이요 시므온 지파 중에 일만 이천이요 레위 지파 중에 일만 이천이요 잇사갈 지파 중에 일만 이천이요 스불론 지파 중에 일만 이천이요 요셉 지파 중에 일만 이천이요 베냐민 지파 중에 인 맞은 자가 일만 이천이라"(계 7:5~8)

야곱의 열두 아들은 르우벤, 시므온, 레위, 유다, 단, 납달리, 갓, 아셀, 잇사갈, 스불론, 요셉, 베냐민 순으로 태어났다. 이들은 얍복 강에서 하나님과 겨루어 이긴 야곱에 이어 이스라엘 민족을 이루는 중심축이 된다. 그런데 구약 성경에 나오는 이스라엘 열두 지파 이름을 보면 세월이 흐르면서 약간의 변화가 생긴다.

제사장 직분을 맡은 레위가 제외되고, 이스라엘이 큰 민족을 이루는 데 발판을 마련한 요셉이 애굽에서 낳은 두 아들 므낫세와 에브라임이 들어가 이스라엘 열두 지파를 이루는 것을 볼 수 있다. 이는 하나님의 섭리 속에 이루어진 일이다. 하나님께서는 애굽에서 이미 야곱을 주관하여 "에브라임과 므낫세는 내 것이라 르우벤과 시므온처럼 내 것이 될 것이요"라고 축복하게 하셨다(창 48:5). 훗날 이들은 이스라엘 열두 지파 안에 들어가 가나안 땅을 분배받는다.

한편, 요한계시록 7장에 기록된 이스라엘 자손 열두 지파를 보면 유다, 르우벤, 갓, 아셀, 납달리, 므낫세, 시므온, 레위, 잇사갈, 스불론, 요셉, 베냐민 순으로 나온다. 원래 야곱의 열두 아들 중에서 '단' 지파가 빠지고 대신 요셉의 장자 므낫세 지파가 들어가는데, 단 지파가 제외된 이유는 이들이 우상 숭배에 앞장섰기 때문이다(왕상 12:28~29).

요한계시록 7장에 나오는 이스라엘 자손 열두 지파의 순서는 창세기에 나오는 야곱이 낳은 열두 아들의 이름 순서와 맞지 않는다. 이는 요한계시록에 기록된 열두 지파의 순서가 우연히 된 것이 아니라 그 이름에 담긴 영적 의미에 따라 기록되었기 때문이다.

우리가 열두 지파의 이름에 담긴 의미를 깨닫고 이루면 온전한 성결에 이를 수 있다. 이러한 성결의 단계를 설명하기 위해 열두 지파의 이름을 연장자순으로 기록하지 않고 이름에 담긴 영적인 의미에 맞춰 기록한 것이다(266~269p 참조).

성경에 나오는 숫자 '12'의 영적인 의미

성경에 나오는 숫자에는 영적인 의미가 담겨 있는 경우가 많다.

예를 들면, '삼(3)'은 합한 수로서 온전함을 이룬다는 의미이다. 하나님께서는 성부, 성자, 성령 삼위일체 하나님으로 존재하시며, 예수님께서는 장사한 지 삼 일 만에 부활하셨다. 요나가 삼 일간 물고기의 뱃속에 있었던 것, 예수님께서 공생애를 시작하시기 전 세 차례 시험을 받으신 것 등이 숫자 3과 연관이 있다.

'사(4)'는 고난의 수라 할 수 있다. 이스라엘 백성이 40년간 광야에서 연단받았고, 아브라함의 자손은 애굽에 가서 사대 만에 가나안 땅으로 돌아왔다. 예수님께서도 공생애를 앞두고 40일 금식 기도를 하셨다.

'칠(7)'은 완전수로서 완전함을 의미한다. 하나님께서는 육 일 동안 모든 창조를 마치고 칠 일째 되는 날에 안식하셨다. 나아만이 문둥병을 치료받을 때에도 요단 강물에 일곱 번 몸을 씻었고, 엘리야 선지자는 오랜 가뭄 때에 일곱 번 기도하여 비의 응답을 받았다.

'십칠(17)'에는 '하나님께서 친히 주관하시고 행하신다'는 의미가 담겨 있다. 노아의 홍수가 시작된 날짜는 2월 17일, 물이 빠진 뒤 노아의 방주가 아라랏 산에 이르러 머무른 날짜는 7월 17일이다. 이는 하나님께서 노아 시대에 홍수 심판을 친히 주관하고 행하셨다는 의미라 할 수 있다. 요셉의 경우에도 17세가 되던 해 애굽으로 팔려감으로 그를 통해 이루실 하나님의 섭리가 본격적으로 시작되었다.

'십이(12)'는 빛의 수라 할 수 있다. 요한복음 11장 9절에 예수님께서 "낮이 열두 시가 아니냐 사람이 낮에 다니면 이 세상의 빛을 보므로 실족하지 아니하고" 말씀한 대로 빛이 가장 밝은 때도 낮 열두 시이다. 이스라엘의 열두 지파, 예수님의 열두 제자, 새 예루살렘 열두 기초석, 열두 진주문, 생명 나무의 열두 실과 등 성경에는 빛의 수인 12가 많이 나온다.

그러므로 빛의 수 '12'는 하나님의 중요한 섭리를 설명할 때에 등장하며 영적으로 매우 중요한 의미를 지녔다. 주님은 참 빛으로서 정오의 빛같이 가장 밝고 온전한 빛이라 할 수 있다. 주님은 인간 경작의 섭리를 이루기 위해 육신을 입고 이 땅에 오셨다.

하나님께서는 야곱의 열두 아들을 통해 형성된 선민 이스라엘 자손으로 예수님이 태어나게 하셨으며, 예수님의 제자가 열둘인 것도 이들을 통해 온 세상에 참 빛이신 예수 그리스도가 전파될 것을 의미한다.

열두 지파 십사만 사천 명의 전도자와 이삭줍기 구원

복음이 땅끝까지 전파되면 주님께서 만왕의 왕, 만주의 주로서 다시 오신다. 이때 구원받은 성도들은 부활체의 몸으로 변화되어 순간에 공중으로 들림 받아 7년 혼인 잔치에 참여하는 반면, 이 땅에 남겨진 사람들에게는 참혹한 7년 대환난이 시작된다.

7년 환난 때에도 예수 그리스도의 복음을 전파할 전도자들이 있는데, 이들은 이스라엘 자손 열두 지파 중에서 일만 이천 명씩 택함을 받은 자들이다. 이스라엘 자손 열두 지파란 육적인 의미의 이스라엘 민족만을 가리키는 것이 아니다. 영적으로 '하나님의 택함을 받은 자들'을 뜻한다. 십사만 사천이라는 많은 사람을 전도자로 세우는 것은 복음을 선포할 기간이 7년밖에 없기 때문이다.

이들은 7년 환난의 기간에 특별한 사명을 받아 하나님의 구원의 섭리를 이루게 된다. 성령이 거두어지고 구원의 소망이 끝난 것과 같은 절망 속에서 다시 한 번 구원의 도를 선포하여 이삭줍기 구원을 이루는 것이다. 마치 추수가 끝난 후 밭에 떨어진 이삭을 줍듯, 인간 경작의 기한은 이미 끝났지만 한 영혼이라도 잃지 않기를 원하시는 하나님께서 다시한 번 구원의 기회를 주신다.

십사만 사천 명의 전도자를 통해 뒤늦게나마 복음을 듣고 예수님께서 구세주이심을 깨달은 이들은 대부분 자연 재해나 전쟁으로 비교적 수월하게 죽음을 맞아 구원에 이르게 된다.

이와 달리 7년 환난 중에 순교하지 않으면 구원받지 못하는 사람들도 있다. 주님께서 공중 강림하시기 전, 이미 복음을 듣고 믿는다 했지만 참 믿음을 갖지 못해 휴거되지 못한 쭉정이 신자들이다.

이들은 혹독한 고문 속에서도 짐승의 표를 받지 않고 믿음을 지켜야 마지막 구원의 기회를 잡을 수 있다. 하지만 고문이 너무 혹독하여 이를 이겨내고 구원받는 경우는 극히 드물다. 따라서 복음을 듣고도 참 믿음을 소유하지 못해 7년 환난에 떨어지는 일은 없어야 할 것이다.

사랑의 하나님께서는 독생자 예수님을 화목제물로 십자가에 내어주셔서 누구든지 믿음으로 구원에 이를 수 있는 길을 열어 놓으셨다. 주님의 공중 강림이 가까운 마지막 때에는 성령을 물 붓듯이 부으시며 한 사람이라도 더 믿음을 가질 수 있도록 권능의 대폭발로 역사하실 것이다.

베드로후서 3장 8~9절에 "사랑하는 자들아 주께는 하루가 천 년 같고 천 년이 하루 같은 이 한 가지를 잊지 말라 주의 약속은 어떤 이의 더디다고 생각하는 것같이 더딘 것이 아니라 오직 너희를 대하여 오래 참으사 아무도 멸망치 않고 다 회개하기에 이르기를 원하시느니라" 말씀한 대로 어찌하든지 구원의 기회를 주어 끝까지 살리고자 하시는 하나님의 깊고도 넓은 사랑을 깨달아 온전한 구원에 이르기를 바란다.

"하나님의 영광이 있으매 그 성의 빛이 지극히 귀한 보석 같고 벽옥과 수정같이 맑더라 크고 높은 성곽이 있고 열두 문이 있는데 문에 열두 천사가 있고 그 문들 위에 이름을 썼으니 이스라엘 자손 열두 지파의 이름들이라"(계 21:11~12)

요한계시록 21장에는 수정같이 맑고 아름다우며 하나님의 영광이 드리운 새 예루살렘 성에 대한 기록이 나온다. 이 성은 가로, 세로, 높이가 모두 6천 리로서 네모 반듯한 정육면체 모양이며, 성곽에는 열두 진주문이 있고 성의 길은 정금으로 되어 있다. 그러면 열두 진주문 위에 이스라엘 자손 열두 지파의 이름이 기록된 이유는 무엇일까?

첫 사람 아담과 하와는 불순종의 죄로 인해 에덴동산에서 쫓겨난 후 이 땅에 살면서 많은 후손을 낳았다. 그런데 세상은 빠르게 죄악으로 물들었고, 얼마나 죄악이 관영했던지 하나님께서 한탄하실 정도였다. 결국 아담의 범죄 후 1600여 년이 지나서는 당대 의인이라 불리던 노아와 그 가족을 제외하고는 모두 물로 심판받을 수밖에 없었다. 그로부터 약 400년이 지난 후 아브라함이 태어났다. 약 4천 년 전의 일이다.

하나님께서는 아브라함을 연단하여 믿음의 조상으로 세우시고 뭇별과 같이 그의 자손이 번성할 것을 언약하셨다(창 22:17~18). 그 약속대로 아브라함의 씨를 통해 야곱이 태어나고, 야곱은 열두 아들을 낳았으며, 그들을 통해 이스라엘 열두 지파가 형성되었다.

하나님께서는 이 열두 지파를 통해 한 나라를 이루는 기반을 형성하셨고, 유다 지파의 후손으로 예수님을 이 땅에 보내어 만민에게 구원의 길을 열어 주셨다. 이러한 사실을 상징적으로 표현하기 위하여 새 예루살렘 성 열두 문 위에 열두 지파의 이름을 새겨 놓으신 것이다.

열두 지파의 영적인 의미는 하나님의 모든 자녀들

하나님께서는 이스라엘 백성뿐 아니라 이방인이 믿음 안에 들어오면 그를 더 이상 이방인이 아니요 믿음으로 열두 지파에 들어온 자라 인정하신다(롬 2:28~29, 11:13~24). 예수 그리스도를 믿음으로 구원받은 사람이라면 누구든지 믿음의 조상 아브라함의 후손이 되는 것이다.

그러므로 '이스라엘 자손 열두 지파'는 영적으로 '믿음으로 구원받은 하나님의 모든 자녀들'을 상징한다. 전 세계 어느 나라, 어느 민족이라 할지라도 믿음으로 구원받은 하나님의 자녀라면 가장 아름다운 천국 새 예루살렘 성을 침노할 수 있다.

이스라엘 열두 지파는 각 지파마다 성향이 다른 것을 볼 수 있다. 따라서 새 예루살렘 성에 들어가는 영혼들도 성향에 따라서 들어가는 문이 달라진다. 이는 영광의 크기가 다르다는 의미가 아니라 빛깔과 향이 다르다는 의미이다.

열두 지파 이름에 담긴 영적 의미

요한계시록 7장에 기록된 이스라엘 자손 열두 지파의 이름에 담긴 영적인 의미를 살펴보면 믿음의 분량(롬 12:3), 곧 영적인 성장 과정과도 연관이 있다. 주님을 영접하여 하나님의 자녀가 되어 성결을 이루고 가장 아름다운 천국 새 예루살렘 성의 주인공이 되는 과정을 알려 준다.

1) **유다: 찬송함** 이 땅에 구세주로 오신 예수님의 탄생을 찬송한다는 의미이다. 예수님께서 탄생하시던 날에 허다한 천군이 천사와 함께 하나님을 찬송하며 "지극히 높은 곳에서는 하나님께 영광이요 땅에서는 기뻐하심을 입은 사람들 중에 평화로다"(눅 2:14) 노래했던 것과 같이 구세주의 나심을 찬송한다는 의미이다.

2) **르우벤: 보라 아들이라** 하나님의 아들 예수님을 구세주로 영접하는 것이 신앙의 첫 단계이다. 예수 그리스도를 영접하여 구원받은 하나님의 자녀가 되는 것이다.

3) **갓: 복됨** 예수님을 구세주로 영접하면 이 세상의 어떤 복과도 바꿀 수 없는 참된 복을 받는다. 복음을 듣고 예수님을 구세주로 영접하여 구원에 이르므로 복된 사람이 되는 것이다.

4) **아셀: 기쁨** 예수 그리스도를 영접해 복된 사람이 되면 마음에

기쁨이 넘치는 신앙생활이 시작된다.

5) 납달리: 경쟁한다 "세례 요한의 때부터 지금까지 천국은 침노를 당하나니 침노하는 자는 빼앗느니라"(마 11:12)는 말씀과 같이 이제는 부지런히 죄를 버리며 천국을 침노해 들어간다. 더 좋은 천국에 대한 소망이 생기기 때문에 사명 맡기를 사모하며 하나님의 나라를 위해 충성 봉사하려고 한다. 그러면서 신앙 안에서 선의의 경쟁을 하게 된다.

6) 므낫세: 잊어버린다 죄를 싸워 버리며 충성하다 보면 어느새 믿음의 3단계, 즉 말씀대로 행할 수 있는 믿음에 이른다. 이때부터는 어떤 일로 나쁜 감정이 난다 해도 그것을 표출하지 않는다. 어떻게든 선으로 생각하고 마음에서 이해하며 잊어버리려고 노력한다.

7) 시므온: 들으심 한 단계 한 단계를 거치면서 깊은 신앙의 차원에 이르면 '들으심'의 단계로 들어온다. 하나님께서 감찰하시고 간구와 기도를 들으시며, 구하는 대로 주시고 찾으면 찾게 하시고 두드리면 열어 주시는 것이다.

8) 레위: 연합함 이는 주님과 연합한다는 의미로 주님과 하나 되는 것을 말한다. 정녕 주님을 사랑하고 천국을 소망하는 사람은 어찌하든 주님과 연합하기 위해 힘쓰며 점점 더 주님과 하나 된다.

9) 잇사갈: **값** 심은 대로 거두게 하시고 행한 대로 갚아 주시는 것을 의미한다. 얼마나 충성하고 봉사했느냐에 따라 그에 따른 상급을 주시는 것이다. 또한 죽도록 충성하며 온 집에 충성하기 위해 달려가는 단계를 의미한다. 죽도록 충성하는 사람에게는 생명의 면류관 이상의 값이 주어진다(계 2:10). 즉 3천층 이상의 천국 처소에 들어갈 수 있다.

10) 스불론: **거함** 온전히 말씀 안에 살고 진리와 빛, 선 가운데 살면 장차 새 예루살렘 성에 거할 수 있다. 이러한 차원이 되었을 때 바로 요한복음 15장 7절에 "너희가 내 안에 거하고 내 말이 너희 안에 거하면 무엇이든지 원하는 대로 구하라 그리하면 이루리라"는 말씀이 이루어진다.

11) 요셉: **더함** 아브라함으로 인해 조카 롯까지 복을 받았던 것처럼 온 영의 차원으로 들어오면 주변까지도 넘치게 축복을 받는다. 단지 심고 행한 대로 거두는 차원이 아니라 하나님께서 그 이상으로 더해 주시는 것을 볼 수 있다.

12) 베냐민: **오른손의 아들** 이는 하나님 보좌 우편에서 하나님의 아들이라 일컬음 받는 것을 뜻한다. 열심히 죄를 버리고 충성하며, 주님과 연합하여 온전히 하나를 이루면 새 예루살렘에 갈 수 있다. 나아가 하나님 보좌, 주님 보좌 가까이에 거하며 하나님의 참 아들, 딸로서 세세토록 영광 가운데 살아간다.

열두 지파 이름으로 살펴본 성결의 12단계

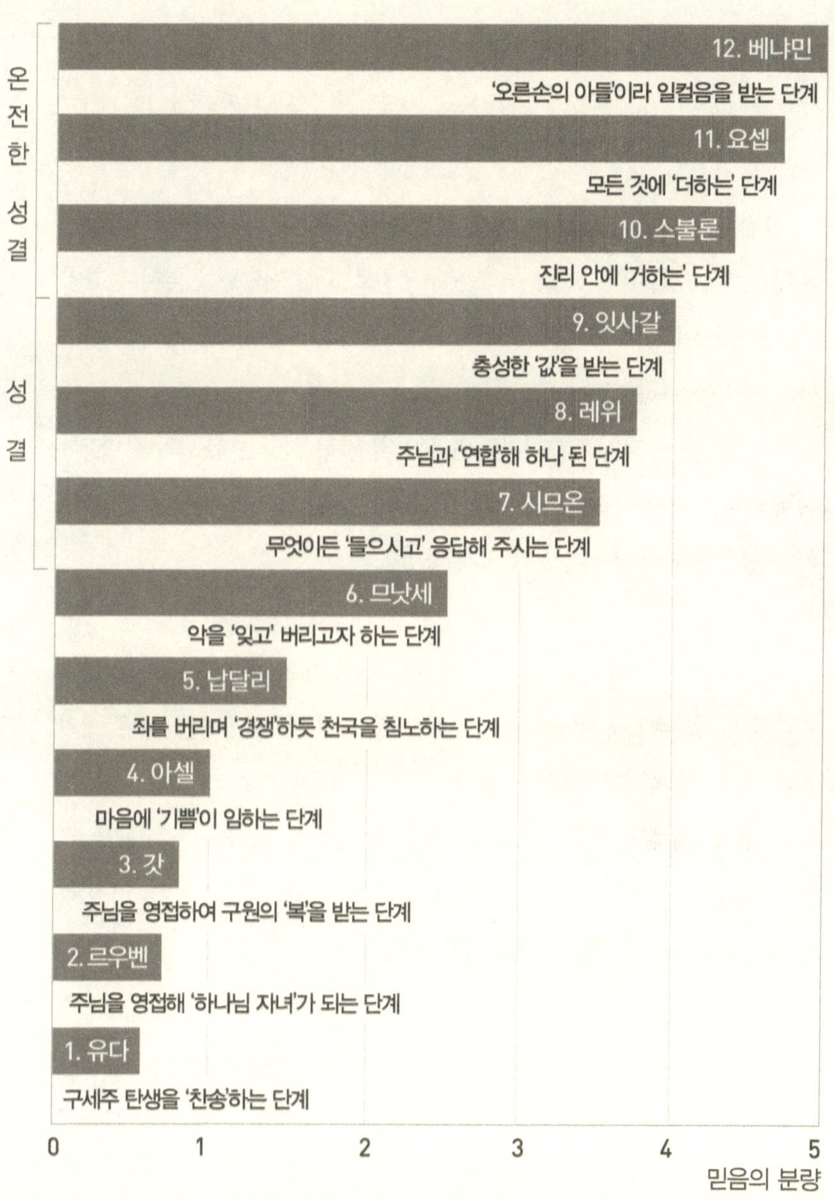

"동편에 세 문, 북편에 세 문, 남편에 세 문, 서편에 세 문이니 그 성에 성곽은 열두 기초석이 있고 그 위에 어린양의 십이 사도의 열두 이름이 있더라"(계 21:13~14)

그림자가 있으면 반드시 본체가 있는데, 구약은 그림자이고 신약은 본체라 할 수 있다(히 10:1). 구약은 구세주로 오실 예수님을 앞서 전하였고, 신약은 이 땅에 오셔서 구약의 모든 예언과 구속사업을 성취한 예수님의 사역을 기록하였다.

구약의 열두 지파가 그림자라면 신약의 열두 사도는 본체와 같다. 하나님께서는 사랑으로 율법을 완성하신 예수님을 통해 열두 사도를 가르치고 땅끝까지 주님의 증인이 되게 하셨다.

하나님의 보좌가 있는 가장 아름다운 천국 새 예루살렘 성에는 열두 진주문이 있는데 동서남북 사방에 세 문씩 있다. 성곽에는 열두 개의 기초석이 있는데 각색 보석으로 되어 있다. 첫째 기초석은 벽옥, 둘째는 남보석, 셋째는 옥수, 넷째는 녹보석, 다섯째는 홍마노, 여섯째는 홍보석, 일곱째는 황옥, 여덟째는 녹옥, 아홉째는 담황옥, 열째는 비취옥, 열한째는 청옥, 열둘째는 자정이다(계 21:19~20).

이처럼 새 예루살렘 성곽의 열두 기초석은 각색 보석으로 되어 있으며, 그 위에 구세주가 되신 예수님의 열두 사도의 이름이 기록되어 있다. 그런데 가룟 유다는 예수님을 배신했기 때문에 그 이름이 기록될 수 없었다.

열두 사도의 영적 의미는 성결되어 온 집에 충성한 사람들

사도행전 1장을 보면 부활하신 주님께서 승천하신 후 제자들은 예루살렘에 모여 기도에 힘썼다. 그리고 가룟 유다를 대신해서 사도의 직무를 감당할 사람을 보충한다. 예수님께 가르침을 받은 사람 중에 한 사람을 제비 뽑았는데 그가 바로 '맛디아'이다.

여기에는 두 가지 의미가 있다. 첫째는, 선민이 아닌 이방인도 구원에 이르게 됨을 의미한다. 둘째는, 누구나 주님과 하나를 이루면 맛디아와 같이 선택받을 수 있음을 의미한다.

열두 사도는 영적으로 '성결되어 온 집에 충성한 사람들'을 의미한다. 누구든지 예수 그리스도를 믿음으로 구원에 이를 뿐 아니라 죄를 피 흘리기까지 싸워 버림으로 성결을 이루고, 자기에게 주어진 모든 사명을 온전히 감당하면 가장 아름다운 천국 새 예루살렘 성에 들어갈 수 있다.

전 세계 영혼을 깨우는 **이재록 목사** 저서 안내

멈추지 않는다 신앙 간증 수기 Ⅱ

상상할 수 없는 시련 가운데 어떻게 믿음의 승리를 이루어 왔는가?
치열한 영적 싸움의 현장에서 놀라운 권능과
불같은 성령의 역사를 일으킨 원동력은 무엇인가?

젖과 꿀이 흐르는 땅 가나안 정복사

수천 년의 시간을 뛰어넘어 바라다본 이스라엘 역사를 통해
우리가 간과하기 쉬운 미세한 일들이
삶에 얼마나 큰 반향을 일으키는지
마음 깊이 깨닫게 하는 감동의 메시지!

깨어라! 이스라엘

마지막 때 숨겨진 하나님의 사랑과 비밀

간절히 메시아를 기다려 왔던 모든 유대인들에게
하나님의 사랑을 깨닫게 하며,
마지막 때를 살아가는 온 인류에게 전하는 경고의 메시지!

주님의 자취(상·하) 요한복음 강해

탄생부터 고난, 부활 승천에 이르기까지
예수님의 행적에 담긴 깊은 영적인 의미를 깨우쳐 줌으로
영적 성장은 물론, 응답과 축복의 길로 안내할 예수님의 일대기

일곱교회 모든 교회를 깨우시는 주님의 메시지

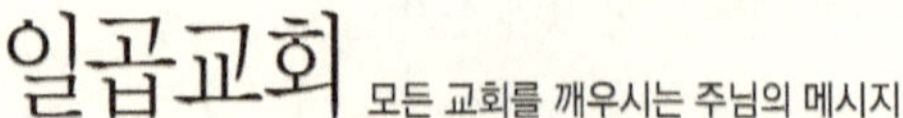

사도 요한을 통한 교회의 참 모습을 찾으시는 주님의 간절한 외침,
일곱 별의 비밀은 무엇인가?
주님께서 진정 기뻐하시는 교회는 어떤 교회인가?

죽음 앞에서 영생을 맛보며/ 이재록 목사 간증 수기

멈추지 않는다

나의 삶 나의 신앙 ①, ②/ 이재록 목사 자서전

십자가의 도

믿음의 분량

천국(상·하)

지옥

영혼육(상·하)

사랑은 율법의 완성/ 사랑장

이 같은 것을 금지할 법이 없느니라/ 성령의 열매

주님의 자취(상·하)/ 요한복음강해

고린도전서강해(상·하)

하나님의 씨/ 요한일서강해

육의 사람 영의 사람(상·하)/ 욥기강해

고백/ 영성이 깨어나는 시(詩) 100편

젖과 꿀이 흐르는 땅/ 가나안 정복사

일곱 교회/ 이상적인 교회 지침서

깨어라 이스라엘/ 마지막 때 이스라엘 예언서

신앙인의 기본

지혜/ 자기계발서

공부 잘하는 비결/ 자기 주도 학습법

성결과 권능 시리즈
(2주연속 특별 부흥성회 설교집)

죄와 의와 심판에 대하여/ 입문편 1

내가 사행하리니/ 입문편 2

의인은 믿음으로 살리라/ 입문편 3

와 보라! 살아 계신 하나님의 증거를/ 실천편 1

믿음으로 모든 세계가 하나님의 말씀으로

지어진 줄을 우리가 아나니/ 실천편 2

권능/ 실천편 3

근본의 소리를 발하라/ 실천편 4

육과 영/ 핵심편 1

하나님의 선하신 뜻/ 핵심편 2

하나님은 빛이시라/ 핵심편 3

하나님은 사랑이시라/ 핵심편 4

네 영혼이 잘됨같이

하나님의 벗 아브라함/ 성경 인물 시리즈 1

바라는 것들의 실상이요 보지 못하는

것들의 증거니/ 주제설교 모음 1_믿음편

내 이름으로 주시리라/ ...2_응답편

신령과 진정으로 예배할 것은/ ...3_예배편

시험에 들지 않게 깨어 기도하라/ ...4_기도편

치료하는 여호와/ ...5_치료편

하나님의 법도/ ...6_십계명편

참된 복을 좇는 자/ ...7_팔복편

거역된 삶과 순종의 삶/ ...8_열재앙편

기이한 일

희한한 능

등불/ 칼럼 모음

지혜의 샘/ 잠언칼럼 모음

생명의 샘/ 베데스다 칼럼 모음

만화로 보는 지혜의 샘(상·하)

사명과 헌신/ 헌신예배 설교 모음 1

맡은 자의 구할 것은 충성/ ... 2

영원한 것을 위하여/ 방송설교집 1

겉옷을 내어 버리라/ ... 2

깊은 데로 가서 그물을 내리라/ ... 3

엿새 동안의 만나(상·하)/ 설교자료, 구역공과

살아 계신 하나님의 증거들/ 성도 신앙 간증집 1

주 예수를 믿으라/ ...간증집 2

나를 만나 주신 하나님/ ...간증집 3

하나님은…!

내 삶의 등불/ 독후감 수상집

갈릴리여 꽃보다 붉은 사랑이여/ 성지순례 화보집

학습 세례 문답서

핸디북

사랑은 율법의 완성/ 사랑장

참된 복을 좇는 자/ 팔복

이 같은 것을 금지할 법이 없느니라/ 성령의 열매

예수 그리스도만이 우리의 구세주가 되십니다/ 십자가의 도

믿음에도 분량이 있습니다/ 믿음의 분량

아동용(주니어 Bible Study)

믿음에도 분량이 있어요

하나님의 법도 십계명

성령의 열매를 맺어요

사랑은 율법의 완성 ①, ②

참된 복을 좇는 어린이 ①, ②

십자가의 도 ①, ②

선

공부 잘하는 비결

하늘문이 열리는 파워기도

출발! 아름다운 천국여행

학생용(청소년 Bible Study)

젖과 꿀이 흐르는 땅 ①, ②

선

믿음의 분량

지혜와 명철

공부 잘하는 비결

주님의 자취 ①, ②

사람이 다스려야 하는 몸의 행실

십자가의 도 ①, ②

유아 유치용(키즈 Bible Study)

공부야, 놀자!

나는 예수님 닮은 기도대장!

선

전화 02-837-7632, 070-8240-2072, 팩스 02-869-1537   우림북 urimbooks.com

전자책(e-book) 구입안내 : 한국어 및 외국어 번역 도서 – 인터넷 교보, 리디북스 등 전자책 서점, 아마존닷컴(amazon.com), Google Play, iBookstore

주요 번/역/서

신앙 간증 수기 I

죽음 앞에서 영생을 맛보며

16개 언어로 출간

사망의 음침한 늪에서 하루아침에 다시 태어난
이재록 목사의 생생한 간증 수기

십자가의 도 전 세계인의 필독서

57개 언어로 출간

전 세계 무수한 영혼을 영적인 잠에서 깨우고
참 생명을 얻게 해준 감동의 메시지!
하나님의 참사랑이 이곳에 담겨 있다.

천 국(상) 수정같이 맑고 아름다운 곳

15개 언어로 출간

하나님의 영광 가운데 영원히 행복과 영화를 누릴
황홀한 천국 생활에 대해 생생하게 묘사한 그림 같은 메시지

천 국(하) 하나님의 영광이 드리운 곳

14개 언어로 출간

황홀한 황금보석 집에서 천사들의 수종을 받으며
세세토록 왕 노릇 하는 새 예루살렘,
그곳에서의 일들이 궁금하지 않으십니까?

지 옥 이제까지 밝혀지지 않았던 지옥의 참상
20개 언어로 출간

한 영혼도 지옥에 떨어지지 않기를 원하시는 하나님께서
온 인류에게 보내는 간절한 사랑의 메시지

믿음의 분량 믿음의 단계별 지침서
18개 언어로 출간

각 사람의 믿음에 따라 천국에서는 어떤 처소와 상급을 받을까?
현재 자신의 믿음의 분량을 측정해 볼 수 있게 하며,
믿음의 선진들처럼 최고의 분량에 이르는 길을
구체적으로 제시하고 있다.

치료하는 여호와
18개 언어로 출간

질병에 걸리지 않고 건강하게 살아가는 길,
상한 마음과 질병으로 인한 육체적 고통까지 다 치료하시는
능력의 하나님을 만나도록 이끌어줄 것이다.

깨어라! 이스라엘
마지막 때 숨겨진 하나님의 사랑과 비밀
15개 언어로 출간

간절히 메시아를 기다려 온 모든 유대인에게
하나님의 사랑을 깨닫게 하며,
마지막 때를 살아가는 온 인류에게 전하는 경고의 메시지!

나의 택한

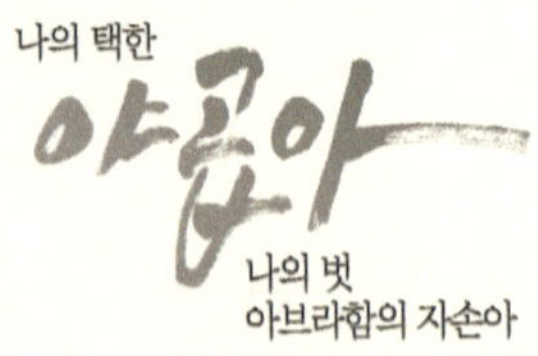

나의 벗
아브라함의 자손아

초판 1쇄 발행 2016년 4월 17일
    3쇄 발행 2016년 4월 30일

지은이   이재록
발행인   노경태
편집인   빈금선

발행처   우림북
영업부   02-837-7632, 070-8240-2072
팩 스   02-869-1537

등록번호   제 1-904호

Copyright ⓒ 2016 우림북
판권 본사 소유 | 파본은 교환해 드립니다.

값 15,000원

ISBN 979-11-263-0027-3
ISBN 979-11-263-0002-0 (set)

우림

우림은 구약 시대에 대제사장이 하나님의 뜻을 묻기 위해 판결 흉패 안에 넣어 사용하던
도구 중의 하나이며, 히브리어로 '빛'이라는 의미가 있습니다(출애굽기 28:30).
빛은 곧 하나님 말씀이며 생명입니다.
우림북은 온 누리에 참 빛을 비추고자 오늘도 기도와 정성으로 문서선교 사역에 앞장서고 있습니다.

www.ingramcontent.com/pod-product-compliance
Lightning Source LLC
Chambersburg PA
CBHW020906160726
47993CB00005B/1834